걸패이 만든 성공

결핍이 만든 성공

초판 인쇄 2015년 7월 7일
초판 발행 2015년 7월 14일

지은이　김철회
펴낸이　김광열
펴낸곳　(주)스타리치북스

책임편집　이혜숙
출판진행　한수지 · 안미성
교정교열　이상희
캘리그라피　조성윤
포토그라피　이은수
편집디자인　권대홍 · 조인경
경영지원　공잔듸 · 권다혜 · 김문숙 · 김지혜 · 김충모 · 문성연
　　　　　　민경훈 · 박정은 · 손연주 · 신자은 · 유다윤 · 이광수
　　　　　　이지혜 · 정은희 · 한정록 · 황경옥

등록　2013년 6월 12일 제2013-000172호
주소　서울시 강남구 강남대로62길 3 한진빌딩 3~8층
전화　02-2051-8477

스타리치북스 페이스북　www.facebook.com/starrichbooks
스타리치북스 블로그　blog.naver.com/books_han
스타리치 잉글리시　www.starrichenglish.co.kr
스타리치몰　www.starrichmall.co.kr
홈페이지　www.starrich.co.kr

값 18,000원
ISBN 979-11-85982-08-3　13320

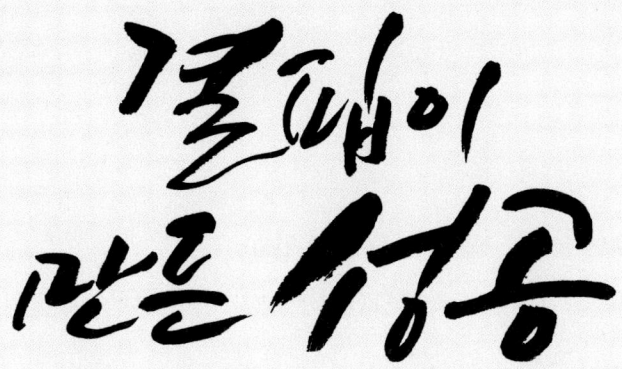

실패가 만든 성공

세이펜 김철회 대표의 기업가정신

| 김철회 지음 |

StarRich Books

| 프롤로그 |

- 희망보단 절망과 좌절로 가득 찬 내 인생

아버지의 사업실패로 가정형편이 기울자 어머님이 시장에서 물건을 판 돈으로 6남매가 먹고살았다. 가정환경은 점점 더 어려워지고 힘겹게 학창시절을 보내던 중 병원비가 없어 치료도 못 받던 아버지의 죽음을 눈앞에서 보았다. 어린 나에게 아버지의 죽음은 너무나 큰 충격을 주었다. 서울로 올라와 살면서도 너무 힘들었다. 무슨 일을 하든 모든 게 인생에 장애가 되었다. 세상은 희망보다 절망감과 좌절감으로 가득했다.

친구들이 승승장구하는 모습과 대조적으로 살고 있는 내 인생은 처참하기 이를 데 없었다. 무슨 일을 해도 내 조건 탓인지 외면당하기 일쑤였고 좌절감만 남았다. 이때 느낀 결핍과 좌절감이 훗날 나를 새롭게 탄생시키는 계기가 되었다.

- 절망을 몰아낼 힘도 없다

어려서부터 조금씩 찾아든 좌절감은 20대가 되고부터는 손쓸 틈도 없이 내 인생을 전부 차지해버렸다. 여러 가지 이유로 학업을 중단한 뒤 세운상가에서 컴퓨터 조립과 사무자동화 프로그램으로 돈을 벌기 시작했다. 하루하루 영업이 잘되어 목돈을 만지고 잘나가는 프로그래머가 되었다.

하지만 성공하고 싶다는 막연한 욕망 때문에 스물다섯 살에 내 명의로 발행한 어음이 부도가 나고 감옥까지 가게 되는 엄청난 실패의 첫잔을 마시게 되었다. 힘겹게 만든 프로그램 개발사는 문을 닫았고 모든 게 물거품이 되었다.

혐의가 없어 무죄판결을 받고 나왔지만 학벌도 집안도 내세울 것이 없는 나는 전과자라는 낙인까지 찍히고 사기꾼이라는 소리를 듣게 되었다. 모든 게 절망적이었다. 누군가 내 마음속 희망을 훔쳐간 듯했다. 난 울부짖고 또 울부짖었다. 내 인생을 원망하고 후회해도 두 번 다시 돌아오지 못할 곳으로 떨어져버린 것이다. 절망에 빠졌지만, 이 절망을 몰아낼 방법도 힘도 없었다. 내 인생을 송두리째 빼앗고 나를 나락에 빠뜨린 사람들조차 원망할 기운이 없었다. 그냥 도망가고 싶었다. 죽어야만 끝날 것 같다는 생각에 자살까지 시도했다.

희망이라고는 눈곱만큼도 보이지 않았다. 왜 이리 힘든 세상에 태어났을까! 부모도 원망하고 신도 원망했다. 죽어서 다시 태어날 수 있다면, 모든 걸 원점에서 다시 시작할 수만 있다면 죽어도 상관없다고 간절히 원했다.

- 희망이 절망을 몰아내다

친구들은 대학 가서 공부하고 인생을 설계할 때 나는 사기치고 도망간 사람들에게 누명마저 쓰고 감옥에 갇혔다. 엄청나게 쓰디쓴 맛을 보았다. 내 인생에는 좌절감만 남았다. 절망과 좌절감과 함께 살 수밖에 없었다. 어떤 희망도 미래도 없고 꿈도 없이 살아야 했다. 희망조차 없는데 내 인생에 드리운 어둠의 장막을 어떻게 걷어낸단 말인가!

하지만 난 정신 차리고 살아야 한다고 다짐했다. 처절하게 살지언정 죽지 말고 살아야 한다고 마음먹었다. 뭐든 견디면서 살다보면 어둠이 걷히지 않을까 생각했다. 하지만 좌절감과 절망이란 놈은 제 발로 나가지 않는다는 것을 알았다. 내가 꿈꾸고 목표를 가진 희망만이 절망을 몰아낸다는 것을 배웠다. 더 큰 희망을 만드는 것이 절망을 몰아내는 가장 좋은 방법이라는 것을 절망 속에서 터득했다.

• 행복한 환경에선 강한 인간이 나오지 않는다

어릴 땐 내게 닥친 고통쯤이야 이겨낼 수 있다는 마음으로 하루하루를 보냈다. 이 또한 지나가리라는 말처럼 내 앞에 놓인 고통을 잘 견뎌내고 성공하리라 다짐했다. 결핍 없는 행복한 환경에선 강한 인간이 만들어지지 않는다. 강한 비바람 속에서 시련과 고난을 겪으며 능력이 생기고 성공이 나오는 것이다. 시련은 인간을 더욱 강하게 담금질한다.

큰 업적과 성공은 고통이란 큰 장애물을 통과해서 이루어진다. 고통을 이기지 못하고 주저앉는다면 시련만 가득하고 좌절감만 있을 뿐이다. 성공은 고통과 고난을 통과하지 않고는 얻을 수 없다.

오늘부터 모든 고통을 성공이라는 식사를 하기 전에 먹는 요리라 생각하고 맛있게 즐기자. 실패를 후식으로 생각하고 가볍게 이겨내자. 고통과 실패는 내 인생 메뉴판에 꼭 있는 거라 생각하고 먹어버리자.

• 결핍은 성공에 동기를 부여한다

배부르면 자고 싶고 돈 많으면 놀고 싶은 게 사람 마음인가? 그래서 배고픔과 부족함이 나를 열정적으로 노력하게 만들었고 열심히 일하게 만들었나 보다. 어려서부터 많은 기회가 사라졌다는 생각에 항상 아쉬움과 부족함이 마음 한쪽에 있었다.

그런 결핍은 나의 성공에 엄청난 동기부여가 되었다. 항상 몸과 마음에 채워지지 않는 것이 있다 보니 '채우고 싶다. 성공해보고 싶다. 꿈을 이루고 싶다'는 간절한 생각으로 지금까지 살아온 것 같다.

"결핍은 성공에 동기를 부여한다." 나에게 부족함도 고생도 없었다면 과연 지금의 내가 될 수 있었을까? 결핍을 알기에 이를 극복하고 견디며 이곳까지 오지 않았던가? 고통과 고난 속에서는 더 큰 극복 의지가 생기고 생존본능이 강해진다. 그런 극복 의지는 어떤 결핍 앞에서도 쓰러지지 않는 힘이 된다.

이 책을 읽는 모든 분에게 결핍을 극복하고 실패와 좌절을 이겨낸 나의 성공 마인드를 나눠주고 싶다. 결핍이 성공의 씨앗이 될 수 있다는 힘과 용기를 모든 분에게 주고 싶다.

차례

- 프롤로그 · 4

01 CHAPTER
결핍은 성공의 씨앗이다

01 대학도 안 나온 놈? 가진 것도 없는 놈?
나만의 영역 구축하기 · 18 | 네가 컴퓨터를 알아? · 21
어설픈 영업자에서 컴퓨터 전문가로 · 23

02 나 자신을 기획해 새로운 가치를 만들어라
가난 때문에 기획에 목숨 걸다 · 31 | 동네를 벗어나 전국구로 가자 · 35
매입처는 내 머릿속이다 · 38

03 누구도 상상하지 못한 반전 드라마 만들기
고액의 원고료를 받고 저자가 되다 · 41 | 사과 말고 사과씨를 선택하라 · 43
과거의 꼬리를 잘라라 · 45 | 점프하려면 비워라 · 47
뻥쟁이가 아닌 꿈쟁이로 살아가기 · 48

04 운, 기다리지 말고 좇아가 붙잡아라
기업형 범죄에 엮여 수배자가 되다 · 54 | "김철회 좀 잡아가세요" · 57
"저놈 사기꾼일 줄 알았어!" · 59 | 땅바닥에 떨어진 운 끌어올리기 · 61
돈은 포기해도 명예는 포기하지 않는다 · 64
불가능이 입증되기 전까진 모든 것이 가능하다 · 69

05 열등감을 극복하려면 현실을 인정하라

말재주를 타고났다고? · 73 | 열등감을 새로운 에너지로 바꿔라 · 76
도전을 피하는 것이 가장 위험한 것이다 · 78 | 꿈이 클수록 고통도 커진다 · 80

06 학력에 얽매이지 마라

철학책으로 사고의 토대를 만들다 · 86 | 기업 만화로 비즈니스 현장을 배우다 · 88
실력으로 기회를 만들어라 · 90 | 학력보다 성실성을 증명하라 · 92
자격증은 목적지가 아닌 징검다리다 · 96

07 8부 능선 그 너머에 도전하라

여러 우물을 파봐야 내 우물을 찾는다 · 102 | 밑바닥 5퍼센트 인생의 희망 · 104
옥수수 알갱이로 남을 것인가, 팝콘이 될 것인가 · 107
수치화된 소원은 반드시 이루어진다 · 108

CHAPTER 02 간절함은 성공의 열매다

01 팔지 말고 사게 만들어라

전문가다운 표현을 써라 · 116 | 기획자 마인드를 가져라 · 119
물건이 아니라 나만의 감동을 팔아라 · 120 | '갑을' 관계가 아닌 '갑갑' 관계 · 121

02 영업자가 아닌 사업가 마인드를 지녀라

하나 더 생각하기 · 129 | '밸' 있는 사람이 되자 · 131
내 인생을 바꾼 한 단어 HOW! · 133 | 2초 시나리오 전략 · 135

03 똥인지 된장인지 확인하라

변화를 감지하는 촉이 필요하다 · 141 | 발만 걸쳐서는 절대 성공하지 못한다 · 144
성공은 차별화 전략에서 시작된다 · 148 | 밑바닥부터 체험해봐라 · 150

04 제품에 열정과 운명을 걸어라

마음이 끌리면 몸을 던져라 · 154 | 간절함은 어디서든 통한다 · 157
그 제품만의 존재 가치와 철학을 담아라 · 160 | 배울 때는 목숨을 걸어라 · 162
브랜드명과 로고를 우선시하라 · 164

05 사용자의 요구에 제품을 맞춰라

일곱 번 넘어지고 여덟 번째 일어나다 · 170 | 소비자보다 먼저 제품 오류 발견하기 · 171
원츠 상품을 니즈 상품으로 · 174

06 내적 갈등은 묵혀두지 마라

짜장면 먹을까, 짬뽕 먹을까 · 178 | 갈등 해결 시스템을 만들어라 · 179
10분 걸린 사람과 100시간 걸린 사람 · 182
눈에 보이지 않더라도 희망을 버리지 마라 · 184

07 '그 정도면 충분하다'에 만족하지 마라

'대충' 할 거면 처음부터 하지 마라 · 189 | 잘 나갈 때 브레이크를 걸어라 · 191
땀 흘리는 귀찮음을 극복하라 · 193 | 몸에 힘을 빼고 진심으로 일을 즐겨라 · 197

08 10명 중 1명에게 올인하라

인사가 만사다 · 203 | 진짜 내 사람을 골라라 · 205 | 이력서를 보지 않는 면접 · 206
긍정적인 사람이 나를 먹여살린다 · 209 | 뿌리 기질을 가진 사람이 필요하다 · 212

⑨ 11개월 치는 아낌없이 투자하라

능력을 극대화하려면 내가 가진 모든 것을 줘라 · 217 | 직원들 업그레이드하기 · 220
매 맞을 땐 아프게, 그러나 뒤끝은 없게 · 223 | 손수 밥을 지어 먹이다 · 228

⑩ 혼자 놀지 말고 같이 놀아라

로또보다 나은 행운, 내가 만들어주마 · 233 | 직원들에게 내 집 장만해주기 · 235
투명한 리더 · 237 | 최대의 성공을 이루려면 힘을 합쳐라 · 239
사장실은 네트워킹 공간이다 · 240 | 말없이 내 생명을 지켜주는 사람들 · 242

⑪ 이윤을 포기하더라도 상도를 지켜라

양심을 지키려면 똥고집이 필요하다 · 249 | 정직한 발걸음은 언젠가 인정받는다 · 251
지나침은 아니함만 못하다 · 255

⑫ 늘 감사하고 정성을 다하면 뭘 해도 먹고산다

밥 한 그릇에도 감사하는 마음을 가져라 · 260
완벽한 일처리는 가장 좋은 감사의 표현이다 · 262 | 때론 결핍에 감사하라 · 264

⑬ 초심을 잃으면 모든 게 무너진다

자존심을 지키는 자만이 명품을 만든다 · 268 | 일하는 즐거움을 떠올려라 · 269
어려웠던 시절의 간절함을 기억하라 · 271

■ 에필로그 · 276

운이 없다고 생각하는 사람들은 걱정과 두려움이 많고 시야가 좁다.
반면 운이 좋다고 믿는 사람들은 다양성을 추구하고 도전을 긍정적으로 바라본다.
인생의 반전을 가능케 하는 것은 하늘이 내린 운이 아니라 이러한 긍정적 마인드다.
미래를 지배할 수 있는 것은 현재다.
아무리 고통스러운 과거가 있었더라도 누구나 희망을 가질 수 있고
더 높은 곳으로 점프할 수 있고 더 나은 사람으로 변화할 수 있는 가능성을 가지고 있다.
오늘의 내 의지는 미래를 얼마든지 지배할 수 있으니까.

CHAPTER

결핍은
성공의 씨앗이다

운이 나를 피해갔다면 내가 그 운을 좇아가면 된다.
지금이 타이밍이 아니라면 타이밍을 내 것으로 만들기 위해 준비하고 있으면 된다.

대학도 안 나온 놈?
가진 것도 없는 놈?

"자네, 전공은 뭔가?"

"아, 네……. 저는 고졸입니다."

"그럼 운전면허증은 있나?"

"운전면허증이요? 없는데요……."

"쯧쯧, 대학도 안 나오고 그 흔한 운전면허증도 없다니 이래 가지고 어디다 써먹어?"

1986년 고등학교를 졸업한 뒤 처음으로 면접을 보러 간 회사에서 나는 '써먹을 데 없는 놈' 취급을 받으며 허탈하게 사무실 문을 나섰다.

특별한 기술이 없어 취직도 못하고 집에서 허송세월을 보내고 있는 내가 한심해 보였는지 주변 사람들은 나를 볼 때마다 다들 한마디씩 했다.

"대학도 안 나오고 전문 기술도 없는데 어떻게 좋은 직장을 구하겠어. 기술을 배워보든지, 아니면 운전면허증이라도 따 운전기사라도 해보든지. 그것도 싫으면 단순노동이라도 해야 먹고살지."

그런 말을 들을 때마다 괜한 오기가 발동해 아무리 배가 고파도 절대 단순노동은 하지 않겠다고 마음먹었다. 왠지 단순노동을 시작하면 평생 단순노동밖에 할 줄 모르는 사람이 되고 말 것이라는 생각이 들었기 때문이다. 그리고 운전을 배우면 배달 운전기사가 될지도 모른다는 생각에 서른세 살이 될 때까지 운전면허증도 취득하지 않았다.

대학을 나오지 않아도 뭔가 나만의 장점을 발휘할 수 있는 특별한 일이 분명 있으리란 희망을 버리지 않았다. 그래서 10년, 20년 후에 당당한 내 모습을 사람들에게 보여주고 말겠다고 다짐했다.

그렇지만 특별한 능력도 없는 스무 살 청년이 할 만한 일을 찾기란 쉽지 않았다. 게다가 하루 끼니를 걱정해야 할 정도로 가정형편이 좋지 않아 하루하루 시간이 흘러갈수록 마음은 점점 초조해졌다. 당시 나는 보증금 5만 원에 월세 5000원짜리 단칸방에 살고 있었는데, 비 오는 날이면 천장에서 빗물이 뚝뚝 떨어지는 곳이었다.

그러던 어느 날 시집간 누나가 찾아와 내게 라면이라도 한 상자 사라며 5000원짜리 지폐 한 장을 내밀었다. 물끄러미 그 돈을 쳐다보다 갑자기 알 수 없는 분노가 치밀어올라 누나에게 버럭 소리를 지르고 말았다. 누나가 준 돈이 얼마나 고마운지 알면서도.

"젠장, 지금 이거 갖고 뭐 하라고!"

그러고는 그 돈을 갈기갈기 찢어버렸다.

"매형이 얼마나 힘들게 번 돈인데 이렇게 찢어버리다니……. 너는 이 돈 받을 자격이 없는 놈이야."

어이가 없어 황당해하는 누나에게 나는 다시 한 번 소리를 빽 질렀다.

"고작 5000원 가지고 뭐 하라고. 도와줄 거면 5만 원 정도는 줘야지!"

"돈 5000원을 우습게 보는 인간이 어떻게 성공하겠니!"

화가 머리끝까지 치민 누나는 뒤도 안 돌아보고 나가버렸다. 잠시 뒤 내가 무슨 짓을 했나 싶어 갑자기 멍해졌다. 방바닥 위에 흩어진 지폐 조각마냥 내 마음이 갈기갈기 찢어진 것 같았다. 그러나 누나에 대한 미안함도 잠시, 불현듯 허기가 몰려왔다. 돈이 없어 며칠 동안 밥을 제대로 먹지 못했기 때문이다.

'저 돈이면 라면 한 상자는 살 수 있을 텐데……. 모아서 한번 붙여볼까?'

찢어진 지폐 조각들을 모아 물끄러미 바라보다 잠시 뒤 미련 없이 쓰레기통에 집어넣어 버렸다. 앞으로 나는 5000원을 우습게 보는 인간이 아니라, 5000만 원, 5억 원도 우습게 볼 수 있을 만큼 능력을 키우겠다고 다짐했다.

그날 찢어진 5000원을 붙여 라면 한 상자를 샀더라면 주린 배는 채울 수 있었을 것이다. 하지만 미래를 살아나갈 강한 정신력은 채우지 못했을 것이다. 돈 5000원을 우습게봤기 때문에 그 후의 시간들을 견딜 수 있었고, 그 돈을 쓰레기통에 과감하게 버림으로써 독기로 무장할 수 있었다. 그날 이후 나는 힘들 때마다 누나가 준 5000원을 생각하곤 했다.

그러나 독기만으론 내 앞에 놓인 현실을 돌파해낼 수 없었다. 매형이 힘들게 번 돈 5000원을 찢어버린 대가를 톡톡히 치름으로써 차츰 나는 정말 구체적이고 현실적인 능력이 있어야 살아갈 수 있다는 사실을 깨닫기 시작했다.

나만의 영역 구축하기

고등학교 졸업 후 하루는 절친한 친구 주엽이를 만났다. 이제 막 대학 신입생이 된 그는 전자공학과에 다니고 있었다. 그는 대학에서 처음 접한 컴퓨터에 대해 온갖 이야기를 늘어놓았고, 당시 컴퓨터를 한 번도 접해보지 못한 나는 컴퓨터의 기능들이 마냥 신기하고 궁금해 미칠 지경이었다.

요즘 10대, 20대는 상상이 잘 안 가겠지만, 1980년대는 우리나라에 컴퓨터가 널리 보급되지 않아 남들 앞에서 컴퓨터 자판을 탁 치기만 해도 엄청나게 '있어' 보이던 시절이었다. 내가 고등학교에 다닐 때 애플에서 만든 8비트짜리 컴퓨터가 처음 등장했는데, 고등학교를 졸업할 무렵 우리나라 컴퓨터 대중화 시대를 연 XT라는 투 드라이브 컴퓨터가 출시되었다. 당시에는 컴퓨터 구경할 일도 거의 없었기 때문에 컴퓨터를 들고 다니기만 해도 사람들이 '우와, 저게 그 말로만 듣던 컴퓨터라는 건가 봐' 하고 신기한 눈으로 쳐다봤다.

'컴퓨터? 그게 대체 어떤 물건이기에 저놈이 저리도 대단하다는 듯이 이야기하는 거지?'

나는 궁금증을 참지 못해 주엽이를 만난 다음 날 곧장 종로 세운상가를 찾아가 이리저리 구경하면서 컴퓨터를 파는 사람들에게 이것저것 궁금한 것들을 물어봤다. 과연 컴퓨터란 물건은 얕잡아볼 게 아니었다. 일반 가정에서는 아직 찾아보기 힘들지만 은행을 비롯해 기업들에 이미 많이 보급되어 회계나 전산처리 등에 쓰이고 있으며, 앞으로 더 확대될 것이라는 이야기를 들을 수 있었다. 그리고 전문 기술자의 역할이 중요해질 거란 이야기를 듣는 순간 드디어 내가 할 일을 찾았다는 감이 왔다.

'이거다! 내가 찾던 게 바로 이거야!'

단순노동은 아니면서 나만의 능력을 발휘할 수 있는 일, 열심히 노력하면 얼마든지 잘할 수 있는 일, 다른 평범한 아이템에 비해 더 크게 인정받을 수 있는 일.

게다가 이런 신기한 물건을 능숙하게 만지고 설치해주는 일을 한다면 정말 멋져 보일 것 같았다. 컴퓨터 전문가야말로 내가 간절히 찾고 있던 조건에 모두 부합하는 직업이었다. 그날부터 나는 컴퓨터 전문가가 되기로 결심했다. 열심히 공부해 나만의 노하우를 쌓아 누구도 넘보지 못하는 독창성과 실력을 보란 듯이 발휘하리라 굳게 마음먹었다.

전자공학과에 입학한 친구가 부러워 컴퓨터에 관심을 갖게 되었으니 "친구 따라 강남 간다"는 속담은 이런 나를 두고 하는 말인 양 싶었다. 그날 이후 컴퓨터와 함께하는 나의 인생이 시작되었다.

우선 컴퓨터에 대해 본격적으로 공부하기 위해 배울 곳을 수소문했다. 컴퓨터 실기 및 전산 지식을 가르쳐주는 한 직업기술학교에서 12개월 과정을 수료하면 컴퓨터 실기교사 자격증을 준다고 했다. 당시에는 컴퓨터 학원도 별로 없는 데다 그곳 외에는 컴퓨터를 배워도 자격증을 주는 데를 찾기 힘들었다. 게다가 국가에서 컴퓨터 교사를 양성하기 시작하던 분위기라 국비로 학비가 보조되어 수강료 부담도 적었다. 나는 앞뒤 재지 않고 곧바로 등록했다.

고졸 학력인 내가 컴퓨터 실기교사가 될 수 있는 절호의 찬스라 생각하고 기대에 부풀어 열심히 컴퓨터 공부에 매진했다. 그러나 당장 밥 한 끼가 궁한 처지에 한가하게 공부만 하고 있을 순 없었다. 공부를 하면서 돈도 벌어야 했다.

컴퓨터 가게에서 일하면 그 두 가지를 동시에 해결할 수 있으리란 생각이 들어 세운상가를 찾아갔다. 그러곤 무작정 눈에 띄는 컴퓨터 가게에 들어가 컴퓨터 영업자로 채용해달라고 부탁했다. 다행히 컴퓨터 관련 자격증 자체가 없던 시절이라 나 같은 초짜도 어렵지 않게 취직할 수 있었다. 낮에는 그곳에서 기초적인 컴퓨터 조립 기술을 배워가면서 컴퓨터를 판매하고 밤에는 직업기술학교에서 공부하는 주경야독 생활이 시작되었다.

처음에는 컴퓨터를 만질 수 있게 됐다는 것만으로도 벌써 컴퓨터 전문가가 된 것 같은 기분이었다. 매일 밤 열심히 예습과 복습을 해 직업기술학교에서 배운 것을 하나도 놓치지 않고 모두 내 것으로 만들었다. 비록 대학은 안 갔지만 금세 내 인생이 확 달라질 것만 같았다. 그러나 그건 내 착각이었다.

네가 컴퓨터를 알아?

세운상가에서 일을 시작했을 무렵 나는 무척 어설픈 영업자였다. 사람들에게 친절하게 굴면서 다른 데보다 컴퓨터를 싸게 주겠다고 하면 쉽게 팔 수 있을 줄 알았다. 그런데 온종일 뛰어다녀도 컴퓨터 한 대 팔기가 힘들었다. 당시 하루 일당 5000원에 컴퓨터를 한 대 팔 때마다 5만 원의 수당이 추가로 주어졌는데, 그 수당이 내겐 하늘의 별 따기였다.

컴퓨터를 팔러 가면 사람들은 내게 컴퓨터에 대해 여러 가지 질문을 해댔다.

"도스는 작동 원리가 어떻게 됩니까?"

"네? 도스요?"

'도스가 뭐지……. 그냥 파워만 누르면 시작된다고 했는데?'

"전기 꽂아서 하는 거예요."

"나 원, 그만 가보시오."

알아야 면장을 한다는데 컴퓨터에 대해 아는 게 없으니 컴퓨터를 못 파는 건 당연한 결과였다.

그러던 어느 날 친구 주엽이 집에 놀러 갔다가 그가 컴퓨터를 사려 한다는 얘기를 들었다. 나는 기쁜 마음으로 판매가 120만 원 상당의 컴퓨터를 특별히 조립 원가인 76만 원에 주겠다고 했다. 그런데 뜻밖의 대답이 돌아왔다.

"너 컴퓨터에 대해 잘 모르잖아. 너한테 샀다가 컴퓨터가 잘못되기라도 하면 어떡해……."

그 말에 나는 아무런 대꾸도 못한 채 얼굴이 상기되고 머릿속이 하얘졌다. 순간 가슴 한복판에 커다란 돌덩이가 내려앉은 듯했다. 대학에 가지 않아도 보란 듯이 성공해 내 능력을 발휘하고 싶었는데 자존심이 와르르 무너져 내렸다. 모르는 사람도 아니고 절친한 친구로부터 그런 말을 들으니 정신이 번쩍 들었다.

'그동안 컴퓨터에 대해 제대로 알지도 못하면서 기초 전산 지식과 적당한 말발로만 컴퓨터를 팔려고 했구나.'

그때부터 마음을 고쳐먹었다. '컴퓨터를 많이 파는 사람'이 아니라 '컴퓨터와 전산에 대해 모르는 게 없는 사람'이 되기로. 내가 파는 물건에 대해 전문가가 되지 않으면 결코 매출을 올릴 수 없다는 사실을 뼈저리게 깨달은 것이다.

하지만 세운상가에서 일하며 틈틈이 컴퓨터 조립을 해보는 것만으로는 성에 차지 않았다. 집에서도 마음껏 컴퓨터를 다뤄보고 싶었지만 컴퓨터를 살 돈이 없었다. 그런데 얼마 후 컴퓨터를 살 수 있는 절호의 기회가 생겼다. 부모님이 등록금으로 쓰라며 130만 원을 보내온 것이다. 당시 부모님은 내가 재수를 해서 대학에 합격한 것으로 알고 있었다. 대학을 포기하고 직업기술학교에 다닌다는 사실을 차마 말할 수 없어 거짓말을 했는데, 등록금을 주리라곤 생각도 못했다. 어려운 형편에 그 돈을 마련하기 위해 얼마나 힘들었을지 알기에 죄송스러웠지만, 컴퓨터를 사고 싶은 마음이 너무나 간절했다.

그런데 컴퓨터를 방에 들여놓은 바로 그다음 날 청천벽력 같은 일이 벌어졌다. 입대 영장이 나온 것이다. 억울하고 원통했다. 타이밍이 안 맞아도 이렇게 안 맞을 수 있느냐며 가슴을 쳤다.

　군 생활을 마치고 돌아와 보니 3년 전에 구입했던 그 컴퓨터는 이미 구닥다리가 되어 있었다. 부모님이 고생해서 번 130만 원을 날려버린 것을 생각하니 속이 쓰렸지만, 과거는 잊고 이번엔 제대로 해보리라 각오를 다졌다. 나는 다시 세운상가 컴퓨터 영업자로 돌아갔다. 어설픈 영업자에서 진정한 컴퓨터 전문가로 거듭나기 위한 본격적인 노력이 시작되었다.

어설픈 영업자에서 컴퓨터 전문가로

컴퓨터는 소프트웨어와 하드웨어로 나누어지는데, 난 소프트웨어를 만들고 싶었다. 사무자동화 프로그램을 만들어 멋지게 성공하고 돈도 많이 벌고 싶었다. 그래서 세운상가에서 일하는 사람들을 만날 때마다 "혹시 프로그래머세요? 어딜 가야 프로그래머를 만날 수 있는지 아세요?"라고 물어보았다.

　그러던 어느 날 마침내 프로그래머를 만났다. 그를 붙잡고 컴퓨터 프로그램에 대해 배우고 싶으니 좀 가르쳐달라고 다짜고짜 부탁했다. 그야말로 맨땅에 헤딩이었다. 그동안 모아둔 돈을 모두 그에게 수업료로 지불하고 컴퓨터 프로그램에 대한 개인교습을 받았다. 그 당시에는 GW Basic이라는 컴퓨터 언어와 dBASE가 주를 이뤘다. 나는 내게 개인교습을 해준 프로그래머와 사무실을 만들고 그의 도움을 받아 사무자동화 프로그램인 판매관리 POS Point of Sales를 만들어 판매하기 시작했다. 내 나이 스물두 살 때였다.

그 무렵 나는 직업기술학교에서는 더 이상 배울 것이 없다고 생각했다. 책에서 얻는 것 이상의 실전 지식으로 무장하고 싶었기 때문이다. 1년간 다녀야 할 과정을 군대를 가느라 6개월밖에 다니지 못해 컴퓨터 실기교사 자격증은 받을 수 없었다. 그렇지만 별로 개의치 않았다. 내 목표는 컴퓨터 교사가 되는 게 아니라 컴퓨터에 대해서는 모르는 게 없는 전문가가 되는 것이었기 때문이다.

주위에서는 6개월만 더 다니면 받을 수 있는 자격증을 왜 포기하냐며 나를 끈기가 없는 사람이라 여겼다. 나는 사람들에게 컴퓨터 전문가가 된 모습을 보여주고 말겠다는 각오로 컴퓨터 공부에 매달렸다. 전산 이론과 데이터베이스 관리에 대해 깊이 파고들어 공부했고, 그 내용을 구매자가 쉽게 이해할 수 있도록 DOS를 풀어서 설명하는 요령도 연구했다. 컴퓨터 지식이 하나둘 쌓이고 실력으로 무장하자 컴퓨터가 팔리기 시작했다.

당시 컴퓨터 영업사원은 생소한 직업이었고 컴퓨터를 팔러 다니는 사람도 거의 없었던 시절이라 발바닥에 불이 나게 쫓아다닌 결과 나는 영업 2년 만에 세운상가에서 컴퓨터를 제일 많이 파는 세일즈 왕으로 등극했다.

"그래, 오늘은 몇 대나 팔았나?"
"에이, 오늘은 좀 약소해요. 30대!"
"우와, 너 이제 도사가 다 되었구나!"
"너 컴퓨터에 대해 잘 모르잖아"라고 말하며 내 가슴을 무너져 내리게 했던 주엽이도 어느새 나를 믿고 자기 학교 전자공학과 후배들을 소개해주었다. 컴퓨터에 대한 자신감이 생기자, 나중에는 컴퓨터란 물건을 파는 것이 아니라 기술과 고객 서비스를 팔러 다니는 전문 기술영업자가 되었다.

　1986년에 고등학교를 졸업하고 1990년대 초반까지 나는 컴퓨터 판매와 사무자동화 프로그램 영업을 했는데, 당시 주 거래처는 장안동에 있는 자동차 부품 매매 업체였다. 그곳 직원들은 초졸 혹은 중졸인 사람들이 대부분이라서 수기로 전표를 작성하는 것조차 생소해할 정도로 사무환경이 열악했다. 그러다 보니 컴퓨터를 다룰 줄 아는 사람이 있을 턱이 없었다. 컴퓨터의 필요성에 대해서도 제대로 인식하지 못했고, 사무실에 컴퓨터가 있더라도 활용을 못해 먼지만 쌓여 있는 경우도 허다했다. 사실 컴퓨터 관련 용어들이 어려워 대학을 졸업한 사람들도 프로그램에 대해 설명해주면 이해하기 힘들어했다.

　이들을 보면서, 컴퓨터를 처음 접했을 때 아무것도 몰라 쩔쩔 매던 내 모습이 떠올랐다. 그래서 나는 사람들이 컴퓨터를 제대로 활용할 수 있도록 도와주어야겠다고 마음먹었다. 우선 누구나 쉽게 만질 수 있는 물건이라는 걸 느끼게 해주는 게 중요했다. 그래서 초등학교만 나온 사람도 자동차 부품 코드 같은 것을 손쉽게 입력할 수 있는 프로그램을 개발해 활용 요령을 알려줬다. 특히 제품을 판매할 때마다 전표를 일일이 손으로 작성할 필요 없이, 판매한 내용을 입력하기만 하면 그 즉시 프린터에서 거래명세서가 출력되자 다들 눈이 휘둥그레지며 마치 자신들이 전산 전문가가 된 것처럼 기뻐했다. 그리고 하루 업무를 종료하자마자 당일 입력한 내용들이 바로 일계표로 출력되니 거래처 사장들은 입이 귀에 걸렸다.

그 결과 내가 파는 컴퓨터와 프로그램은 날개 돋친 듯이 팔려나갔다. 유명한 소프트웨어 회사 영업자들도 내게 비결을 물어보곤 했다. 프로그램을 영업자의 기준에 따라 만들어 '많이 파는 것'이 아니라 '고객의 눈높이 활용'에 초점을 맞춰 개발한 결과였다. 이때의 경험은 내게 자신감을 심어주고 사업감각을 키워주었다. 이후 업종을 바꿔 컴퓨터 도서 출판과 아동 교육사업, 영어 교재 출판사를 거쳐 세이펜에 이르기까지 늘 이 점을 염두에 두고 사업을 해왔다. 그리고 모든 사업 방향을 고객만족 관점에서 바라보았다. 그런 마인드는 지금도 변함이 없다.

김철회의 99%의 결핍을 이기는 1%의 마음가짐

거친 바람이 독수리를
쉽게 날게 한다

바람이라는 장애물이 없으면 독수리는 날지 못한다. 날 수는 있겠지만 몸집이 크고 무거워서 바람 없이 날기에는 에너지 소모가 너무 많다. 비행기의 연료를 가장 많이 소모하는 것 또한 바람이지만 비행기가 날기 위해서는 바람이라는 장애물을 극복해야 한다.

바람은 최대 저항인 동시에 비행의 필수조건이다. 이처럼 독수리도 비행기도 바람이 강하게 불수록 더 쉽고 빠르게 하늘을 날 수 있는 것이다.

그리고 바다 위의 모터보트가 물 위를 빠르게 달리기 위해 반드시 극복해야 할 장애물은 물이다. 프로펠러에 닿는 물이 배의 움직임을 둔하게 만들지만 물의 거센 저항이 없다면 모터보트는 아예 움직일 수 없다.

사람도 살다 보면 많은 시련과 장애물에 걸려 넘어진다. 그 시련을 극복하지 못하고 실패한 사람들 중 일부는 살아야 될 이유조차 없다고 자살마저 생각하기도 한다.

시련과 장애물을 극복해야만 성공이라는 열매를 거둘 수 있다. 내게 주어진 모든 시련은 하늘을 잘 날기 위해서 혹은 물 위를 빨리 달리기 위해서 필요한 바람이나 물 같은 장애물이라고 생각한다면 극복하기가 훨씬 쉬워질 것이다.

결핍이 만든 성공 02

나 자신을 기획해
새로운 가치를 만들어라

나는 어려서부터 스스로에게 최면 거는 걸 좋아했다. 일종의 마인드 컨트롤이었던 셈이다. '비록 지금은 남들 눈에 부족해 보이겠지만 실제로는 돈 많은 부잣집에서 혹독한 경영 수업을 받고 있으며 나는 철학적으로 아주 뛰어난 사람'이라고 스스로에게 최면을 걸었다. 그러면 힘든 상황도 제법 견딜 만하게 느껴졌다.

다른 사람에게 내 가치를 인정받는 것이 내겐 너무나 중요한 문제였다. 그래서 나를 '상품화'하자는 생각을 했다. 마치 연예인이 자기 이미지를 만드는 것처럼, 나 자신을 '값진 상품'으로 만들기 위해 나 자신의 이미지를 스스로 만들겠다고 작정했다. 그렇다고 내게 없는 것을 있는 것처럼 과대 포장하지는 않았다. 내가 가진 장점들을 최대한 값어치 있게 만들어서 세상이 나를 필요로 하게 만들고, 세상을 살아나가는 데 필요한 것들을 스스로 구하겠다고 마음먹었다.

젊은 시절 나는 가난으로 인한 열등감 때문에 삶의 정체성이 파괴될 정도로 몸서리치게 고통스러운 나날을 보냈다. 하지만 무엇보다 가장 두려웠던 것은 남들 눈에 돈 없는 사람보다 '값어치 없는' 사람으로 보이는 거였다. 돈은 열심히 일해서 벌면 되지만, 싸구려 같은 사람, 별 볼 일 없는 사람으로 비춰지는 건 결코 용납할 수 없었다. 내 삶의 정체성과 가치관을 지켜내려면 나 스스로 값어치 있는 사람이 되어야 했다. 워낙 가진 것도 내세울 것도 없어 더 그렇게 생각했는지도 모른다.

사람은 누구나 그 사람만의 값진 구석이 있다. 자기만의 값어치라는 게 있다. 문제는 그 값어치를 얼마나 효과적으로 써먹느냐다. 실패하는 사람은 값어치가 없어서 실패하는 게 아니다. 자신의 값어치를 써먹는 방법을 아직 찾지 못한 것뿐이다. 성공과 실패는 그 차이에서 갈린다.

대부분의 사람들은 자기가 이미 가지고 있고 알고 있는 것만으로 성공하고 싶어한다. 지식이 부족한데 더 배울 생각을 하지 않고, 남보다 실력이 떨어지는데 훈련할 생각을 하지 않은 채 세상이 내 진가를 몰라준다며 포기한다. 자신을 개선시키려는 '기획'을 하지 않으면 세상은 나를 알아주지 않는다.

나는 평생을 기획자로 살았다. 내 아이디어로 새로운 분야에서 새로운 가치를 만드는 일을 했다. 그 시작은 나 자신부터 기획하는 일이었다.

'대학도 안 나온 놈? 가진 것 없는 놈? 그래, 좋다! 그 대신 나 자신을, 내 생각을, 내 아이디어를 상품화시키고 세상에 쓸모 있는 것으로 만들겠다'라고 마음먹었다. 나란 사람의 값어치를 세상에 알리기 위한 세상과의 싸움을 시작한 것이다.

그래서 책을 많이 읽어 철학적 토대를 갖추고, 사용하는 어휘도 고급스럽게 바꾸고, 남에게 비춰지는 겉모습까지도 고려하면서 상대방과 말하는 연습을 했다. 그 결과 똑같은 물건을 팔러 가도 내가 파는 물건이 좀 더 고급스럽게 보이게 할 수 있었다. 내가 설정한 나의 이미지를 영업은 물론이고 사업과 다양한 인간관계에 100퍼센트 활용해 좋은 성과를 거뒀다.

이 세상에 쉽게 얻어지는 건 없지만, 내가 가지고 있는 것을 값어치 있게 만드는 '기획'을 시작하는 순간 내 앞에 놓인 어려운 길도 쉽게 열린다.

컴퓨터 영업자로 동분서주 뛰어다니던 시절, 사람들은 멀리서도 나를 딱 알아보고는 이렇게 말했다.

"저~기 김 실장 오네!"

사람들이 나를 김 실장이라 부른 것은, 그 당시 대기업의 전자제품 영업자들도 양복이 아닌 점퍼 유니폼을 입고 다닌 데 반해, 나는 항상 동일한 정장에 넥타이를 반듯하게 매고 머리는 무스를 발라 깔끔히 넘겨 마치 드라마에 나오는 대기업 기획실장 같은, 튀지 않되 단정하고 정갈한 이미지를 연출했기 때문이다.

그런 차림을 하고 다닌 데는 나 나름의 이유가 있었다. 어차피 비싼 옷으로 멋을 낼 수 없을 바에는 그냥 한 가지 옷을 입자, 내 외양 자체를 하나의 유니폼으로 만들자는 의도였다. 사실은 같은 양복을 서너 벌 사서 매일 바꿔 입고 다녔다. 사람들이 멀리서 봐도 나를 알아보게끔 내 이미지를 각인시키고 싶었기 때문이다.

그런 식으로 매일 같은 옷을 단정하게 입고 다녔더니 사람들이 나를 잘 기억할 뿐만 아니라 실제 나이보다 많게 봤다. 지금이야 젊어 보인다는 말이 기분 좋은 나이가 됐지만, 20대 때는 30대 같아 보인다는 얘기를 들으면 오히려 기분이 좋았다. 그리고 그런 시선이 사회생활에 득이 되기도 했다. 20대인데 30대처럼 보이니 철없는 어린놈이 아니라 오히려 연륜이 있어 보여 사람들에게 안정적인 인상을 심어주었다.

가난 때문에 기획에 목숨 걸다

나는 어려서부터 온갖 고통과 시련을 받으며 살아서 그런지 지금은 웬만한 어려움이 닥쳐도 흔들리지 않는다. 인생은 편한 것보다 힘든 게 더 많다는 걸 알고 사니까. 그래서 "고생은 사서라도 한다"라는 말이 있는 게 아닌가 싶다. 사실 인간의 삶은 그 자체가 고난의 연속이다. 누구나 고난을 피할 수 없다.

내 인생의 첫 시련은 '엄마 찾아 삼만 리'였다. 아버지는 이북이 고향이고 어머니는 강릉이 고향인데, 6·25전쟁 때 피난을 내려와 두 분은 경북 영주에 정착했다. 그런데 내가 초등학교 1학년 때 영주에 자식들만 남겨두고 돈벌이를 위해 두 분만 강원도 원주로 이사를 갔다. 당시 난 너무 어려서 부모님이 이사를 한 줄도 모르고 자고 일어나니 엄마가 안 보여 하루 종일 울었다.

　초등학교 2학년 땐 도저히 엄마 없이 살 수 없을 것 같아 누나 지갑에 있는 돈을 훔쳐 주소 적은 쪽지 한 장 달랑 들고 기차에 몸을 실었다. 목적지에 도착해서 주소지를 12시간 동안 찾아 헤매다가 저녁 9시가 다 되어서야 겨우 집을 찾았다. 엄마를 보자마자 얼마나 울었는지, 지금 생각하면 길을 잃어 고아가 되거나 사고가 날 수도 있었던 10살짜리 사내아이의 무모한 첫 도전이 아니었나 싶다.

　가난은 고난과 고통의 씨앗이다. 내 인생은 가난과 함께 시작되었고, 우리 가족은 늘 먹고사는 일로 힘겨워했다. 어린 시절 나는 내게 왜 이런 시련이 오는지 알 수 없어 불만으로 가득했다. 어머니는 어려운 집안 형편에도 "남자는 큰물에서 놀아야 한다"라며 중학교 때 나를 서울로 전학 보냈다.

　서울에서 큰형님과 같이 생활했지만 큰형님은 취업 준비를 하느라 매일 도서실에 살다시피 했고, 경제적 상황도 안 좋아 학교에 도시락을 싸가지고 가는 날이 일주일에 서너 번 될까 말까 했다. 형편이 어렵다 보니 뭐든 풍족하게 쓸 수 없었다. 생활비를 아끼기 위해 수돗물과 전기를 절약하는 것은 물론 모든 생필품을 엄청 아껴 쓰다 보니 근검절약하는 습관이 몸에 배었다. 버스비 낼 돈도 부족했는데 학교가 도보 거리에 있어 그나마 다행이었다. 지금 와서 생각하면 추억이지만 그 당시엔 너무 힘들었다.

　고등학교 1학년 어느 여름날의 일이다. 시골에서 상경한 촌놈이다 보니 한 번도 아파트를 구경해본 적이 없었는데, 아파트에 사는 친구

집에 놀러 갔다가 화장실에서 양변기를 난생처음 봤다. 어디에 쓰는 물건인지 몰라 이리저리 살피고 있는데, 수박을 사온 친구 어머니가 화장실에 있는 나를 보더니 수박을 건네면서 찬물에 담가두라고 했다. 수박을 받아든 나는 그만 낯 뜨거운 실수를 저지르고 말았다. 수박을 양변기에 넣고 만 것이었다. 그런 깨끗한 물이 담겨 있는 곳에서 볼일을 본다는 건 상상도 못할 일이었다. 다들 어이가 없는 내 행동에 한바탕 웃고 말았지만, 나는 너무 창피해 고개를 들 수 없었다. 그날 이후 나는 양변기 있는 집에 사는 친구들, 아파트에 사는 친구들이 너무 부러웠다.

흔히 사람들은 "정신이 풍요로우면 모든 것을 극복할 수 있다"라고 말하지만 현실은 그렇지 않다. 가난은 정신의 풍요를 무릎 꿇게 만들고 순했던 사람도 독하게 만든다. 집에 가도 먹을 게 없어 배를 곯을 정도로 가난하다 보니 '어떻게 하면 돈을 벌 수 있을까보다 배부르게 맛있는 거 먹는'게 학창 시절 내 최대 관심사였다. 그래서 별의별 아르바이트를 다 했다. 봉투 붙이기, 구슬 꿰기, 프라모델 조립하기, 심지어 스킬 자수도 해봤다. 그러다 보니 나는 아르바이트의 달인이 됐다.

고등학교 2학년 때는 '사진 찍는' 아르바이트를 하기도 했다. 고등학교 때 방송부 활동을 했는데, 우연히 교내 사진전에 출품해 상을 받은 적이 있었다. 그 일을 계기로 학교에서 사진 실력을 인정받아 소풍이나 운동회 등 학교 행사가 있을 때마다 나는 '학교 공식 사진사'로 활약하며 사진을 찍었다.

지금이야 사진기가 없는 집을 찾아보기 힘들 정도지만 그 당시에는 사진기가 꽤 고가의 물건이라 사진기가 있는 집이 드물었다. 그래서 소풍이나 수학여행을 갈 때 사진관에서 대여비를 내고 사진기를 빌려가기도 했다. 여기서 아이디어를 떠올려 학생들 단체사진을 찍어주는 사진기자로 활동하면 돈을 벌 수 있겠다는 생각이 들어 학교 체육대회 때 선생님으로부터 지급받은 사진기자 완장을 동네 사진관 주인에게 보여주며 "저한테 사진기를 무료로 빌려주시면 사진을 많이 인화하실 수 있으니 훨씬 이익입니다"라며 협상을 했다.

협상은 성공적이었고, 나는 소풍 때마다 친구들 사진을 찍어주었다. 그런 다음 사진관에서 장당 130원에 인화해 아이들에게 150원씩 받았다. 사진 인화량이 점차 늘어나자 사진관 주인은 장당 10원씩 더 할인해줘 나중에는 90원으로 인화할 수 있었다. 그만큼 이윤도 점점 늘어났다.

사진을 인화해왔는데 가끔 변심해서 사지 않겠다는 아이들에겐 120원에 팔았다. 안 팔리면 디스카운트를 해서라도 팔아야 한다고 생각했던 것이다. 그리고 사진 값을 받을 때 친구들 몇 명에게 장당 10원씩 주기로 하고 영업을 시켰다. 혼자서 전교생을 일일이 찾아다니며 사진을 갖다 주기에는 너무 버거웠기 때문이다. 나는 일손을 덜고 친구들은 돈을 벌고 서로에게 윈윈이었다.

현실이 아무리 열악하더라도 아이디어를 내면 얼마든지 헤쳐나갈 방법이 있다는 것을 이때부터 터득했다. 고등학교 1학년 때 이미 '기획'에 모든 것을 거는 인생이 시작되고 있었다.

🔲 동네를 벗어나 전국구로 가자

"어린 학생이 왜 공부는 안 하고 이런 일을 해?"

"집안 형편이 어려워서 학비에 좀 보태려고요."

과일 노점상이 여럿 모여 있는 큰 병원 앞 길거리에서 귤 상자를 들고 얼쩡거리는 고등학생에게 모두들 달갑지 않은 시선을 보냈다. 고등학교 3학년 대학 입시를 마치고 겨울방학을 이용해 장사를 좀 해보려고 도매상에서 과일을 떼온 첫날이었다.

고등학교 때 내 관심사는 대학 입학이 아니라 장사였다. 어느 날 등하굣길의 큰 병원 앞에 있는 과일 노점상을 지나치다 인상적인 광경을 목격했다. 과일 장수들은 일부러 귤을 조금만 내놓고는 사람들에게 "오늘 팔고 남은 '떨이'라 싸게 판다"라고 말했다. 그러면 사람들은 선뜻 귤을 더 사갔다. 그런데 사실 매대 아래에는 여전히 많은 귤이 숨겨져 있었다. 귤을 조금만 꺼내서 떨이로 팔고, 다 팔리면 또 내놓는 것이었다. 그걸 보며 어린 마음에 '우와, 참 신기한 방법이구나'라고 생각했다. 그리고 나도 직접 내 손으로 귤을 팔아 돈을 벌어보고 싶다는 생각이 머릿속에서 떠나질 않았다. 얼마 뒤 겨울방학이 되었고 나는 용기를 내어 실천에 나섰다.

하지만 다른 사람들과 똑같은 방법으로 팔아봤자 본전도 못 찾을 게 뻔했다. 게다가 다른 사람들은 장사가 생업인 어른들이 아닌가. '어떻게 해야 저들보다 더 많이 팔 수 있을까?'

이리저리 생각하다 귤을 많이 팔 수 있는 꾀를 냈다. 조금 비싸더라도 푸른 이파리가 달려 있는 싱싱한 귤만 골라서 구해왔다. 맛이 있는지도 미리 확인했다. 그런 다음 매일 아침 병원으로 가 의사 선생님들과 간호사들에게 귤을 한 개씩 줬다. 돈을 안 받고 그냥 줬더니 한 의사 선생님이 "웬 학생인데 귤을 주니?"라고 물었다. 이때다 싶어 나는 "병원 앞에서 귤을 파는 학생인데 제 귤을 병원 지정 귤로 납품하고 싶습니다"라고 당돌하게 부탁했다. 그렇게 며칠을 공짜로 귤을 주다 보니 어느새 병원 사람들은 은근히 내 귤을 기다리는 분위기였고, 얼마 뒤 나는 자연스럽게 그 병원 지정 귤 장수가 되었다. 나름대로 '지정 브랜드'가 된 것이다.

거래처를 트니 그 병원에서만 매일 서너 상자가 기본으로 나갔다. 직원들뿐만 아니라 나중에는 원장님이 병원 후식으로 나가는 과일을 내게 직접 주문하기에 이르렀다. 다른 과일 장수들은 서너 상자 파는 데 하루가 꼬박 걸리는데, 나는 단골 거래처를 확보해둔 덕분에 기본으로 세 상자 이상 팔고 시작할 수 있었다. 고정매출을 올리는 납품 요령을 터득한 것이다.

이 경험을 통해 막연하게나마 장사에 대한 감을 잡았다. '남다른 아이디어를 내면 장사는 얼마든지 잘할 수 있겠구나.'

문제는 그다음이었다. 아무리 열심히 뛰어다니며 귤을 팔아도 하루에 열 상자 이상은 못 판다는 사실을 알게 됐다. '동네 장사'를 해서는 벌 수 있는 돈에 한계가 있고 그 이상의 매출은 죽었다 깨나도 못 올리게 돼 있다는 게 보이기 시작했다. 다시 말해 매출의 한계를 깨달은 것이다.

그때 생각해낸 게 '독서실 이론'이다. 독서실 이론이란 쉽게 말해 이런 것이다. 장사를 할 때 제일 문제가 되는 것이 한정 판매다. 동네 독서실에서 하루 입실 비용을 3000원 받는다 치고 그 독서실에 스무 개의 칸이 있다면 하루 종일 벌어도 최대 6만 원이다. 한 달이면 180만 원이다. 즉 동네 독서실을 해서는 180만 원밖에 못 버는 것이다.

그 무렵 친구들한테 독서실 이론을 이야기하면서 이런 질문을 던져봤다.

"얘들아, 장사를 해서 돈을 많이 벌려면 사무실이 필요할까, 가게가 필요할까?"

"그야, 가게가 있어야 되겠지."

대부분의 친구들이 가게가 필요하다고 대답했다. 하지만 나는 생각이 달랐다. 동네 장사만 하고 말 거라면 가게만 있어도 충분하다. 하지만 전국구 사업을 하기 위해서는 가게가 아니라 사무실이 필요하다.

그렇다고 동네 장사가 나쁘다는 얘기가 아니다. 나는 이왕 장사를 할 거면 동네를 벗어나 전국구로 가보고 싶었다. 전국구에 손대지 않는 한, 버는 돈의 액수에는 한계가 있을 테니까.

그리고 전국구 사업 중에서도 남들이 이미 선점하고 있는 분야에는 뛰어들지 말아야겠다고 생각했다. 이미 경쟁업체가 포진되어 있는 분야에 뒤늦게 뛰어들어 최고가 되기 위해서는, 들이는 노력에 비해 차별화를 이루어내기가 몇 배나 더 어려울 것이라고 판단했기 때문이다. 그날 이후 지금까지 내가 손댄 모든 분야는 '전국구 사업'이었다.

매입처는 내 머릿속이다

일반적으로 물건을 팔아서 돈을 벌려면 싸게 사와서 비싸게 팔아야 한다. 예를 들면 귤 한 상자를 5000원에 사와 8000원에 팔아서 3000원의 이윤을 남겨야 한다. 그런데 5000원짜리를 사올 자본이 없는 사람은 어떻게 해야 할까? 가진 거라곤 몸뚱이밖에 없다면? 그런 사람은 자신의 '머릿속 지식'으로 돈 버는 법을 터득하거나 머릿속 지식을 팔아야 한다. 머릿속 지식 1000원어치를 꺼내 팔면 1000원이 고스란히 남을 테니까.

나는 어릴 때부터 '남이 만들어놓은 물건보다는 내 아이디어를 팔아야겠다'라는 생각을 많이 했다. '가진 게 하도 없어서'라는 이유도 있었지만, 똑같이 귤을 팔아도 이미 남들이 하고 있는 방법이 아니라 뭔가 나만의 아이디어를 냈더니 내 귤을 큰 병원의 지정 브랜드로 만들 수 있었던 것처럼 여러 가지 아르바이트를 해보면서 터득하게 된 나 나름의 비법이었다.

이런 사고방식은 내 머릿속에서 나온 지적 재산을 팔자는 결심으로 이어졌다. 그래서 나는 머릿속에서 나온 무형의 자산으로 새로운 것을 만드는 특수 분야, 즉 원가가 들어가지 않으면서 매출을 올릴 수 있는 일을 통해 내가 공부하고 연구해서 만들어낸 것, 내 노력이 들어간 것을 팔고자 했다. 그동안 내가 해온 세 가지 업종인 컴퓨터 프로그램, 출판 기획, 어학 전자기기(세이펜)가 바로 매입이 없는, 내 머릿속 지식을 꺼내 판 그러한 분야에 해당한다.

김철회의 99%의 결핍을 이기는 1%의 마음가짐

'~하고 싶다'는 말에 답이 있다

무엇이 성공인지를 묻는 후배에게 한 번은 이런 질문을 던졌다.
"너, 지금 무슨 차 타고 다니냐?"
"소나타 타고 다니는데요."
"그 차에 만족해?"
"아뇨. 더 좋은 차 타고 싶어요."
"그럼 넌 아직 성공하지 못한 거야."
차종으로 성공 여부를 얘기하려는 게 아니다.
성공이 뭘까? 어떤 삶이 성공한 삶일까? 이미 수많은 사람이 성공에 대해 이야기하고 여러 가지 정의를 내려왔지만, 나 나름의 정의를 내리라면 나는 다음과 같이 대답할 것이다.
"당신이 하고 싶은 것을 할 수 있는 것, 그게 성공한 삶입니다."
쉬고 싶을 때 쉴 수 있는 삶이라면 그것도 성공한 삶이다. 아무리 돈이 많아도 앉고 싶은데 앉지 못하고 산다면 그건 성공한 삶이 아닐 것이다. '~하고 싶다'라는 표현 속에 이미 답이 있다. '~하고 싶다'라는 표현을 많이 한다면 그건 아직 성공하지 못한 삶이다.

누구도 상상하지 못한
반전 드라마 만들기

　컴퓨터 프로그램 만드는 법에 대해 공부를 하자 나름대로 응용력이 생겼다. 그리고 컴퓨터 영업자로 일하며 수많은 회사와 거래처들을 돌아다니며 사람들의 이야기를 듣고 상담도 하다 보니 실무에 필요한 것들이 보이기 시작했다. 그래서 업무에 유용할 것 같은 프로그램을 직접 짜보았는데, 만들어놓고 보니 나 혼자만 알고 있기가 아까웠다.

　'이런 실용적인 전산 프로그램의 가치를 인정받으려면 어떻게 해야 할까? 이 내용을 책으로 내보면 어떨까? 지금까지 이런 프로그램에 대해 알려주는 책은 한 권도 없었으니 내가 한번 내볼 수 있지 않겠는가!'라는 생각이 들었다. 그래서 일단 컴퓨터 서적 전문 출판사를 찾아가보기로 마음먹었다.

고액의 원고료를 받고 저자가 되다

"사무자동화 프로그램 소스를 공개하는 책을 내고 싶습니다. 이 책만 보면 어떤 회사든 자기 회사에 맞는 사무자동화 프로그램을 짤 수 있을 것입니다."

당시 프로그램 소스를 공개하는 일은 누구도 생각하지 못한 획기적인 방법이었다. 내 설명을 듣고 있던 출판사 기획실장의 표정이 점점 환해졌다.

"오오, 아주 좋은 생각인데요! 우리나라에서 이런 정보를 알려주는 책은 이제까지 없었습니다. 우리랑 계약합시다."

그곳은 컴퓨터 관련 서적을 국내에서 가장 많이 출간하는 영진출판사였다. 아는 사람 한 명 없는 곳이었지만 내가 공부하던 책 뒤에 나와 있는 출판사 주소만 보고 무작정 찾아가 문을 두드린 거였다. 그때 출판사에서 내게 원고료로 제시한 금액은 600만 원이었다. 수천만 원이 넘는 사무자동화 프로그램 소스를 국내 최초로 100퍼센트 공개한다는 점을 고려해서 파격적인 금액을 제시한 것이었다. 내가 말하는 내용을 출판사에서 정말 책으로 내줄까 반신반의했는데, 정말 상상도 못한 고액의 원고료를 받으며 나는 어엿한 저자가 됐다. 스물세 살의 나이에 내 인생 첫 반전 드라마가 시작되고 있었다.

그렇게 해서 나오게 된 책이《BASIC으로 작성한 판매관리시스템》(김철회 · 남정현 공저/영진출판사/1992)이다. 그 책은 시스템 분석SA : System Analyst 과 프로그램 코딩 두 부분으로 구성되었는데, 난 시스템 설계와 분석

부분을 맡고 같이 일하는 동료가 프로그램 코딩 부분을 맡아서 1년에 걸쳐 집필했다.

　책의 주 내용은 회사에서 상품을 등록하고 통계를 낼 수 있는 '포스POS : Point of Sales(판매시점관리)'라는 사무자동화 시스템에 대한 것이었다. 그 당시 생소하기만 했던 포스 시스템이 기업체에서 조금씩 활용되면서 사무자동화라는 용어도 점차 대중화되기에 이르렀다.

　판매관리방식에는 즉시처리방식인 온라인 형태와 후처리방식인 오프라인 형태가 있는데, 예전에는 판매관리가 즉시처리방식으로 이루어지지 않고 모두 후차적으로 처리되는 형태였다. 예를 들어 은행에서도 창구 업무가 끝나면 전산관리가 거의 안 되던 시절이라 일일 입출금 전표 정리를 따로 해야 했다. 시간과 노동력이 많이 들었고 작업이 끝나기 전에는 퇴근도 못했다. 그런데 즉시처리방식 프로그램을 적용하면 전표를 바로바로 저장 및 정리할 수 있게 된다. 창구 업무가 끝난 후 따로 전표를 입력할 필요 없이 그 자리에서 전산 처리가 가능한 것이다.

　그 책을 집필하게 된 또 다른 이유는 나와 절친한 친구 주엽이 때문이었다. 고등학교를 졸업한 뒤 나와 친구들 사이에는 눈에 보이지 않는 거리감이 생겨났다. 친구들이 대학에서 공부할 때 나는 군대에 갔고, 친구들이 입대할 무렵 나는 사회생활을 시작했으므로 서로 사용하는 어휘도 다르고 경험을 공유할 부분도 줄어들었기 때문이다. 친구들이 군 생활을 마치고 복학한 뒤론 더욱 어색한 기류가 흘렀다. 그리고 친구들이 대학을 졸업할 무렵에는 얼굴 한번 보기가 힘들었는데,

알고 보니 다들 졸업논문 준비로 바빴던 것이다. '졸업논문'이란 단어는 고졸인 나는 결코 경험해볼 수 없는 딴 세상 단어였다.

특히나 주엽이로부터 그가 사인한 졸업논문을 받는 순간, 그동안 억눌려 있던 열등감이랄까 말로 표현할 수 없는 답답함이 가슴속 깊은 곳에서 한꺼번에 밀려 올라왔다. 그런 감정을 날려버리려면 그것을 대신할 뭔가가 필요했다. 그래서 나도 책을 한 권 써보리라 마음먹었다. 그 결과물이 나의 첫 책 《BASIC으로 작성한 판매관리시스템》이었다.

돌이켜 생각해보면 항상 열심히 노력하고 발전하는 모습을 보여준 그 친구가 나의 발전과 성공의 계기가 되었던 듯하다. 지금도 그에게 고마운 마음이 크다. 그는 대학 졸업 후 삼성전자에 근무하다 지금은 후배 양성을 위해 대학교수로 재직 중이다.

사과 말고 사과씨를 선택하라

내가 컴퓨터 영업을 하던 당시에는 아무도 컴퓨터 자격증을 보여달란 말을 하지 않았다. 어쩌면 나는 시대를 잘 만난 것일 수도 있다. 컴퓨터 자격증도 없던 시절에 컴퓨터 영업을 하고 컴퓨터 전문가가 되고 책도 냈으니까. "당신 컴퓨터 잘해?"라고 물어보면 내가 쓴 책을 보여주면 그냥 만사 오케이였다. 책이 나의 졸업장이고 자격증이 된 셈이다.

내가 배운 기술을 밑천 삼아 아르바이트로 컴퓨터 학원에서 강사로 일하기도 했는데, 요즘 기준에서 보면 어이가 없을 정도로 기초적인 내용으로 첫 강의가 시작됐다.

"컴퓨터는 두 가지로 나뉩니다. 소프트웨어가 있고 하드웨어가 있어요. '웨어'는 제품을 말합니다. 소프트, 즉 부드러운 것은 소프트웨어이고 하드, 즉 딱딱한 것은 하드웨어입니다. 이 두 가지가 합성된 걸 '컴퓨터'라고 말합니다."

직장인들은 이런 내용조차도 진지하게 밑줄 치고 필기를 해가며 강의를 들었다. 나중에 워드프로세서 자격증이라든가 컴퓨터 관련 자격증들이 생겨났지만 나는 자격증을 딸 필요도 없었다. 이미 컴퓨터 책을 출간하고 강의를 하고 거래처 사람들에게 뭐든 척척 설명해줄 수 있는 컴퓨터 전문가로 활동하고 있었기 때문이다.

이런 일들이 가능했던 데는 특별히 컴퓨터 자격증이 필요치 않았던 시대적인 영향도 있었지만, 컴퓨터가 앞으로 세상을 어떻게 바꿀지 대다수 사람이 예측하지 못하던 때에 남들보다 먼저 컴퓨터 공부를 시작했다는 점과 선배들 어깨너머로 열심히 기술을 배우면서 땀 흘린 노력의 시간들이 뒷받침되었기 때문이다. 만일 내가 직업기술학교에서 주는 자격증을 받아 컴퓨터 실기교사로 취업했다면 편안하고 안정적인 길을 금방 찾았겠지만, 내 인생의 반전 드라마는 만들어지지 않았을 것이다.

최근 한 매체와 인터뷰를 하면서 이런 얘기를 했다.

"나는 지금 당장 먹을 수 있는 한 상자의 사과를 원하는 사람이 아니라 사과씨 하나를 원하는 사람이다. 한 상자에 들어 있는 사과는 먹고 나면 끝이지만, 사과씨 하나에는 수백 개가 될지 수천 개가 될지 모르는 미래의 수많은 사과가 들어 있기 때문이다."

물론 30년 전에는 내가 원하는 게 사과인지 사과씨인지 잘 몰랐을지도 모른다. 그러나 돌이켜보면 내가 택한 건 늘 사과가 아니라 사과씨였다. 지금 당장 눈에 보이는 이윤이 아니라, 지금은 고생스럽고 힘들더라도 앞으로 더 큰 뭔가를 수확할 수 있는 이윤 쪽을 선택했다. 이런 나를 보고 남들은 마치 잔칫상을 기다리려고 한 달을 굶는 미련한 짓이라고 비웃었다. 직업기술학교에서 주는 자격증 대신 컴퓨터 전문가가 되는 길을 택한 것처럼, 당장 먹을 수 있는 사과 대신 땀 흘려 재배해야 되는 사과씨를 택했기에 시간은 좀 더 걸렸어도 결국 나는 수많은 사과를 얻었다.

인생의 반전 드라마는 남보다 특별한 능력을 가지고 있는 사람이 만들어내는 게 아니다. 사과와 사과씨를 구분해낼 수 있는 작은 차이가 인생의 반전 드라마를 만든다.

과거의 꼬리를 잘라라

"내가 왕년에 말이야~"하면서 자꾸 추억에 사로잡혀 과거를 들추는 사람치고 잘살고 있는 사람은 별로 없다. 오늘을 열심히 사는 사람은 자신이 과거에 얼마나 대단했는지 굳이 자랑하지 않는다. 평소에 미래 지향적인 어휘를 많이 쓰는 사람, '내가 왕년에'라는 말 대신 자신의 현재를 말하고 미래의 꿈을 자주 이야기하는 진취적인 사람이 성공한다.

뱀은 여러 번 허물을 벗으면서 성장한다. 그리고 그 허물을 미련

없이 버리고 떠난다. 나 역시 과거의 허물을 벗으며 내 삶을 늘 새롭게 탄생시키고자 했다. 누구나 인생에 한 번쯤은 반전을 만들 수 있는데, 반전을 만든다는 건 과거의 끈을 끊고 허물을 벗어야 한다는 뜻이다. 허물을 벗는 데는 고통이 따르지만 자신을 바꾸는 고통이 변화를 만들고 내일을 바꾼다.

미래를 지배할 수 있는 것은 현재다. 내일을 바꾸는 게 오늘이다. 아무리 고통스러운 과거가 있었더라도 누구나 희망을 가질 수 있고 더 높은 곳으로 점프할 수 있고 더 나은 사람으로 변화할 수 있는 가능성을 가지고 있다. 오늘의 내 의지로 미래를 얼마든지 지배할 수 있으니까.

현재 아무런 준비를 하지 않고 있으면 그만큼 미래는 불투명해진다. 지금 이 순간, 재깍재깍 초침이 움직이는 매 순간에도 과거와 미래가 계속 바뀐다. 지금 공을 던졌다면 다음 순간 그 공을 주우러 가는 것도 미래고 가지 않는 것도 미래다. 주울까 말까 망설이다가 끝내 못 줍는 것도 미래다. 공을 줍고 안 줍는 미래의 결과를 만들어내는 건 그 공을 줍느냐 마느냐 하는 지금의 내 행동과 선택이다.

그러므로 과거의 꼬리를 빨리 잘라야 한다. 꼬리를 자르지 않으면 과거에 지배당한 현재가 다시 미래를 지배하는 악순환이 계속된다. '난 안 돼'라고 생각했던 과거, 나를 힘들게 만들었던 족쇄 같은 과거를 잘라내야 미래를 지배할 수 있다.

과거의 연결고리를 끊는 키워드는 혁신, 개혁, 창조다. 가만히 앉아 있는 한 미래를 지배하지 못한다. 완전히 새로워져야 한다. 자기 내부에서부터 천지개벽이 일어나야 한다. 과거의 자기 자신을 버려야 새로운 내가 될 수 있고, 과거의 생각이 바뀌어야 미래의 몸도 바뀐다.

점프하려면 비워라

오래전 회사 규모가 작았을 때 지방에서 올라와 자취하던 직원들 몇 명에게 우리 집 방 한 칸을 내준 적이 있다. 자취방 월세라도 덜어주기 위해서였다. 그때 직원들에게 내린 지시사항 중 하나가 짐을 줄이라는 거였다. 안 입는 옷도 버리고 불필요한 소지품도 버리라고 했다. 심지어 개인적인 편지들도 태워버리라고 했다. 이 말에 한 직원이 집 근처 개울가로 가 편지 뭉치를 태우면서 눈물을 흘렸다. 그에게 나는 이렇게 말했다.

"너는 과거를 돌아볼 만큼 좋은 형편이 아니다. 앞으로 살아갈 일만 고민해라. 과거에 얽매여 살지 말고, 앞만 보고 뛰어야 한다. 옷장에 안 입는 옷이 그득하면 그 옷 때문에 새 옷을 못 산다. 그걸 싹 버려야 새 옷을 살 수 있다. 짐을 줄여야 다음 단계로 가볍게 점프할 수 있다."

그 후로도 직원들에게 과거의 족쇄를 끊고 짐을 줄여 빈 곳을 다시 채우는 '비움의 전략'을 늘 강조했다. 사무실을 이전할 때 기존 가구를 가져오지 않는 것도 이 전략의 일환이다. 애초에 이사할 때부터 이렇게 말한다.

"이 책상은 5년짜리다. 그 후엔 버리고 더 좋은 사무실로 이사 갈 것이다."

2013년 4월 청파동 사옥에서 성수동 사옥으로 확장 이전할 때에도 구사옥에서 썼던 가구와 기물을 하나도 가져가지 않았다. 책상이며 컴퓨터며 죄다 새로 장만했다. 새 마음 새 뜻으로 다시 시작하자는 의미에서다. 직원들은 전에 쓰던 가구들이 멀쩡한데 왜 버리느냐며 아까워했지만, 나는 한 번씩 허물을 벗고 단계별로 발전하는 모습을 전 직원과 함께 느끼고 싶었다.

성공하는 사람은 버리는 기술을 안다. 버리지 못하면 성공을 부르는 기회를 잡을 수 없다. 성공하기까지 발걸음이 무겁고 더딘 이유는 너무 많은 것들을 주렁주렁 달고 힘겹게 질주하고 있기 때문이다. 쓸데없는 생각과 기억, 그릇된 습관으로 스스로를 속박해 제자리걸음을 해서는 안 된다. 물건이든 인간관계든 필요하지 않은 것은 과감히 버려야 한다. 움켜쥔 손으로는 새로운 것을 잡을 수 없다. 자신을 둘러싼 불필요한 물건 및 무의미한 인간관계를 정리하면 새로운 기회가 들어올 공간이 만들어지고 삶이 윤택해진다.

뻥쟁이가 아닌 꿈쟁이로 살아가기

학창 시절 어머니는 모자를 아무 곳에나 두면 출세를 못한다며 내 모자를 바닥에 놓지 않고 항상 높이 걸어두었다. 정말 뭐든 지극정성이었다. 그리고 자고로 남자는 호랑이를 그리다 실패하면 고양이라도 그릴 수 있지만, 고양이를 그리다 실패하면 아무짝에도 쓸모없다며 무조건 호랑이를 그리라고 했다.

그런 어머니의 영향으로 나도 모르게 뭘 해도 잘할 수 있다는 강한 자부심을 갖게 되었다. 뭘 해도 이상은 높고, 꿈은 크고 강하게, 길을 걸어도 대로로 걸어가야 한다고 생각했다.

그리고 어머니는 "작은 잔치에 가면 먹을 게 없고 큰 잔치에 가야 먹을 게 많은 것처럼 뭐든 크게 노는 곳에 가야 얻을 게 많고, 고래나 상어도 큰 배를 타고 넓은 바다에 나가야 잡을 수 있는 것처럼 사람 많이 사는 서울에 가야 큰 인물을 만난다"며 "꿈이 커야 큰 성공을 만들고 결과도 커진다"고 늘 말했다. 결국 나는 중학교 1학년 때 서울로 전학을 왔다. 그때 어머니가 나를 서울로 보내지 않았다면 지금의 나는 이만큼 성공하지 못했을 것이다.

옛날 재래식 화장실에는 늘 구더기가 기어 다녔는데, 그 구더기가 얼마 후 파리가 돼서 날아다녔다. 구더기가 파리가 되고, 애벌레가 나비가 돼서 하늘을 날아다니다니, 이보다 놀라운 일이 어디 있는가! 어린 시절 나는 이거야말로 천지개벽이 아니냐는 생각을 참 많이 했다.

그때부터 나는 꿈을 꿨다. '내게도 천지개벽 같은 일이 벌어지지 않을까? 지금 내 인생은 똥간에서 기어 다니는 구더기 같은 신세일지 모른다. 하지만 나도 언젠가는 하늘을 날 수 있지 않을까?'라고 생각했다.

내일 새로운 나로 변신하려면 오늘의 나를 죽여야만 한다. 성공하고 싶다면 좌절감에 빠져 '과연 내가 성공할 수 있을까' 하며 망설이고 있는 지금의 나를 과감하게 버려야 한다. 그런데 대부분 사람들은 지금의 나를 잘 버리지 못한다.

번데기가 나비가 되듯 나는 내 몸속에 숨어 있는 잠재력을 믿었다.

불안에 떨며 나의 성공을 불신하는 유전자를 버리고 내 몸속에는 분명 성공 유전자가 있다고 믿었다.

아직도 나는 파리가 되지 못한 것일지도 모른다. 이제 겨우 애벌레 상태를 벗어났을 뿐 아직 날개가 마르지 않아 하늘로 날아오를 준비를 하고 있는 단계 같다는 생각이 든다. 그래서 나는 내가 앞으로 더 잘될 것 같다는 이야기를 공공연히 하고 다닌다. 내가 꿈꿔왔던 것들을 하나씩 이루어가고 있을 뿐만 아니라 그 과정 속에서 더 나은 내가 되기 위해서 매 순간 노력하는, '뻥쟁이'가 아닌 '꿈쟁이'로 살고 있기 때문이다.

한때 사람들은 내가 꿈꾸는 수많은 것들을 입 밖으로 꺼내면 그걸 '뻥'이라고 생각했다. 나는 내 꿈을 이야기하고 목표를 이야기한 것인데, 가진 것 없이 맨주먹으로 시작한 내가 펼쳐놓는 꿈 이야기가 남들에게는 허황된 뻥으로 들리기도 했던 모양이다.

내 입장에서는 억울했지만 한편으론 그럴 수 있겠다는 생각도 든다. 첫인상은 단정하고 말도 술술 하고 왠지 공부도 좀 한 것 같아 그럴싸하게 봤는데, 알고 보니 학력은 고졸이고 학연, 혈연, 지연 같은 배경은 쥐뿔도 없고, 파헤치면 파헤칠수록 가진 게 너무 없는 놈이었으니, 나는 아무도 속인 적이 없는데 사람들은 나한테 속은 것 같았나 보다.

내가 가지지 못한 것을 채우기 위해 남들보다 몇 곱절 노력하며 열심히 살아왔지만, 세상은 나의 노력과 진심을 보려 하기보다 깎아내리고 왜곡했다. 그러나 나에 대한 그러한 오해는 늘 시간이 해결해줬다.

시간이 흐른 뒤, 내가 남들 앞에서 이야기한 것들을 정말로 이루어서 그 결과물들을 눈앞에 보여주자 그제야 사람들은 나를 인정해줬다. 내가 뻥을 친 게 아니라 정말로 꿈을 꾸고 그 꿈을 하나씩 이뤄가고 있는 사람이라는 것을.

꿈을 향해 나아가다 보면 여러 가지 곤란한 문제로 난관에 봉착하기도 하도 고통과 고난을 겪기도 한다. 이때 큰 꿈을 꾸는 사람은 이 정도 일은 별일 아니라 생각하고 꿋꿋하게 견뎌낼 힘이 있다. '고래를 잡는 데 어찌 힘이 안 들겠는가?'라고 생각하고 의연하게 대처하는 것이다. 반면 작은 꿈을 꾸는 사람은 이를 견뎌내지 못하고 좌절하고 절망에 빠져 꿈이 산산조각 나고 만다.

꿈이 크다고 무조건 크게 성공하고 다 잘되는 건 아니지만, 일단 꿈이 커야 생각이 커지고 큰 결실을 거둘 수 있다. 통이 커야 많이 담을 수 있는 것처럼 끊임없이 노력하고 또 노력해서 자신이 담을 수 있는 통의 크기를 키워야 한다. 그리고 통이 크든 작든 무조건 계획을 크게 세워야 생각하는 모든 것이 크게 이루어진다. 꿈은 크게 꾸되 실천은 천 리 길도 한 걸음부터 나아가는 마음 자세로 매일매일 꾸준히 노력하면 반드시 그 꿈과 계획들은 이뤄진다.

김철회의 99%의 결핍을 이기는 1%의 마음가짐

인생에는 정답과 오답이 없다

인생에는 오답과 정답이 항상 공존한다. 그러므로 생각하기에 따라 오답도 정답이 될 수 있고, 정답도 오답이 될 수 있다. 그런데 놀랍게도 성공한 사람은 오답을 정답으로 만드는 재주가 있고, 실패한 사람은 안타깝게도 정답조차 오답으로 만들어버린다.

사실 정답이든 오답이든 자기 선택을 믿고 최선을 다하면 오답도 정답으로 만들 수 있다. 오답이라고 금방 포기하고, 정답이라고 금방 만족하는 태도를 조심해야 한다. 일을 하다 보면 처음에는 생각지도 못한 문제들이 점점 더 생기게 마련이다.

그리고 현명하고 올바른 판단을 내린다는 명목으로 너무 신중을 기하려고 칩거하는 것도 문제다. 잠시 쉬는 것도 방법이긴 하나, 뭐든 하면서 해결하고 풀어나가야 더 큰 기회를 만날 수 있다. 잘 안 보이던 문제들도 일을 함으로써 선명해지고 문제들을 해결해나가면서 정답을 찾아내는 것이 목표를 향해, 그리고 성공을 향해 갈 수 있는 최단 거리다. 다른 사람들 시선을 의식하지 말고 자기 일을 묵묵히 해나가면서 인생의 오답을 정답으로 만들어가는 것이 제일 중요하다.

문제가 생기는 것을 두려워해서는 안 된다. 문제가 있다는 것만으로도 성공 가능성이 높아진다. 문제가 없다고 방심하다가 느닷없이 문제가 생기면 그대로 주저앉고 마는 사람들이 많다. 슬픔 속엔 큰 웃음과 기쁨이 숨어 있듯이, 성공 속에는 큰 고난과 고통이 숨어 있다는 것을 잊지 말자.

운, 기다리지 말고
쫓아가 붙잡아라

　20대 중반이 지났을 무렵 나는 꽤나 기고만장했다. 컴퓨터뿐만 아니라 프로그램도 팔고 유지보수 업무까지 하다 보니 여기저기서 나를 찾는 사람들이 많았다. 유지보수 업무는 컴퓨터를 팔고 나서 사후관리를 해주는 것으로, 한 달에 한 번씩 백업을 해주고 바이러스도 잡아주고 고장 나면 달려가서 고쳐주고 프린터 먹지도 갈아주는 등의 서비스를 해주고 매달 적게는 5000원부터 많게는 10만 원의 비용을 받았다.

　당시 1500군데 업체에 컴퓨터를 팔았는데, 혼자 뛰어다니며 유지보수를 해주다 보니 일이 많을 때는 새벽 두세 시까지 '우리 회사 컴퓨터 좀 빨리 고쳐달라'는 전화가 빗발쳤다. 매달 1000만 원가량의 수입을 올렸는데, 컴퓨터 유지보수를 해주는 업체가 드물던 시절이라 갈수록 수입은 더 늘어났다. 한마디로 재운이 붙기 시작한 것이다. 그러니 자신감은 하늘을 찔렀고 내게도 장밋빛 미래가 펼쳐지는 듯했다.

그런데 사람 심리라는 게 그렇다. 불과 몇 년 전까지 돈 없고 배고프던 때에는 거래처의 전화 한 통이 그렇게 고맙더니, 돈 좀 벌게 됐다고 이런 전화가 귀찮아지기 시작한 것이다. 컴퓨터 조립을 도와주는 후배들 몇 명을 제외하고는, 직원도 없이 혼자 뛰는 일치고는 수입도 많아지고 규모도 감당하기 어려울 정도로 커지다 보니 심신이 지쳐 무기력증 비슷한 증세가 왔다. 쉴 새 없이 전화벨이 울리고 호출기가 삑삑거리는데, 그 소리가 너무 싫어서 전화기와 호출기를 아예 꺼놓은 적도 있었다.

거래처의 연락을 한 번 두 번 피하기 시작하자 여기저기서 원성의 목소리가 들려왔다. 사업하는 사람의 서비스 정신이 무너지는 건 다 무너지는 거나 마찬가지다. 스트레스가 극심해지자 정말 다 때려치우고 그냥 편하게 어디서 월급이나 받고 일했으면 좋겠다는 생각밖에 안 들었다.

기업형 범죄에 엮여 수배자가 되다

그런데 때마침, 프로그램을 팔았던 고향 선배 회사 사장의 지인이 내게 자기네 회사 전산 관리를 맡아달라는 요청을 해왔다. 당시 대졸자 초봉이 50만~60만 원 정도였는데, 무려 500만 원이라는 파격적인 급여를 제안했다. 월급 액수를 듣곤 눈이 휘둥그레졌다. 그런 제안을 받았다는 사실이 너무 기쁘기도 하고 나도 이제 좀 편하게 돈을 벌 수 있겠다는 생각에 앞뒤 살펴볼 생각도 않고 제안을 덜컥 받아들였다.

하지만 기쁨은 4개월을 넘지 못했다. 무리한 확장과 인수합병으로 회사는 재정난을 겪기 시작했다. 얼마 뒤 사장은 자신이 갑자기 신용불량자가 되어 수표를 발행할 수 없으니 나더러 몇 개월만 사장직을 맡아달라고 했다. 이번에도 별 생각 없이 흔쾌히 승낙하고 사장이 되었다. 일종의 '바지사장'이 된 것이다.

이 일이 일생일대의 실수가 될 줄은 꿈에도 상상하지 못했다. 그 사장은 내 명의로 거액의 수표를 발행한 뒤 2개월 만에 고의로 부도를 냈다. 나는 이름을 빌려준 대가로 모든 죗값을 고스란히 뒤집어쓰는 어이없는 일을 당했다. 무려 40억 원이라는 엄청난 금액이었다. 세상 물정 모르고 순진하게 이름을 빌려줬다가 기업형 범죄에 엮인 것이다. 이때 내 나이 스물여섯 살이었다. 남루한 내 인생이 어쩐 일로 잘 풀린다 싶었는데, 불행이 또다시 내 발목을 붙잡았다.

형사 구속된다는 말에, 당시 내 전 재산 7000만 원을 모조리 쏟아부으며 하루하루 은행으로 들어오는 당좌수표 부도를 막으면서 이 문제를 해결하려고 안간힘을 썼지만 결국 부도가 났다. 이후 내게 사기 치고 도망간 사람들을 찾기 위해 기소중지자 상태로 1년간 도피 생활을 했다.

하지만 전 재산을 날린 상태였으므로 생활고를 해결하고 변호사 비용도 마련하려면 돈을 벌어야 했다. "하늘이 무너져도 솟아날 구멍은 있다"라는 말처럼, 내 책을 출간해준 영진출판사 한상진 기획실장에게 사정 얘기를 했더니 일자리를 주선해주었다. 다른 사람들에게는 내가 처한 상황을 숨긴 채 나는 영진출판사 계열사인 영진미디어의 컴

결핍은 성공의 씨앗이다 55

퓨터 영어 교육 프로그램 개발 총책임자로 일하게 되었다.

지낼 곳이 없어 출판사 창고를 사무실로 적당히 개조해서 생활했는데, 간이침대를 펼쳐놓고 잠을 청하노라면 쥐들이 찍찍거리며 돌아다녔다. 난방이 안 되어 겨울에는 너무 추워 턱이 덜덜 떨려 이가 딱딱 부딪치는 소리가 들릴 정도였다. 게다가 동상에 걸렸는지 발가락이 아파 제대로 걸을 수조차 없었다.

추위를 잊기 위해 내가 선택한 방법은 냉수마찰이었다. 웃통을 벗고 땀이 비 오듯 쏟아질 때까지 운동을 한 다음 찬물을 뒤집어썼다. 이한치한으로 추위를 이겨낼 목적이었지만, 사실은 억울하고 원통해서 속에서 열불이 났던 이유가 더 컸다.

빛 한 줄기 안 들어오는 깜깜한 창고에서 새우잠을 자면서 말로는 표현할 수 없는 고통과 서러움을 느꼈다. 인간의 고통 중에 소외되었다는 고통, 숨어 있어야 한다는 고통, 억울한 누명을 쓰는 고통이 어떤 것인지 뼛속 깊이 새겼다.

그리고 문득 이런 생각이 들었다.

'내가 가진 거라곤 몸뚱이와 머리밖에 없구나. 춥다고 불평하지 말자. 지금은 이런 시련을 겪지만 언젠가 장족의 발전을 할 것이다. 그때 과거를 돌아봤을 때 당당하려면 지금 결코 비굴하거나 창피한 행동을 해서는 안 된다.'

이런 결심을 하자 불행하고 조급했던 마음에 오히려 여유가 생기기 시작했다. 그래서 냉수마찰을 하는 나를 보고 다른 직원들이 "안 추우세요?"라고 물으면 씩 웃으면서 "시원해, 너도 해봐"라고 받아쳤다. 남들 눈엔 내가 미친놈처럼 보였을 것이다.

그렇게 1년을 지내다 보니 정말 미쳐버릴 것만 같았다. 연말연시와 명절이 다가오는데 집에도 못 가고, 이렇게 살 순 없다는 생각이 들었다. 공소시효가 끝나는 게 7년이라는데 그때까지 계속 숨어 다니다가는 내가 먼저 죽을 것 같았다. 그래서 결단을 내렸다. 스스로 잡혀가기로.

"김철회 좀 잡아가세요"

디데이는 1993년 11월 30일이었다. 그동안 작업했던 컴퓨터 영어 교육 프로그램 개발이 끝나 전국 프랜차이즈 총판 사장들과 회사 직원들이 첫 제품 출시를 앞두고 강남에서 회식을 하던 날이었다. 나는 회식 자리에 들어가기 전에 공중전화로 112에 전화를 걸었다.

"이곳은 서울 ○○○인데요, 여기 기소중지자가 있습니다. 당장 체포해가십시오."

자수가 아니라 익명의 제보인 것처럼 말해 굳이 체포되는 형식을 취했던 데는 나름의 이유가 있었다. 자수를 한다고 해서 형량이 줄어드는 것도 아니고, 영어 교육 프로그램 프랜차이즈 사업의 책임자로서 일을 벌여놓고 자수를 한다는 것은 사업 관계자들에 대한 무책임한 행동이라 판단했기 때문이다. 작업 세팅을 내 선에서 마무리해 내가 아닌 다른 사람이 맡아도 할 수 있게 만들어놓은 다음, 정황상 자수가 아니라 체포되는 형식을 취한 것이다.

사실 나를 믿고 영어 교육 사업을 벌였던 총판 사장님들에게도 죄

송하고, 기소중지자 상태인 나를 믿고 사업장을 제공해주고 월급을 주면서 일하게 해준 출판사에도 미안했다. 하지만 마음이 너무 황폐해져 더 이상 연말 연휴를 견딜 재간이 없었다. 변호사 비용도 어느 정도 모았고 빨리 매를 맞고 싶은 생각뿐이었다. 신고 전화를 건 뒤 술잔이 한 잔도 채 돌기 전에 거짓말처럼 경찰이 들이닥치더니 한 사람 한 사람 검문을 시작했다. 잠시 뒤 고통스럽던 지난 1년간의 도망자 신세도 막을 내렸다.

모두들 연말 분위기에 들떠 있던 1993년 겨울, 구치소 안은 춥고 쓸쓸했다. 그리고 내 머릿속에선 '왜'라는 질문들이 맴돌았다.

'왜 나한테 이런 일이 생기는 건가? 왜 하필 나인가? 왜 내 삶은 저주받은 삶이어야 하는가? 왜 나는 이 모양인가? 왜 나는 뭐 하나 제대로 되는 일이 없을까? 왜 나는 이렇게 태어났나?'

누구나 고통이 극에 달하면 '왜?'라는 질문을 던지게 된다. 하지만 질문에 대한 속시원한 답을 해주는 이는 아무도 없다.

불과 한 해 전만 하더라도 내 인생은 날개를 펼친 것 같았다. 세운상가에서도 알아주는 컴퓨터 영업자이자 프로그램 개발 회사 대표였다. 벌이도 괜찮아졌겠다, 큰 출판사에서 책도 냈겠다, 배고프고 힘든 삶과는 이제 영영 굿바이인 줄 알았다. 돌이켜보면 나를 수렁에 빠뜨린 건 나 자신의 자만심이었다. 그리고 세상 물정 몰랐던 경솔함이었다.

구치소에 수감되자 문득 도피 생활을 하던 지난 1년보다 지금이 차라리 편하다는 생각이 들었다. 적어도 더 이상 '도망자'로 숨어 살지는 않아도 되니까. 철창에 매달려서 팔운동도 열심히 하고 책도 많이 읽었다. 특히《삼국지》는 세 번이나 읽었다. 왜 이걸 이제야 읽었을까 싶을 정도로《삼국지》는 이후 사회생활에 큰 도움이 됐다.

무엇보다도 세상을 보는 눈이 전과 달라졌다는 것이 수확이라면 수확이었다. 사람을 보는 눈, 죄를 보는 눈이 달라졌다. 바깥세상에 있을 때는 사람들이 다 섞여 있어 누가 사기꾼인지 도둑놈인지 폭력배인지 분간이 안 갔는데, 그 안에 있으니 누가 선한 사람이고 나쁜 사람인지 한눈에 구분되어 새로운 시각에서 사람을 바라볼 수 있게 됐다. 죄라고 다 똑같은 성질의 죄가 아니라는 것도 알았고, 순간의 실수로 인한 죄인지 근본적인 도덕성 문제로 인한 죄인지도 구분이 갔다.

그래서 그때가 당신 인생의 최악의 순간이었느냐고 묻는다면 그건 아니라고 대답할 수 있다. 뼈아픈 경험이었지만 그로 인해 성장할 수 있었기 때문이다. 또한 자유를 구속당해 보니 손발이 자유롭고 어디든 갈 수 있다는 게 얼마나 엄청난 에너지인지 알게 됐다. 사지 멀쩡하고 땀 흘려 일할 수 있다는 것만으로도 큰 복이구나 싶었다. 그 후 무슨 일을 하든 지치고 힘들 때마다 그때를 생각했다.

'그래, 그땐 아무 데도 못 가고 갇혀 있었지. 그에 비하면 어디든 갈 수 있고 뭐든 할 수 있는 지금 내 상태가 얼마나 소중한가!'

크게 대가를 치르고 크게 '철'이 든 것이다.

 "저놈 사기꾼일 줄 알았어!"

1993년 12월 1일 강남경찰서 경제계에서 조사를 마친 후 기소되어

1994년 3월 30일 출감할 때까지 넉 달가량 서울구치소에 있었다. 재판 과정에서 부도수표 40억 원 중에서 단돈 10원도 사기 친 혐의가 없다는 결론이 나왔다. 다만 당좌수표 발행에 대해서는 사기 친 혐의는 없으나 비록 바지사장이었다 하더라도 당좌수표 발행에 대한 책임은 면할 수 없어 집행유예 2년을 선고받았다.

구치소에서 나온 1994년 봄, 이 세상에서 나보다 운 나쁜 놈은 없는 것 같았다. 학벌도 변변치 않은 데다 가정형편은 어렵고 스물일곱 살의 나이에 구치소까지 다녀왔으니 나를 향한 사람들의 시선은 곱지 않았다. 무죄 판결을 받았어도 구치소에 다녀왔다는 이유로 전과자 취급을 받았고, 사기꾼이란 낙인이 찍혔다. 그때까지 애써 쌓아올린 것들은 아무 소용이 없었다.

"그럼 그렇지, 김철회 저놈 사기꾼일 줄 알았어."

아무리 배고프고 어려워도 남한테 피해를 입히거나 남을 등쳐먹은 적은 없었다. 다만 세상 물정에 어두웠고 자만심에 취해 실수를 한 것뿐이었다. 남한테 사기를 치기는커녕 성격상 거짓말도 못한다. 감추지 않고 속에 있는 것을 너무 드러내서 오히려 주변 사람들이 그런 얘긴 적당히 숨기라고 말할 정도다.

그런 나를 사기꾼이라 하니 도저히 견딜 수가 없었다. 그동안 자존심 하나로 모든 어려움을 극복하며 버티고 살아왔는데, 하루아침에 자존심이 와르르 무너지니 모든 게 절망스러웠다. 마치 내 마음속 희망을 누군가 훔쳐간 듯했다. 이 세상 누구도 내 편은 없었다. 그동안 그토록 치열하게 살아왔는데 신마저 날 외면한 듯했다.

도망가고 싶었다. 내가 죽어야만 절망이 끝날 것 같은 생각이 들었다. 다시 태어나 모든 걸 원점에서 시작할 수만 있다면 죽어도 상관없겠다는 절박한 심정이었다. 남들은 20대에 대학에서 열심히 공부하고 인생을 설계할 때 난 사기를 당해 억울한 누명을 쓰고 인생의 쓴맛을 보았다. 아무런 희망도 미래도 없이 절망 속에서 몇 달간 지내다 보니 사람들의 따가운 시선보다 아무런 삶의 의지도 없는 한심한 나 자신이 더욱 싫어졌다.

절망과 언제까지 함께 살 수는 없었다. 처절하게 살지언정 죽지 말고 살아야 한다고 마음먹었다. 참고 견디면서 살다 보면 언젠가 어둠이 걷히지 않을까 생각했다. 하지만 아무리 발버둥을 쳐도 절망은 사라지지 않았다. 그 당시 얼마나 고통스러웠는지 아무리 젊음이 좋다고 해도 나는 두 번 다시 20대로 돌아가고 싶지 않다.

하지만 악전고투하며 살아온 20대의 삶을 통해 절망이란 놈은 아무리 몰아내려고 해도 스스로 나가지 않는다는 사실을 알게 되었다. 내가 꿈꾸는 희망만이 절망을 죽이는 제일 좋은 방법이라는 걸 절망과 싸우면서 터득했다.

땅바닥에 떨어진 운 끌어올리기

미국의 어떤 사람이 금맥을 찾기 위해 20년 동안 광산을 팠다고 한다. 1년이 지나고 2년이 지나고 3년이 지났다. 금은 나오지 않았다. 10년이 지나고 20년이 지났지만 아무리 파헤쳐도 금맥은 눈에 띄지 않았다.

더 이상 희망을 가질 수 없었다. 어느 날 한 나그네가 지나가면서 지쳐 주저앉아 있는 그를 보며 왜 이러고 앉아 있느냐고 물었다.

"나는 20년간 금을 찾기 위해 노력했소. 하지만 20년 동안 파도 찾을 수 없었소. 이제는 포기할 생각이오. 혹시 이 광산을 사고 싶으면 500달러에 팔겠소."

그가 헐값에 광산을 팔고 떠난 후 나그네가 삽질을 시작했다. 그리고 두 번의 삽질 만에 금을 발견했다. 20년 동안 파헤쳐도 찾지 못했던 금맥을 찾은 것이다.

좋은 운을 만난다는 것, 좋은 타이밍을 잡는다는 것은 때론 이처럼 절묘하다. 누구도 장담할 수 없고 예측하기도 어렵다. 노력만이 전부도 아니다. 누구는 20년 동안 노력해도 못 찾던 금맥을 누구는 하루 만에 찾기도 하니까.

"맹장猛將이 용장勇將을 못 이기고, 용장이 덕장德將을 못 이기고, 덕장이 운장運將을 못 이긴다"는 말이 있는 것처럼 운을 타고난 사람을 이기기는 어려울지도 모른다. 운이란 하늘의 뜻이기에 인간의 힘으로 도저히 안 되는 부분도 분명 있다. 하늘의 뜻을 인간의 능력으로 바꾸려니 얼마나 어렵겠는가.

하지만 로또를 사야 로또에 붙을 운도 생기고 하늘을 봐야 별을 딸 운도 생긴다. 그 근처에 얼쩡대지 않고는 운 자체가 안 생긴다는 얘기다. 운을 타고나는 건 사람의 의지대로 안 되지만, 좋은 운을 만나려고 준비하는 자에게는 운의 통로가 열릴 최소한의 가능성이라도 생긴다.

인생에서 운이 따르고 좋은 타이밍을 만난다는 건 돛단배가 순풍을 잘 만난 것 같은 상황이다. 그러나 순풍을 잘 만나기 전까지는, 순풍이 불어올 적절한 장소까지 배를 몰고 나가는 노력과 노동이 필요하다. 엔진도 없는 종이비행기가 하늘을 날 수 있는 이유 역시 바람을 잘 탔기 때문이다. 그러니 바람이 잘 부는 길목에서 종이비행기를 날리는 것이 무엇보다 중요하다.

구치소에서 나온 이후 절망 속에서 허우적대면서 명예의 중요성에 대해 뼈저리게 느꼈다. 누구든 실수할 수도 있고 돈이 없을 수도 있다. 실수는 만회하면 되고 돈은 없으면 열심히 벌면 된다. 그러나 명예를 잃으면 모든 것을 다 잃는 것이나 다름없다. 나는 명예를 회복할 수 있는 기회를 움켜쥐고, 전화위복을 위해 온 힘을 다하고, 불운을 행운으로 바꾸기 위해 모든 것을 바쳤다.

법원에서 '무죄 판결 통지서'를 받았지만, 신용으로 먹고사는 IT업계에 이미 나는 '전과자'라는 낙인이 찍히고 말았다. 발 없는 말이 천 리를 간다고 소문은 눈덩이처럼 불어서 나도 모르는 사이 폭력 전과에 사기 전과자가 되어버렸다.

그렇다고 그저 시간이 지나면 다 해결되리라 여기고 가만히 앉아 있을 수만은 없었다. 일단 경찰서에 찾아가 나를 담당했던 형사를 만났다. 당시 그는 내가 물정 모르고 큰일에 엮인 애송이임을 알곤 "넌 죄 없다. 내가 보장한다"라며 나를 믿어주었다. 그 일에 대한 인사도 할 겸 문제를 해결할 방안을 모색하기 위해서였다.

그런데 그곳에서 명예를 회복할 뜻밖의 기회를 얻었다. 구속될 당시 경찰서 컴퓨터에 문제가 생겨 내가 그 문제를 해결해준 일이 있었는데, 그때 내 능력을 눈여겨본 형사 덕분에 강남경찰서 사건 처리 전산 구축 프로그램 제작을 맡게 된 것이다. 호랑이굴보다 무서운 줄 알았던 경찰서와의 인연이 이렇게 시작되었다. 무엇보다 고마운 것은 나의 결백을 믿어주는 사람이 있다는 사실이었다.

성공적으로 일을 마친 뒤 대가를 지급하겠다는 형사에게 나는 수고비 대신 '강남경찰서'라는 문구에 경찰서장 직인이 찍힌 공문서(시행일자 1995. 12. 29. 경찰서 사건 접수 및 처리 기록 관리 전산망 구축 용역 의뢰-문서번호 수사 23110-8879)를 하나 발행해달라고 간곡히 부탁했다. 그 공문서만 있으면 IT업계에서 재기할 수 있겠다는 생각이 들었다. 당시로선 그것이 유일한 희망이었다. 나를 구속시킨 경찰이 오히려 나를 믿고 일을 의뢰했다는 흔적을 남기는 데 의의를 둔 것이다. 이 일은 내 사회적 명예를 회복하는 데 더없이 중요한 역할을 했으며, 내 인생의 전환점이 되고 도약의 발판이 됐다.

나는 경찰서장 직인이 찍힌 공문서를 들고 나를 아는 사람들을 찾아다니며 내가 하는 일을 설명하고 검찰에서 받은 무죄 판결 통지서를 보여주면서 무죄를 입증해보였다. 무죄라고 열 마디 떠드는 것보다 눈앞에 확실한 증거를 보여주는 것이 훨씬 효과적이었다. 1995년 12월 그때 받은 공문서를 나는 지금까지도 가보처럼 소중히 보관하고 있다.

돈은 포기해도 명예는 포기하지 않는다

"김 과장, 오늘 시간 되나?"
"네, 괜찮습니다."

"나랑 갈 데가 있는데 같이 갈래?"

강남경찰서 사건 처리 전산 구축 프로그램 제작을 끝낸 뒤 특별히 하는 일 없이 시간을 보내다 인사차 영진출판사에 들렀는데, 그날 나눈 이 대화가 내 인생을 바꾸는 결정적 계기가 되리라고는 전혀 짐작하지 못했다.

영진출판사 한 실장과 함께 별 생각 없이 한 상업계 고등학교를 방문했다. 그 학교는 서울시 교육청 주관 프로젝트인 상업계 고등학교 자동화 실습 교육을 담당하고 있었는데, 프로그램 개발 방향을 제대로 잡지 못해 우왕좌왕 어찌할 바를 몰랐다. 그 문제를 해결해준 것이 인연이 되어 사무자동화 프로그램 개발과 교육청에 제출할 보고서 집필 의뢰가 들어왔다. 정말 사람은 기회가 세 번 온다는 말이 맞는 것 같았다. 명예를 회복할 수 있는 일이 이렇게 빨리 찾아오다니 너무나 기뻤다.

원래 대학에 할당된 프로젝트였는데, 대학 측에서 상업계 고등학교 교육 실정을 몰라서인지 차라리 실제로 교육을 담당하는 상업계 고등학교에서 이 프로젝트를 맡는 게 낫겠다고 판단해 고등학교에 재할당된 것이었다.

그 당시에는 컴퓨터 보급률도 저조해 사무자동화 전문가는 거의 찾아보기 어려운 실정이었다. 나는 사무자동화 프로그램에서는 누구에게도 뒤지지 않을 전문가였으므로 이것이 전화위복의 기회가 되리라 직감하고 온몸을 던졌다. 물론 난관이 없진 않았다. 대학 교수들도 하지 못한 프로젝트를 맡아 하려니 내가 사무자동화 전문가라지만 쉽지 않은 일이었다.

교육청에 제출할 500쪽짜리 보고서를 작성하는 것도 힘든 일 중 하나였다. 아무리 머리를 쥐어짜도 A4 용지 몇 장을 쓰고 나니 쓸 말이 없었다. 고민 끝에 사용자를 위한 실전 지침을 정리하기로 마음먹었다. '1. 전표 입력 후 엔터를 친다'와 같이 누구나 그대로 보고 따라 하기만 하면 쉽게 배울 수 있도록 매뉴얼 형식의 원고를 작성했다. 교육청에 초안을 보냈더니 '바로 이런 원고를 원했다'는 응답이 왔다. 꼼꼼하게 매뉴얼을 작성하고 화면을 일일이 캡처받아 채워넣자 500쪽짜리 보고서가 금세 만들어졌다.

1차 프로젝트를 성공적으로 끝내고 연구원들과 함께 모인 회식 자리에서 장학사가 내게 "김 과장은 어느 학교를 나왔나?"라고 물었다. 그 프로젝트에 참가한 사람들은 다들 내로라하는 석·박사 출신이라는 사실을 알고 있었지만 난 머뭇거리지 않고 "고졸입니다"라고 대답했다. 그 순간 회식 분위기가 싸해지는 느낌이었다. 그 때문인지 아닌지 모르지만, 그 프로젝트는 교육청 주관하에 상업계 고등학교가 진행하는 것이라 원칙상 사기업의 직원은 참여할 수 없어 1차 보고서를 제출하는 것을 끝으로 나는 더 이상 참여할 수 없다는 연락을 받았다. 하지만 고졸이라는 내 학력 때문에 내 실력을 영 못 미더워한 것은 아닐까라는 생각을 떨칠 수 없었다.

그런데 2차 프로젝트 과정에서 진행이 잘 안 되어 난항을 겪자 프로젝트 책임자가 교육청 관계자를 설득해서 그 프로젝트에 다시 참여하게 되었다. 그때 나는 보고서에 내 이름을 넣어주지 않으면 참여하지 않겠다는 조건을 내걸었다. 프로젝트를 위해 그토록 열심히 일하는

데 책에 이름 석 자조차 넣지 못하는 건 부당하다는 생각이 들었기 때문이다. 처음에는 정식 연구팀에 소속된 연구원들의 이름만 넣을 수 있다며 내 제안을 거절했다. 그래도 나는 끝까지 주장했다.

"그럼 저는 이 원고 작성하지 않겠습니다. 돈이고 뭐고 다 필요 없습니다. 제 이름 석 자 넣어주셔야 합니다. 안 그러면 전 더 이상 진행할 이유가 없습니다."

그리고 내 이름뿐 아니라 내가 소속된 회사명도 교육청에 제출할 보고서 표지에 꼭 들어가야 한다고 주장했다. 결국 보고서 표지에 '프로그램 분석 : 영진미디어 개발과장 김철회'라는 글자가 찍혀 나왔다. '감옥 갔다 온 천하에 운 없는 놈'이었던 내가 석·박사들의 이름과 더불어 당당하게 서울시 교육청 연구위원으로 이름을 올린 것이다. 그 보고서를 받아든 순간 너무나 감격스러웠다. 힘없는 사람이 갑자기 근육이 생기듯, 내 심장에 근육이 생긴 듯했다. 그건 바로 자신감이었다. 그동안 지겹게 따라다니던 학력 콤플렉스가 날아가버린 순간이었다.

이 보고서 덕분에 누구에게든 내가 서울시 교육청 연구위원으로 활동했다는 증거를 떳떳하게 내보일 수 있게 되었다. 이름이 들어가고 안 들어가는 것은 내겐 그만큼 절실한 문제였다. 이후 나는 돈은 포기해도 명예는 포기하지 않는다는 삶의 모토를 갖게 됐다. 이는 내가 다른 사람을 볼 때도 마찬가지다. 돈 앞에 자존심을 쉽게 버리는 사람, 돈을 위해 온갖 핑계와 변명을 늘어놓는 성향을 가진 사람은 아예 상대하지 않는다.

"인생만사 새옹지마"라는 말처럼 위기 속에 기회가 있고 손해 속에 득이 있다. 구치소에서 나왔을 땐 절망감에 죽음까지 생각했지만, 세월이 지날수록 그때의 불운에 오히려 감사하게 되었다. 그 경험이 아니었다면 배우지 못했을 것들, 금전적으로 풍족했더라면 이루지 못했을 것들이 더 나은 나를 만들어주었기 때문이다.

인간이 하늘의 운을 100퍼센트 바꿀 수 있다는 말은 하지 않겠다. 하지만 운이 나를 피해갔다면 내가 그 운을 좇아가면 된다는 걸 알았다. 지금이 타이밍이 아니라면 타이밍을 내 것으로 만들기 위해 준비하고 있으면 된다. 혼자 날 수 없는 종이비행기라면, 바람 부는 길목에서 바람이 불 때를 기다리고 있겠다는 의지를 가지면 분명 그 종이비행기는 하늘을 날게 될 것이다.

대개 운이 없다고 생각하는 사람들은 걱정과 두려움이 많고 시야가 좁다. 다양성을 피하고 기회를 놓치는 경향이 있다. 반면 운이 좋다고 믿는 사람들은 느긋하고 낙관적이며 마음이 열려 있다. 다양성을 추구하고 기회를 찾아다니며 도전을 긍정적으로 바라본다. 인생의 반전을 가능케 하는 것은 하늘이 내린 운이 아니라 이러한 긍정적 마인드다.

막상 반전을 만드는 당시에는 '지금이 내 인생의 반전이 이루어지는 때'라는 생각을 못한다. 주어진 순간들에 최선을 다하고 세월이 지나고 나서야 비로소 '아, 그때가 내 인생의 반전이었구나. 그때가 바로 새로운 운을 만든 기회였구나!' 하는 것을 깨닫게 된다.

📦 불가능이 입증되기 전까진 모든 것이 가능하다

30대 초반 '하우콤'이라는 출판 편집 기획사를 운영하던 중 경험 부족으로 편집 하청일만 하다가 쫄딱 망해 지하 주차장에 있는 4평 남짓한 사무실에서 일할 때였다. 사람들에게 5년 내로 사옥을 사서 이사를 가겠다고 했더니 아무도 내 말을 믿지 않았다.

이후 두 번 다시 편집 하청일은 하지 않았다. 무조건 원고 기획과 출판 기획을 해서 책을 출간했다. 그 결과 정말 5년도 안 되어 청파동에 도서출판 하우콤(지금의 세이펜 건물)의 사옥 부지를 구입해 작은 건물이지만 두 번씩이나 사옥을 건축하는 저력을 발휘했다. 2010년에는 세이펜 물류센터 부천 사옥을 가질 수 있었다. 지금의 성수동 사옥은 네 번째 사옥으로 2011년에 계약하고 2013년에 입주했다.

도서출판 하우콤을 운영하면서 7~8년간 하루도 쉬지 않고 일해서 만든 컴퓨터 책들이 교보문고를 비롯해 전국 서점에 베스트셀러가 되고, IT 종주국인 미국을 비롯한 여러 나라에 수출되면서 드디어 내게도 희망이 보이기 시작했다. 고졸 학력으로 어떻게 컴퓨터 책을 수출할 수 있었는지 기자들이 취재를 나왔고 내 인생 스토리가 〈조선일보〉와 〈중앙일보〉에 대문짝만 하게 실렸다. 그리고 2001년 SBS 〈별난 행운 인생대역전〉이라는 프로그램에 내 인생 이야기가 방영되기도 했다

(당시 프로그램 제작을 위해 약간 각색된 부분이 있다).

20대에 기업형 범죄에 엮여 구치소에 다녀온 이야기는 이미 많은 사람들이 아는 내 삶의 한 부분이지만 결코 남들에게 자랑할 만한 인

생 스토리는 아니다. 감추고 싶은 과거였고 남에게 알리고 싶지 않은 너무나 큰 실수였다. 하지만 TV에 방송이 나간 후 SBS 게시판에, 시련과 고통 속에서 좌절감을 이겨내고 일어선 내 인생 스토리에 감동을 받았다는 수천 개의 글들이 쏟아졌다. 이 일을 계기로 나는 제2의 도약을 시작할 수 있었다.

살다 보면 불가능하다고 생각되는 일들이 많이 생긴다. 그러나 불가능이 불가능하다고 입증되기 전까지는 결코 불가능하다고 생각해서는 안 된다. 우리 주변에 있는 모든 것은 꿈에서 시작되어 현실로 이루어진 것들이다. 하늘을 나는 것도 달나라에 가는 것도 한때는 막연한 꿈의 한 조각이었을 뿐이다. 모든 꿈은 언젠가는 현실이 될 수 있다. 그러니 부지런히 꿈을 꿔야 한다.

나는 눈앞에 불가능한 일들이 생기면 지금 현재 불가능한 것일 뿐이라고 마인드 컨트롤을 한다. 성공은 불가능한 것을 가능하다고 마지막까지 믿는 사람만이 받을 수 있는 큰 선물이다. 그동안 내 삶은 위기의 연속이었다. 하지만 위기는 또 다른 기회가 되었고, 그 기회는 새로운 더 큰 위기를 만들고, 더 큰 위기는 그보다 더 큰 기회를 가져다주었다. 위기와 기회의 거듭된 반복 속에서 나는 더 강하게 성장할 수 있었다.

'자살'을 거꾸로 읽으면 '살자'가 되고 '역경'을 거꾸로 읽으면 '경력'이 되고 '내 힘들다'를 거꾸로 읽으면 '다들 힘내'가 된다. 모든 것은 어떻게 생각하느냐에 따라 달라진다. 그러니 마지막 순간까지 희망의 끈을 놓아서는 안 된다.

김철희의 99%의 결핍을 이기는 1%의 마음가짐

때론 스트레스가 약이 된다

많은 사람이 스트레스를 없애고 싶다고 얘기한다. 의학계에서는 스트레스는 만병의 근원이라고 말하기도 한다. 그러나 나는 스트레스가 나쁘다고는 생각하지 않는다. 늘 날씨가 좋으면 육지가 사막이 되고, 태풍이 없으면 푸른 바다는 썩게 마련이다.

지나친 스트레스는 분명 나쁜 영향을 미치지만 적절한 스트레스는 생활의 윤활유로 작용하여 자신감을 심어주고 일의 생산성과 창의력을 높여준다는 점에서 긍정적 효과를 가지고 있다. 스트레스 호르몬은 환경에 대한 인지 능력을 강화하고, 시력과 청력을 향상시키며, 근육이 더 잘 움직이게 만든다고 한다.

스트레스를 받는다고 화내고 짜증내고 긴장해서 상황을 악화시키기보다 스트레스의 긍정적 요소에 주목해 상황을 반전시킬 기회로 삼아보자. 당장에는 스트레스가 부담스럽더라도 적절히 적응하면 향후 자신의 삶을 더 윤택하게 만드는 좋은 약이 된다. 결국 스트레스는 어떻게 대응하고 받아들이느냐에 따라 건강, 행복, 성공의 열쇠가 될 수도 있다.

나는 내 인생의 스트레스가 날 보호해주고 나를 성장시켜줬다고 생각한다. 그래서 난 지금도 스트레스를 즐긴다. 피할 수 없다면 즐기는 게 맞지 않을까.

열등감을 극복하려면
새 현실을 인정하라

아무리 완벽해 보이는 사람이라도 다들 어느 정도의 열등감을 갖고 있다. 성적에 대해, 외모에 대해, 돈에 대해, 학벌에 대해, 출신에 대해, 능력에 대해……. 그런데 열등감이라는 게 꼭 나쁜 것만은 아니다. 사람의 발전이란 흠 잡을 데 없는 우월함에서 시작되는 것이 아니라 오히려 자기가 지닌 열등감을 극복하기 위해 노력하는 데서 시작되기 때문이다.

열등감이 사람에게 악영향을 끼치는 건 열등감 그 자체가 아니라 그것이 누적되었을 때다. 대장에 숙변이 쌓이면 몸속에 독이 퍼져 건강을 해치는 것처럼 열등감도 쌓이면 독을 뿜는다. 열등감은 자격지심과 피해의식을 만들어 사람을 지치고 피폐하고 노쇠하게 만든다. 부모가 자식에게 '이 못난 부모가 가진 게 없고 해줄 수 있는 게 없어 미안하다'라는 말을 어쩌다 한 번 하는 게 아니라 습관처럼 반복한다면 언젠가 아이는 '이제 그런 얘긴 제발 그만 좀 하라'며 반항할 것이다. 부모가 자식에게 내보인 열등감이 지속성을 가지면서 자식에게 피해의식을 만들기 때문이다.

반면 열등감을 쌓아두지 않고 자신에게 부족한 것을 극복하려는 자원으로 활용하면 오히려 성장 에너지로 사용할 수 있다. 다시 말해 열등감이 삶에 득이 되느냐 독이 되느냐 하는 것은 지속성 여부에 달려 있다.

'남들이 나를 무시한다'라는 생각을 지속적으로 갖고 있으면 독이 되지만, '남들이 나를 무시한다. 그렇다면 이것을 어떻게 극복해야 할까?'라는 방식으로 개선하려는 노력을 기울이면 오히려 득이 된다.

나는 열등감을 가질 수밖에 없는 환경에서 자랐다. 어릴 때는 말더듬이였고 성격은 내성적이었고 집안 환경이 평범하다고 할 수도 없었다. 하지만 내게 열등감을 안겨준 요소들을 오히려 나의 장점으로 바꾸고자 노력했다.

말재주를 타고났다고?

프레젠테이션이나 강연을 통해 나를 만난 사람들은 "당신은 말재주를 타고난 것 같다"라는 이야기를 자주 한다. 그러나 타고난 말발만으로는 상대방에게 진정한 신뢰감을 주기 어렵다. 상대방이 내 이야기를 들었을 때 자연스럽게 믿음이 가고 귀가 기울여지고 몇 시간을 들어도 질리지 않는 대화기법과 말투를 내 것으로 만들려면 부단한 훈련을 거듭해야 한다.

이런 말을 하면 "아무리 그래도 말재주란 어느 정도는 타고나는 것 아니냐"라고 반신반의하는 사람들이 많다. 그렇게 치면 나는 말로 일하는 직업이나 업무는 아예 못했어야 했다. 나는 다섯 살 때까지 말을 잘 못하는 아이였다. 아기 때 엄마 젖은 물론 어떤 음식이든 먹이기만 하면 다 토해서 저러다 죽는 것 아닌가 싶어 다들 걱정이 많았다고 한다.

그러던 어느 날 누나가 날달걀을 깨 먹였는데 희한하게도 날달걀은 토하지 않고 잘 먹기에 그거라도 먹여서 우선 애를 살려놓고 보자는 생각에 날달걀을 많게는 하루에 한 판 이상 먹었다고 한다. 그런데 날달걀을 많이 먹으면 혀가 굳는다는 속설 때문인지 몰라도 나는 다섯 살 때까지 말을 거의 못하고 말문이 트인 다음에도 말을 더듬었다.

이 증상은 초등학교에 들어가서도 계속되었다. 수업 시간에 책을 읽을 때마다 친구들은 내 말투 때문에 웃음을 터뜨렸고, 나는 주눅이 들어 책 읽기가 너무 싫었다.

보다 못한 가족들은 나를 병원에도 데려가고 온갖 방법으로 말더듬이 증상을 고쳐주려 애썼다. 이후 나는 책을 읽거나 사람들과 대화를 할 때 긴장을 풀고 호흡을 가다듬으며 말하는 연습을 했다. 책 읽는 연습을 하면서 발음과 음성이 많이 나아졌고, 내가 잘 못하는 발음이 뭔지도 알게 되어 그 발음을 대체할 어휘를 순간적으로 빨리 찾는 요령도 터득했다. 말더듬이 증상을 고치기 위해 노력하다 보니 자연스레 책을 많이 읽게 되었다.

초등학교 6학년 때는 놀랍게도 학생회장이 되었다. 학생회장이 되어 다른 사람들 앞에서 발언할 기회가 많아지자 말하기 실력이 더욱 향상되었다. 심지어 누가 나에게 장래희망이 뭐냐고 물으면 변호사가 되겠다고 말했다.

말 더듬이 증상은 중학교 1학년이 되어서야 완치되었다. 말 더듬는 약점을 고치기 위해 오랜 시간 훈련과 연습을 거듭한 결과 나는 역설적으로 말보다 생각의 힘이 얼마나 중요한지를 알게 되었다.

어른이 된 뒤에도 말할 때 단어를 생각해서 선별하고 내게 맞는 스타일로 말하기 위해 늘 노력했다. 어릴 때 하던 말더듬이 교정훈련을 커서도 계속한 것이다. 약점을 극복하고자 연습하고 또 연습하다 보니 오히려 남들 눈에는 '말발 좋은 놈'으로 보이는 결과를 낳았다. 지금도 몇몇 특정 발음을 할 때 말을 더듬곤 하지만 남들은 전혀 눈치 못 채고 넘어갈 정도로 많이 좋아졌다.

말하기 훈련은 단지 소리와 말투 연습만이 아니다. 근본적으로 내가 구사하는 언어에 생각을 집어넣는 고급 훈련을 해야 한다. 그러기 위해서는 내면이 업그레이드되어야 한다. 그래야 말도 업그레이드되기 때문이다.

그래서 나는 발성 연습을 위해 책을 소리 내어 읽고, 매일 신문 사설도 연설하듯 큰 소리로 읽었다. 또한 적당한 곳에서 끊어서 읽고, 숨을 허덕거리면서 급하게 몰아쉬거나 말을 더듬거나 목소리가 떨리지 않게 하는 연습을 많이 했다.

그런데 신기하게도 발성 연습을 통해, 똑같은 내용이라도 좀 더 정확하고 설득력 있게 상대방에게 신뢰를 줄 수 있는 어휘를 사용하는 방법을 터득하게 되었다. 문장 하나를 보더라도 거기서 파생될 수 있는 새로운 문장을 즉시 떠올려서 입 밖으로 내보는 연습을 수시로 했다. 그 결과 나는 '말발 좋은 놈'이라는 소리를 들을 수 있었다.

말더듬이 증상은 어린 시절 내게서 자신감을 앗아가고 열등감을 안겨줬다. 하지만 말을 더듬던 아이가 커서 말로 남을 설득하는 일을 하고, '말하는(say) 펜(pen)'도 만들었으니 결과적으로 보면 열등감이 나를 성장시킨 셈이다.

🎁 열등감을 새로운 에너지로 바꿔라

어린 시절 사람들은 나를 '왕성사 보살집 아들'이라 불렀다. 어머니가 몸이 자주 아파서 아프지 말라고 자식 잘되라고 불공을 드리는 일을 했기 때문이다. 그러다 동네 사람들이 찾아오고 동네 대소사를 도와주다가 사람들이 어머니를 스님 혹은 보살이라 부르기 시작했다. 이후 어머니는 조계종에 왕성사라는 절을 등록한 뒤 조그만 암자를 만들어 불공을 드리곤 했다. 남 얘기 좋아하는 사람들의 눈엔 무당집이나 다름없었다.

매일 아침 내 잠을 깨운 건 '똑똑똑똑~' 하는 어머니의 목탁소리였고, 우리 집엔 시주를 들고 어머니를 찾아오는 사람들의 발길이 끊이질 않았다. 차츰 철이 들면서 알았다. 우리 육 남매를 먹여 살리는 쌀과 돈은 어머니가 한 푼 두 푼 모은 시줏돈에서 나왔음을.

반면 아버지는 사업에 실패한 후 별다른 직업 없이 어머니를 도왔는데, 아버지는 뭐든 뚝딱 잘 만들고 그림을 아주 잘 그렸다. 돈 버는 재주는 전혀 없던 분이었지만 항상 집에서 우리랑 놀아주어서 다른 집 아버지처럼 직장생활을 하지 않는 게 오히려 좋았다. 하지만 점점 성장하면서 '나는 성인이 되면 저렇게 집에만 있는 남자로 살지 말자'라고 다짐했다.

한마디로 평범한 가정이라고는 할 수 없었다. 친구들 집에 가면 아버지가 회사에 가고 어머니가 살림하는 모습이 그렇게 부러울 수가 없었다. 초등학교 때 학교에 가정환경조사서를 제출할 일이 있었는데 나보다 두 살 어린 동생이 부모 직업란에 '보살'이라고 적은 걸 보고 너무 화가 나 동생을 마구 때렸던 기억이 난다. 그리고 학교에서 소풍을 갈 때마다 우리 집 근처에 있는 길을 전교생이 지나가곤 했는데, 저학년이었을 때는 회색 승복을 입고 내게 손을 흔드는 부모님이 반가웠지만 학년이 올라갈수록 창피해 고개를 돌리고 외면하기도 했다.

이런 가정 환경은 어린 내게 큰 열등감을 유발시키는 요소였다. 현실에서 탈출하고 싶다는 생각도 많이 했다. 그러다 보니 열등감을 최대한 빨리 극복할 수 있는 원칙을 스스로 터득하게 되었다.

그 첫 번째 열쇠는 '인정'이다. 자신이 지금 남보다 열등할 수밖에 없는 현실을 그대로 인정하고 받아들이는 것만으로도 열등감은 상당 부분 해소된다. '난 가진 게 없어. 난 부족해'라는 사실을 허심탄회하게 인정하는 순간 열등감은 새로운 에너지로 변환될 준비를 한다. 예를 들어 가난하다는 열등감이 있다면 '난 돈이 없지. 인정해. 그럼 앞으로 열심히 벌면 되지'라는 마음을 먹게 된다. 문제점을 인정한다는 것은 답을 찾을 수 있다는 뜻이기도 하다.

두 번째 열쇠는 '단축'이다. 열등감에 빠져 있는 시간을 최대한 단축시키고 다른 에너지로 빨리 승화시키는 것이다. 시간을 단축시킬수록 에너지도 커진다. 폭발의 에너지로 재빨리 쓰되 찌꺼기는 얼른 버린다.

부족한 부분이 있다면 있는 그대로 이해하고 받아들여야 한다. 살다 보면 때로는 물에 빠져 허우적거릴 수도 있음을 인정하되, 열등감과 자괴감을 재빨리 떨쳐버리고 앞날의 목표를 향해 나아가면 어떠한 역경이 와도 스스로 소화할 수 있는 역량이 생긴다.

🎁 도전을 피하는 것이 가장 위험한 것이다

누군가에게 무엇이든 "당장 시작해보세요"라고 말하면 흔히들 "아직 능력이 부족해 조금 더 실력을 쌓은 후에 하겠습니다"라는 대답을 한다. 그러나 능력이 쌓일 때까지 기다리는 사람은 결코 능력을 쌓을 수 없다. "아직 능력이 없어요"라는 말은 겸손도 신중함도 아닌 실패에 대한 두려움의 또 다른 표현이다.

능력은 하나를 실패할 때마다 하나씩 쌓인다. 다시 말해 새로운 과제를 만날 때마다 능력은 스스로 개발된다. 기다리는 시간이 아닌 과감한 도전에 따른 실패가 능력을 강하게 만든다.

괴테는 "생각은 쉽고 행동은 어렵다. 그런데 생각을 행동으로 옮기는 일은 세상에서 가장 어려운 일이다"라고 했다. 세상에서 가장 먼 거리는 '머리에서 손까지'라는 말도 있다. "천천히 가는 것을 걱정하지 말고 제자리 서 있는 것을 걱정하라"는 중국 속담을 좇아 일단 행동으로 옮겨보는 습관을 가져보자.

불치병에 걸려 임종을 앞둔 사람들을 인터뷰한 통계에 따르면 하나같이 "이렇게 죽을 줄 알았으면 그때 해볼걸"이라고 말했다고 한다. 사람들은 죽음을 앞두고서야 '~할걸'이라며 후회한다. 죽기 전에 도전해야 한다.

인간의 삶에서 가장 위험한 도전은 두려워서 도전을 피하는 것이다. 만일 스스로 패배할 것이라 생각하면, 결과는 불을 보듯 뻔하다. 도전하지 못하리라 생각하면 결국 도전하지 못하게 된다.

모든 자서전엔 실패를 딛고 일어선 이야기가 나온다. 지금 세상에서 자신이 가장 큰 실패를 한 사람이라면, 세상에서 가장 감동적인 자서전을 준비하고 있는 것이라고 생각하자. 산다는 것은 아이러니하게도 죽기 전에 죽는 위험을 감수하는 일이고, 희망을 가진다는 것은 희망이 이루어지기 전에 절망의 위험을 무릅쓰고 도전하는 일이다.

미국의 저명한 카운슬러이자 방송인인 맥사인 슈널은 《만족》에서 고통과 비극에 대해 다음과 같이 말했다.

"우리가 어떤 고통이나 비극을 겪고 있다면 그것은 어떤 좋은 것을 얻을 수 있는 기회이기도 하다. 그것은 우리가 원했던 것일 수도 있고 다른 것일 수도 있지만 위기의 나날이 끝나면 우리는 더 강하고 현명한 사람이 될 것이고 자신의 본모습을 찾게 될 것이다."

무슨 일이든지 꿈과 계획을 이루고 생각한 만큼 성공하고 싶다면 도전하고 시도해서 실패와 좌절이라는 위험을 감수해야 한다. 호랑이 가죽이 필요하다면 호랑이굴에 들어가는 위험을 감수해야 한다. 호랑이굴에 들어가는 것보다 더 큰 위험은 무섭고 두려워서 아무것도 하지 않는 것이다. 두렵다고 고단하다고 실패할지도 모른다고 망설이면서 시도조차 하려 하지 않는다면 그 어떤 것도 얻을 수 없다. 안전한 것이 오히려 가장 무모하고 위험한 것이 된다는 사실을 알아야 한다.

지금은 남들이 무모하다고 힘들다고 아무나 못하는 것이라고 말하는 것이 오히려 안전한 것이 되는 창조·도전·혁신의 시대다. 실패와 불행이 두려워서 안주하고 평범하게 살려는 사람들에겐 성공도 행운도 찾아오지 않는다. 그 뿐만 아니라 실패와 시련을 이겨낼 힘을 상실한 채 큰 기쁨조차 맛볼 수 없는 무미건조한 삶을 살다 일생을 마감하게 될 것이다.

꿈이 클수록 고통도 커진다

스포츠 경기 가운데 장애물을 뛰어넘는 '허들'이란 경기가 있다. 장애물을 쓰러뜨리지 않고 하나씩 뛰어넘는 과정이 마치 목표를 향해 열심히 사는 사람들이 한 계단 한 계단 올라가는 모습과도 흡사하다. 장대높이뛰기도 마찬가지다. 장대높이뛰기는 폴에 몸을 실어 공중으로 뛰어올라 바를 넘는 경기로, 높이가 높을수록 뛰어넘어야 할 장애물도 높이 올라간다.

이와 마찬가지로 꿈이 크고 목표가 클수록 뛰어넘어야 할 장애물도 커진다. 승자는 아무나 하는 게 아니다. 장애물을 다 넘은 이들 중에서도 제일 빠른 자가 1등이 되는 것이다. 그들은 훈련 시 고통이 따른다고 장애물이 많다고 시합을 포기하지 않는다.

우리나라 최고의 축구 선수로 인정받는 박지성 선수는 평발에 체구도 작지만 자신이 지닌 장애물을 모두 극복해 최고의 선수로 거듭났다. 자신이 지금 불행하다고 해서 집안 형편을 탓하고 조상을 탓하고 재능이 없다고 불평하지 말기 바란다. 찢어지게 가난한 집에 태어났어도 정주영 회장은 열심히 노력하여 대한민국 최고의 일류 기업을 만들지 않았던가.

성공은 우리에게 '성공이다'라고 말하면서 다가오지 않는다. 성공은 위장술도 뛰어나다. 왠지 그렇게 하면 실패할 것 같고 힘들어 보이고, 성공할 수 있다는 확신을 전혀 주지 않는다. 고통과 고난 없이 성공이란 달콤한 열매를 얻을 수 없다. 성공에 이르려면 스포츠 경기처럼 수많은 장애물을 뛰어넘어야 한다.

나 또한 내 앞에 놓인 장애물을 극복하지 못해 많은 것을 포기하며 산 적이 있다. 하지만 성공 안에는 많은 장애물이 있다는 걸 인정하고 나서부터는 고통과 좌절을 이겨내고 멋지게 일어설 수 있었다. 성공이 내게 성공을 안겨주기 전, 날 시험하기 위해 성공이 아닌 척 위장해서 나를 테스트한다고 생각하고 노력했기 때문에 불행을 이기고 지금의 내가 될 수 있었다.

큰 고기를 잡으려면 바닷 속으로 뛰어들어야 한다. 바다에 들어가면서 옷 젖는 걸 겁내면 되겠는가. 일하다 보면 실패할 수도 있고 힘이 들게 마련이다. 큰 바다에서 큰 고래를 포획하려면 물과 파도란 장애물을 극복하고 잠수 훈련을 해야 하고 고성능 장비를 미리 준비해야 한다. 이와 마찬가지로 성공에도 장애물과 고통이 수반된다는 걸 깨닫고 마음의 준비를 해야 한다.

김철회의 99%의 결핍을 이기는 1%의 마음가짐

적절한 위기감을
에너지로 사용하라

미래에 대한 꿈과 희망이 클수록 다가오는 위기감, 과도기에 대한 불안감도 커지게 마련이다. 그래서 인생에서 뒤처지지 않으려고 열심히 일하고, 오늘보다 더 나은 내일을 살려고 노력한다. 나도 늘 미래에 대한 꿈과 희망이 헛되이 될까 봐, 모든 유혹을 뿌리치고 일을 가장 중요하게 여기며 살아왔다. 남들이 보기에는 돈을 벌기 위해 일만 한 사람처럼 보였을 수도 있겠지만 오늘 부족한 부분을 채워 내일은 쉬고 싶어서 노력한 것이다.

늘 요동치는 파도 위에서 파도타기를 하듯 살아오면서도 모든 순간을 즐겼다. 내가 선택한 분야에서 새로운 것을 개발하고 아이디어를 내고 기획하는 게 신이 나 그 만족감에 푹 빠져 힘든 줄도 모르고 일했다. 그런 즐김의 시간이 내게 에너지를 줬고 돈은 그다음에 자연히 따라왔다.

하루하루를 그렇게 살다 보니 어쩌면 내 심장을 부지런히 뛰게 만드는 것은 적절한 위기감일지도 모른다는 생각이 든다. 이는 비단 내게만 해당하는 이야기가 아닐 것이다. 누구나 어느 정도의 불안감을 갖고 있어야 더 나은 미래를 위해 더 노력하게 된다. 완벽하게 안정적이면 편하고 즐거울 것 같지만, 오히려 의욕이 떨어져 무기력해지고 인생이 따분해진다.

나는 항상 오늘이 내 인생의 최고점이라는 생각으로 매 순간 노력한다. 그러면서도 늘 다음 질문을 잊지 않는다.

'지금 여기가 정말로 내 인생의 최고점인가?'

적절한 의심은 또 다른 적절한 불안감을 만들어내고 그 불안감이 만들어내는 에너지는 더 큰 엔진의 연료로 사용할 수 있다.

학력에
얽매이지 마라

"철회야, 네가 아직 어려서 세상 물정을 몰라서 그런다. 아무리 어려워도 대학은 가야 된다. 고졸 학력으로 열심히 돈 벌어봤자 결국은 대졸자들한테 지게 돼 있다."

내가 대학을 안 가겠다고 하자 모두가 똑같은 소리를 했다. 초등학교와 중학교 때는 물론 고등학교 때도 '똑똑한 놈' 소리깨나 들었던 놈이 굳이 대학을 안 가겠다고 우기니 다들 말릴 만도 했다. 하는 수 없이 재수 학원에 등록했지만 3개월 만에 때려치웠다.

이미 고등학교 1학년 때부터 내 생각은 확고했다. 내 인생에서 대학에 꼭 가야 할 이유는 없다고. 그리고 현실적인 이유들도 영향을 미쳤다. 집안 형편이 너무 안 좋았다. 어머니 혼자 육 남매를 먹여 살리는 모습을 보는 것도 괴로웠고, 설상가상으로 고등학교 때 아버지가 병환으로 쓰러졌다. 이후 세상을 떠나시기 전까지 여러 해 동안 병원비 때문에 무척 힘들었다. 큰형님은 대학을 졸업해 직장에 다니고 있었지만 집안의 경제적 문제를 해결할 수 있을 정도는 아니었다.

공부도 현실이 어느 정도 받쳐줘야 할 수 있다. 당장 밥 한 끼를 걱정해야 하는 처지였던지라 나는 책상 앞에 앉아 있는 게 가시방석이었다. 상황이 그러다 보니 내 마음속에서 대학 입학은 점차 멀어져갔다. 공부가 당장의 현실 문제를 해결해주지 못한다는 걸 너무나도 뼈저리게 체험했기 때문이다. 공부는 큰형님이 충분히 했으니 누군가는 돈을 벌어야겠다, 그걸 내가 하자고 마음먹었다. 내겐 대학이 필수코스가 아니라 선택사항이었다. 당시의 내 삶에 필요가 없으니 내 의지로 대학을 안 가기로 한 것이다.

우리 사회는 대학을 가지 않았다는 것만으로도 '전부'를 못하는 무능력한 사람으로 보는 경우가 많다. 그런 현실은 20년 전이나 지금이나 크게 달라지지 않은 것 같다. 그러나 지금도 나는 20대 초반에, 대학에서 배우는 것보다 훨씬 더 많은 지식을 스스로 찾아서 공부했노라고 자신한다.

나는 대학에서 배우는 '전공 하나'를 포기한 것뿐인데, 남들은 내가 '전부 다' 포기했다고 생각했다. 만약 20대 초반에 컴퓨터 공부를 열심히 하지 않았다면 나는 정말로 전부 다 놓친 사람이 되었을 것이다. 나는 대학 전공 하나를 포기한 대신 내가 선택한 분야에서 전문가가 되기 위한 나만의 전공을 찾을 수 있었다.

궁하면 통하고 간절한 사람에게 먹을 것이 더 생긴다는 말이 있다.

그 당시 컴퓨터 공부는 내게 간절함 그 자체였다. 어떤 분야의 전문가가 되기 위한 길이 꼭 학교에 있는 것만은 아니다. 원하는 지식을 얼마나 내 것으로 흡수하느냐, 그리고 내 것으로 흡수하고자 하는 마음이 얼마나 간절한가에 달려 있다.

철학책으로 사고의 토대를 만들다

스무 살이 된 나는 전산을 공부하고 컴퓨터 영업을 하느라 하루하루가 눈코 뜰 새 없이 바빴다. 그러다 가끔 고등학교 동창들을 만나면 언제부턴가 미묘한 괴리감이 느껴졌다. 나만 고졸이고 나머지는 다 대학생이어서 대화를 나누다 보면 엠티MT, 강의 시간표, 쌍권총(F학점)을 찼다 등 알아들을 수 없는 단어들이 툭툭 튀어나와 신경을 거슬렀기 때문이다.

자존심은 있어서 그게 무슨 뜻이냐고 물어보지도 못했다. 친구들이 '엠티를 간다'고 하면 '아, 여행을 간다는 얘기인가 보다' 하고 미루어 짐작할 뿐이었다. 양동이에 술을 담아 돌려가며 마신다는 대학생들의 술 문화도 도무지 이해가 되지 않았고, 대학생들이 데모할 때 부른다는 운동가요도 낯설기만 했다.

나는 오늘도 영업을 나가서 컴퓨터를 몇 대 팔았고 돈을 어떻게 벌었고 등등 살아가는 이야기를 하고 싶은데, 그들과 대화가 통할 리 없었다. 개중에는 나를 위로해주는 친구들도 있었다.

"네가 비록 대학은 안 갔지만 우리 가운데 누구보다도 뛰어난 놈이야. 뭘 하든 성공할 거다."

하지만 친구들과의 대화에도 못 끼는데 그런 말이 위로가 될 리 없었다. 그렇다고 친구들을 안 만날 수도 없고 '입 닥치고 조용히 있어야 하나' 라는 생각까지 들었다.

그런데 그들과의 대화에 내가 유일하게 낄 수 있는 부분이 있었다. 인생에 대한 고뇌와 세상을 바라보는 가치관에 대한 이야기였다. 고졸이건 대학생이건 스무 살 청년이 갖고 있는 감수성과 고뇌는 크게 다르지 않았다.

예를 들어 친구가 한숨을 푹 쉬며 '요즘 힘들다', '외롭다' 이런 말을 꺼내면 나는 자연스레 이야기를 풀어나갔다.

"외로움이야말로 인간 본연의 모습이다. 인간 본연의 모습은 토지와도 같은 거다. 생각해봐라. 토지의 신은 얼마나 외로운 뿌리를 내렸겠냐? 너도 그런 뿌리를 내리는 과정이라고 생각해라."

내가 인생이며 철학에 관한 이야기를 시작하면 어수선하던 분위기가 제법 진지해지면서 다들 내 말에 귀를 기울였다. 친구들에게 뒤처지기 싫어 나름 철학책을 읽고 공부를 했던 게 빛을 발했던 것이다. 철학책은 인간의 고뇌와 생각을 정리해주고, 사고를 바꿔주고, 또 다른 시각으로 세상을 볼 수 있게 해주는 힘을 길러준다.

나는 친구들과의 대화에 보다 적극적으로 끼기 위해 더 열심히 철학책을 파고들었다. 낮 시간의 고단함을 무릅쓰고 매일 밤잠을 줄여가며 철학책을 닥치는 대로 읽었다. 칸트, 플라톤, 아리스토텔레스, 아우렐리우스, 스피노자, 프로이트, 공자, 맹자······. 동서고금의 철학서를 다 섭렵하다시피 했다. 수많은 책을 반복해서 읽고 주요 문장들을 달

달 외우고 내 것으로 완전히 이해할 때까지 공부했다. 번지르르한 말발로 승부하는 것이 아니라 어설프지만 나만의 철학과 사상을 가지려고 노력했다. 그리고 나만의 대화법도 만들어냈다.

그러다 보니 어느새 친구들은 나를 '교주'라고 불렀다. 언제부턴가 고졸 학력의 컴퓨터 영업자한테 대학생들이 인생 상담 비슷한 걸 하고 앉아 있는 웃지 못할 광경이 펼쳐지곤 했다.

대학생 친구들 앞에서 못나 보이지 않으려고 기를 쓰고 읽었던 철학책은 내 인생의 수많은 절망과 좌절을 견디게 해주는 힘이 되어주었다. 몸이 아프면 약을 먹듯이, 철학책은 내 사고의 취약한 부분을 채워주고 건강하게 만들어주는 가장 뛰어난 처방전이었다. 동서양의 다양한 사상서들을 읽다 보니 장차 인생을 어떻게 살아가야 하는지, 불행이 닥쳤을 때 어떻게 견뎌야 하는지에 대한 사고의 토대가 만들어졌다.

그 당시에는 몰랐지만 살면서 이 토대가 큰 힘이 됐다. 어떤 상황에서도 올바른 길을 가게 해주고, 악한 마음을 갖지 않게 해주고, 양심에 거슬리는 행동을 하지 않게 해줬다. 그리고 힘들 때 나의 정신을 지탱하게 해주는 강한 도구가 되었다. 또한 돈의 노예가 되지 않게 해주었으며, 돈을 벌고 나서도 내가 번 돈을 감당하고 돈의 압력을 견디고 오히려 돈을 리드할 수 있는 힘을 만들어줬다.

🟦 기업 만화로 비즈니스 현장을 배우다

나는 만화를 대단히 중요하게 여긴다. 만화에는 인간의 위대한 상상력이 집약되어 있기 때문이다. 그래서 직원들과 후배들에게도 양서를 읽는 것도 좋지만 상상력이 가득한 만화책도 한번 읽어보라고 권한다. 나 역시 만화책을 통해 많은 것을 배웠다. 20대 때 사고의 토대를 만들어준 것이 철학책이라면, 경영 이론을 가르쳐준 가장 큰 스승은 만화책이다. 딱딱한 이론서보다는 책장이 절로 넘어가는 재미있는 만화책을 읽으며 인생을 공부하고 비즈니스의 기초를 배웠다. 특히 기업 만화를 즐겨 보면서 경영 수업을 받았다 해도 과언이 아니다.

기업 만화에는 기업인들이 기업체를 일으키기까지의 드라마틱한 스토리, 치열한 재산 싸움, 주식 싸움, 상표 분쟁, 사채업자 이야기, 상대방과 거래할 때의 심리전술 등 비즈니스 세계에서 벌어지는 사건들이 생생하게 그려져 있다. 특히 박봉성 작가의 기업 만화는 내게 경영에 대한 꿈을 키워주었다. 그의 만화를 보면서 '이 작가는 이 스토리를 만들기 위해 얼마나 많은 기업인들과 대화를 했을까? 그리고 이 장면 하나를 만들기 위해 얼마나 많은 상상을 했을까?'라고 생각하며 깊은 감명을 받곤 했다.

나는 만화책 한 권을 보더라도 허투루 보지 않는다. 스토리를 훑으며 만화에 집중해서 보는 게 아니라 느낀 점을 공책에 적어가며 긴 시간을 투자해 공들여 읽는다. 그리고 한 번 본 만화책도 이해가 잘 안 되면 대여섯 번씩 반복해서 본다. 남들이 심심풀이로 읽는 만화책을 통해서도 얼마든지 인생을 공부하고 경영 이론을 배울 수 있다. 경영 서적을 들여다보면 머리가 지끈거리는 사람들에게 만화책 읽기를 적극 권하는 바이다.

🧊 실력으로 기회를 만들어라

이제껏 살면서 나는 고졸이라는 사실을 남들한테 숨기지 않았다. 내 학력이 고졸인 것은 실력이 안 되어 대학을 못 간 것이 아니라 내 의지로 선택한 것이기 때문이다. 따라서 내 선택에 대해 책임을 질지언정 부끄러울 이유는 없었다. 그런 내가 '학력 위조'를 한 적이 딱 한 번 있었다. 스무 살 때 대학로에서였다. 그때가 처음이자 마지막이었.

고등학교 졸업 후 대학생이 된 친구들을 보며 제일 부러워했던 것은 사실 학력이 아니라 '미팅'이었다. 예쁜 여대생들과 미팅을 해보고 싶다는 간절한 마음에, 모 대학 건축학과 학생이라 신분을 속이고 친구들과 함께 미팅을 하기로 했다. 대학로에서 여대생들을 만날 생각에 며칠 전부터 들떠 있었다.

드디어 고대하던 미팅 날이 되었다. 3 대 3 미팅이었는데 처음엔 조금 긴장했지만 이내 자연스럽게 어울리며 즐거운 시간을 보냈다. 그런데 한참을 웃고 떠들다 잠깐 화장실에 다녀왔더니 분위기가 달라져 있었다. 조금 전까지만 해도 웃으며 나를 쳐다보던 여학생들의 눈빛이 왠지 싸늘한 것 같았다.

그 원인을 알게 된 건 며칠 후였다. 미팅 때 만났던 여학생으로부터 전화가 왔다. 왜 대학생이라고 속였느냐며 내게 실망했다고 말했다. 알고 보니 내가 잠시 자리를 비운 사이에 누군가가 내 진짜 신분을 폭로한 모양이었다.

할 말을 잃은 내게 그녀는 내가 고졸이어서 실망한 게 아니라 거짓말을 했기 때문에 실망했다고, 괜찮은 사람 같아 보이는데 앞으론 거짓말하며 살지 말라고 충고했다. 전화를 끊고 나서 한참을 꼼짝 않고 앉아 있었다. 얼굴이 화끈거렸다. 쥐구멍에라도 들어가고 싶을 정도로 너무 부끄러웠다.

그 후 어느 자리에서 누굴 만나든 절대 내 학력을 속이지 않았다. 스무 살 때 겪은 부끄러움을 두 번 다시 경험하지 말자고 결심했기 때문이다. 오히려 사람들을 만나면 '난 고졸입니다'라고 먼저 밝히는 습관이 생겼다. 행여나 거짓말을 했다는 오해가 조금이라도 생길까 봐 원천봉쇄를 해버리자는 마음이었다.

그런데 아무리 내가 속일 마음이 없어도 사람들이 나로 하여금 학력을 속이도록 만드는 경우도 있었다. 1990년대 후반, 컴퓨터 프로그래머이자 IT전문가로 활동하며 학원이나 대학 등에 강의를 나갈 기회가 많았다. 한 번은 한 대학에 외부 강사로 초빙되어 한 학기 동안 전산 강의를 맡았다.

그런데 학기가 거의 끝나갈 무렵 한 학생이 뜬금없는 질문을 했다. "선생님, ○○대학 전자공학과 나오셨다면서요?" 나로선 너무 당황스럽고 황당한 얘기였다. 적당히 넘어가느냐 사실대로 말하고 넘어가느냐 순간 고민에 빠졌다. 그 대학 출신이라고 이야기한 적도, 이야기할 이유도 없었으므로 간단하게 내가 그동안 살아온 이야기를 하면서 고졸이라고 사실대로 말했다. 내 말에 강의실 여기저기서 술렁거림이 일었지만, 거짓말은 또 다른 거짓말을 낳고 결국 잘못된 길로 접어들게 만들기 때문에 나는 사실대로 털어놓은 것에 전혀 개의치 않았다.

결핍은 성공의 씨앗이다

알고 보니 나를 강사로 추천한 분이 내 학력을 적당히 꾸며서 소개한 모양이었다. 그 소식을 들은 지인이 "지금 와서 그런 얘길 하면 어떡합니까? 고졸이 대학에서 강의를 한다고 하면 학생들이 어떻게 보겠어요"라며 그냥 적당히 넘어가지 못한 나를 나무랐다. 그분에게는 미안했지만 내 학력을 속일 수는 없었다며, 만약 수업에 문제가 생기면 모든 것을 책임지겠노라고 말했지만 그날 하루 종일 우울했다. 학력에 대한 열등감보다 나를 소개해준 분이나 담당 교수님에게 피해가 가지 않을까 하는 걱정이 앞섰다.

그런데 하마터면 취소될 뻔했던 그 강의를 한 학생 덕분에 다음 학기에도 계속할 수 있었다. 내가 강의하던 강좌는 전문대 출신의 간호학과 학생들이 4년제 대학 졸업장을 받기 위해 편입 수업을 듣는 것이었는데, 학생 중에 여느 학생과 달리 나이가 좀 있었던 분이 공교롭게도 학교에서 직급 높은 어느 임원의 부인이었다. 그분이 내 수업을 재미있게 들었다며 학력보다는 실력이 중요하니 다음 학기에도 계속 강의하게 해달라고 나를 강력 추천해준 덕분이었다고 한다. 학벌주의 사회에서도 학력보다 실력을 봐주는 사람들이 있음을 깨닫고 감사한 마음이 들었다. 그리고 더욱 열과 성을 다해 강의에 임했다.

학력보다 성실성을 증명하라

학력을 중시하는 사회지만 사회생활을 해보니 학력이 아닌 끈기와 성실성으로 내 실력을 증명할 기회를 얼마든지 찾을 수 있다는 것을 차즘 알게 되었다.

1990년대 후반 우리나라에 벤처사업 열풍이 불 무렵, 평소 알고 지내던 컴퓨터 잡지 기자로부터, 한 인터넷 사업체에서 교육사업 쪽 계열사를 운영할 사람을 구하고 있으니 한 번 가보라는 연락을 받았다. 대표이사 면접을 보러 갔더니 경쟁자들의 학벌과 이력이 쟁쟁했다. 국내 명문대와 미국 명문대 유학파 출신들이 대부분이었다.

면접 장소에 들어가자 대표이사는 내게 어느 대학을 나왔냐고 물었다. 나는 망설임 없이 대답했다.

"저는 고졸입니다."

그가 깜짝 놀란 표정으로 나를 쳐다봤다. 그리고 미심쩍다는 듯 되물었다.

"우리가 하려는 건 교육사업인데……. 잘할 수 있겠어요?"

그동안 서울시 교육청 연구위원으로 활동했으며, 출판 편집 기획사를 운영하며 컴퓨터 베스트셀러도 많이 만들고 있다는 얘기를 하자 그는 더욱더 믿을 수 없다는 표정을 지었다. 고졸인 사람이 어떻게 그런 일들을 할 수 있었느냐는 것이다. 나는 다음과 같이 이야기했다.

"교육사업은 끈기 있는 사람, 노력하는 사람, 성실한 사람이 할 수 있는 분야입니다. 학벌이 높다고 해서 교육사업을 잘하는 것은 아닙니다. 명문대 박사 출신이라 할지라도 끈기와 지구력과 성실성이 없으면 책 만드는 작업 하나도 마무리하기 어려울 것입니다. 사업이라는 것은 마무리를 잘 짓느냐 여부가 중요합니다. 시작은 누구나 할 수 있어도 마무리는 아무나 못하기 때문이죠. 저는 이제까지 수행한 모든 프로젝트를 시작부터 마무리까지 제가 지었습니다. 물론 학력도 매우 중요하지만, 교육사업은 경험도 중요하고 같이 일할 사람들을 리드하는 것도 중요합니다. 그중에서 제일 중요한 것은 끈기와 지구력입니다. 교육을 백년지대계라고 말하는 이유는 과거나 지금이나 교육의 중요성에 의문을 제기하는 사람이 없을 정도로 교육사업에는 장기적인 안목과 인내심이 필요하고, 시간과 노력이 많이 투자되기 때문입니다. 결국 끈기와 지구력이 없다면 백년지대계를 할 수 없습니다."

지인 소개로 면접은 보고 돌아왔지만 한 계열사 사장을 뽑는 면접이라 합격은 기대하지 않았다. 그런데 근 한 달 후 합격 소식을 들었다. 그래서 1999년에 '캠퍼스 업'이라는 동영상 전문 인터넷 교육사업체 사장이 되었다. 당시 나는 '하우콤'이라는 컴퓨터 관련 그래픽 전문 출판사를 운영하고 있었는데, 인터넷 관련 사업을 하는 8개 투자사 중 한 군데를 맡아 운영하는 일종의 월급 사장을 겸하게 된 것이었다. 내가 맡은 사업은 포토샵, 일러스트레이터 등 그래픽 관련 강좌와 컴퓨터 기초 강좌에 대한 인터넷 동영상 강좌를 제공하는 것이었다.

그러나 그 인터넷 사업체는 다른 계열사 사장들이 본사에서 받은 투자금을 탕진하는 바람에 1년도 안 되어 무너졌다. 부도가 난 데는 인터넷 벤처투자와 인터넷 사업이 미성숙 단계라는 이유도 있었지만, 전문 인력 관리를 제대로 못하고, 비싼 인건비와 고가의 장비 구입에 투자금을 쏟아 부은 탓도 컸다. 심지어 투자금을 프로젝트 회식비, 접대비 등으로 탕진한 계열사도 있었다.

나중에 안 사실이지만, 전체 계열사 술자리에 나만 한 번도 참석하지 못했다. 계열사 사장들이 모일 때마다 나는 늘 허리띠를 졸라 매자고 말했으니 함께 술자리를 갖기가 불편했을 것이다. 더구나 하루 종일 일만 하니까 어차피 내가 안 갈 거라 생각해 아예 배제했던 것 같다.

본사가 부도 나고 계열사 사장들이 대표이사를 고소하는 사달이 날 때도 우리 회사만 마지막까지 묵묵히 일했다. 내게는 오히려 좋은 경험이었다. 인터넷 사업에 대한 노하우도 쌓았고 본사에서 받은 투자금에 하우콤에서 만든 책들의 인세를 보태 새로운 사옥을 짓는 기반을 만들 수 있었기 때문이다. 본사가 최종적으로 무너졌을 때 모든 계열사 직원들이 급여 문제로 대표이사를 고소했지만, 우리 회사 직원들은 아무도 대표이사를 고소하지 않았다. 그 덕에 본사 대표이사가 다른 계열사 컴퓨터와 장비는 전부 수거해갔지만 우리 회사만 유일하게 장비를 다 가지고 철수하라고 해서 나는 그동안 사용하던 컴퓨터와 직원들을 데리고 새 사옥으로 별 무리 없이 옮길 수 있었다.

이 사업을 계기로 나는 학력에 구애받을 필요가 없다는 자신감을 갖게 되었고, 이때부터 정말로 내 인생은 학력과 상관없는 쪽으로 흘러갔다. 어느 정도 업적과 이력이 생기자 사람들이 나를 평가하는 잣대는 고졸이냐 대졸이냐가 아니었다. 그동안 나는 사람들로부터 '컴퓨터 전문가', '영업의 귀재', 'IT서적 기획자이자 저자', '어린이 교육 전문가'로 불렸다. 그리고 지금은 세이펜전자 주식회사 대표로 '세이펜 개발자'로 인식된다.

좋은 집안 배경과 높은 학력을 갖추고도 노력을 게을리하고 열정이 없는 사람도 문제지만, 변변히 내세울 것도 없으면서 온갖 핑계를 대며 노력은 안 하고 투덜거리는 사람은 정말 심각하다. 학력이 낮은 사람이 학력이 높은 사람을 이기기 위해서는 그들이 그동안 공부하는 데 들인 시간과 노력보다 세 배 네 배 더 기술을 배우고 노력하는 게 당연하다. 세상은 공부하지 않고 노력하지 않는 자에게는 아무것도 쥐어주지 않는다.

사실 이 책을 쓰고 있는 지금의 나는 더 이상 '고졸'이 아니다. 대학에 못 간 나를 늘 안타까운 눈으로 바라보던 어머니에게 그토록 바라던 대학 학위증을 보여드리고 싶다는 마음과 경영학에 대해 깊이 있게 공부해보고 싶다는 욕심에 2011학년도에 뒤늦게 대학에 들어갔다. 얼마 전 무슨 조사기관에서 기업을 평가하는 자료에 대표이사 학력 기재란이 있기에 '대재(대학 재학 중)'라고 적었다. 그러나 '고졸'이건 '대재'건, 그리고 '대졸'이 되건, 그 두 글자들이 내 삶에 영향을 끼치지는 않는다. 뒤늦게나마 공부를 하고 싶어 대학에 들어간 것이지 어느 대학 출신이라는 간판 혹은 대졸 학력이라는 타이틀이 필요했던 것은 아니니까.

그동안 내가 뛰어든 분야에서 최고의 전문가가 되겠다는 집념 하나로 여기까지 와 보니 정말로 학력으로 인한 제약은 아무것도 아니었다. 내 삶 전체로 그것을 증명했고 앞으로도 꾸준히 증명해보이려 한다.

자격증은 목적지가 아닌 징검다리다

사람은 태어날 때 빈 하드디스크 같은 상태로 태어난다. 살아가는 과정은 빈 하드디스크를 자기만의 콘텐츠로 채워나가는 과정과도 동일하다. 나는 경험과 공부와 노력을 통해 콘텐츠를 축적하고, 하나하나 스펙을 추가하면서 메모리를 확장해나갔다. 흔히들 스펙을 만들기 위해 각종 자격증을 따지만, 나는 자격증이라는 결과물이 아닌 자격증을 따기 위한 과정을 통해 나만의 스펙을 만들었다.

맨 처음 사회생활을 하며 뛰어든 분야가 컴퓨터 영업이었는데도 운전면허증이 없었다. 영업을 한다면 으레 운전면허증부터 땄어야 했을 텐데 일부러 안 따고 버텼다. 사실 영업직은 무거운 짐을 옮길 일이 많기 때문에 운전을 안 할 수 없었다. 그래도 나는 운전을 하기 싫었다. 아버지가 운수사업을 하다 망해서 더더욱 운전하고 거리를 두고 싶었는지도 모른다. 어릴 적 우리 집은 제법 풍족하게 살았는데 회사 직원의 사고 때문에 회사가 쫄딱 망하는 바람에 가세가 기울었다는 말을 어려서부터 들어왔다. 그리고 어머니가 운전면허증은 절대 따지 말라고 자주 말한 영향도 있었다.

지금은 운전면허증이라는 게 누구나 따는 하나의 필수 자격증이지만, 1980~1990년대에는 차를 가진 사람도 운전면허증을 가진 사람도 많지 않았다. 그러다 보니 운전면허증을 가지고 있는 사람들은 대개 운전기사나 영업기사로 빠졌다. 학력도 고졸인데 운전마저 하고 다니면 내 인생이 너무 초라해질 것 같았다.

그러다 보니 어딜 가도 '운전면허증도 없느냐?'는 소리를 들었다. 영업을 뛰는데 운전면허증이 없다고 하면 다들 혀를 차며 어이없어 했다. 하지만 나는 내 인생의 진로를 어느 한쪽으로 한정짓고 싶지 않았다. 운전기사라는 직업이 나쁘다는 게 아니라 '나만 할 수 있는 특별한 노하우'를 살릴 수 있는 분야가 아니라고 생각했기 때문이다. 그리고 운전면허중을 따고 나면 운전면허중이 필요한 일만 하게 될 것 같아 망설여졌다. 자칫 그 길로 빠졌다가는 더 많은 가능성을 놓치고 그저 남들 다 하는 운전만 하는 인생이 될 수도 있겠다는 생각이 들었다.

운전을 못하다 보니 종종 재미있는 일이 벌어지기도 했다. 높으신 분들과 함께 차를 탈 일이 생겨도 난 운전을 못해 늘 옆좌석이나 뒷자석에 앉곤 했다. 한번은 나이 지긋한 국회의원과 함께 차를 타고 갈 일이 있었다. 그분은 당연히 내가 운전할 줄 알고 자연스럽게 뒷자석에 자리를 잡았다. 그러면서 "어, 김철회 안 가?"라고 물었다. "예? 저 운전할 줄 모르는데요"라고 했더니 어이가 없다는 표정을 짓더니 하는 수 없이 그분이 운전대를 잡았다.

나는 특정 자격증을 따는 행위에 의의를 둔 적이 없다. '자격증에 코 꿰이지 말자'는 생각으로 오로지 자격증을 따기까지의 과정에만 집중했다.

군에 입대하기 전에 다니던 직업기술학교를 제대 후 마저 다니면 당시 안정적인 생활을 보장해주는 컴퓨터 실기교사 자격증을 받을 수 있었다. 하지만 주변의 만류에도 과감하게 그만뒀다. 이미 컴퓨터에 대한 지식을 현장에서 전문가를 통해 충분히 습득했으므로 더 이상 그곳에서 배울 게 없었고, 컴퓨터 실기교사라는 직업에 나를 묶어두기 싫었기 때문이다.

어린이집 사업을 하기로 결정하고 보육교사 공부를 했을 때도 자격증은 따지 않았다. 1년 과정을 마치면 보육교사 2급 자격증을 주는데 한 달 남겨두고 그만뒀다. 보육교사 공부를 하던 다른 직원들에게도 공부는 할지언정 자격증은 받지 말라고 했다. 자격증을 주는 전날까지만 다녀라, 학교에서 준다고 해도 받지 말라고 했다. 우리에게 필요한 건 유아 교육에 대한 전문 지식이지 자격증 자체는 아니었으니까.

한때 주변 사람들이 김철회는 국가에서 인정해주는 주민등록증 외에는 어떤 자격증도 없다고 놀린 적이 있다. 하지만 운전면허증도 없이 살다 보니 너무 바쁘고 번거로워서 서른세 살에 어쩔 수 없이 운전면허증을 취득했다.

자격증을 최종 목적지가 아니라 건너가야 할 하나의 징검다리라고 생각하면 자격증 자체에 연연하지 않게 된다. 자격증 자체가 아니라 그 과정을 충실히 공부하는 것만으로도 충분하다면 굳이 자격증을 따지 않더라도 이미 내가 필요로 하는 지식을 쌓을 수 있다. 자격증 자체에 연연해 행여나 애초의 목적을 상실하지는 않았는지 한 번쯤 생각해볼 일이다.

김철회의 99%의 결핍을 이기는 1%의 마음가짐

스스로에게 한계를 짓지 마라

한때 나는 세상의 모든 일은 내가 잘할 수 있는 일과 잘할 수 없는 일로 나누어져 있다고 생각했다. 그렇게 살다 보니 나도 모르게 스스로 '난 돈도 없고, 타고난 재주도 없다'라는 식으로 모든 일에 한계성 생각 울타리를 만들어 그 안에 갇혀 있는 경우가 많았다. 그 결과 일을 하면서도 '잘할 수 없다는' 이유를 열심히 찾아 변명하고 그 이유 끝엔 '할 수 없었다' 라고 결론을 내려 자기 합리화를 하려 했던 적도 많았다.

그런데 프로그래머로 일하면서 고객들의 다양한 요구를 충족시켜주는 프로그램을 개발하다 보니 시간과 돈을 투자하면 못 만드는 프로그램이 없다는 사실을 알게 되었다. '여기까지'라고 생각하는 한계는 결코 진짜 한계가 아니라는 사실을 깨달은 것이다.

스스로에게 한계를 짓는 말은 절대로 하지 말자. 습관이 되고 버릇이 되면 절대 성공하지 못한다. 곰곰이 지금까지 살아온 일을 떠올려보면 '난 할 수 없다'라고 생각하고 '하지 않았던 일' 가운데 '할 수 있는 일'이 상당수 있었을 것이다.

사람은 평생 자기 뇌의 5퍼센트도 제대로 사용하지 못한다고 한다. 만일 잠자는 뇌의 95퍼센트를 깨우면 우리가 할 수 있는 일은 엄청나게 많아지고 놀라운 능력이 생길 것이다. 자, 지금부터 우리 뇌에다 잘할 수 있다는 긍정의 모터를 달아보자. 안 된다는 생각을 버리고 '나는 잘할 수 있어'라는 생각으로.

결핍이
만든 성공
07

8부 능선
그 너머에 도전하

흔히 인생을 등산에 비유한다. 산에 오를 때 다들 8부 능선까지는 별로 힘들어하지 않고 잘 간다. 하지만 그다음부터는 아무나 못 간다. 가야 할 이유와 목적이 뚜렷한 사람도, 남들이 가니까 어쩔 수 없이 가는 사람도, 매 순간 호흡 곤란을 겪고 주저앉고 싶은 자기 자신과의 싸움을 견뎌야 한다.

그리고 나보다 먼저 올라갔다 내려오는 사람을 보며 '나는 언제 올라갔다 내려오나?' 하는 생각이 들면 더욱 힘들어진다. 게다가 체력이 고갈되고 의지가 약해지고 날씨마저 도와주지 않으면 포기하고 싶은 마음이 커진다. '어차피 내려올 걸 뭣 하러 죽어라고 올라갈까?' 하는 생각도 들게 마련이다. 하지만 이런 것들을 꿋꿋하게 이겨내는 사람만이 정상에서의 희열을 맛본다.

정상에 오르기 힘든 첫 번째 이유는 자기 자신과의 싸움을 이겨내지 못하기 때문이다. 그리고 두 번째 이유는 먼저 가본 사람들의 속삭임에 귀를 기울이기 때문이다. "그 길로 가면 안 돼. 내가 그 길로 가봤다가 다쳤어. 다른 길로 가." 난무하는 조언들이 오히려 앞길을 막는 것이다.

인생은 그런 조언들을 판별하기 위한 갈등의 연속이다. 남들이 하는 것을 똑같이 하지 않으면 왠지 나만 바보가 되는 것 같고, 남들이 벌거벗은 임금님에게 박수를 칠 때 나도 박수를 쳐야 할 것 같은 생각이 들게 마련이다. 그래서 8부 능선 그 너머에 있는 정상에 도달하기 위해 계속 우직하게 가려면 자기 자신과의 싸움을 이겨낼 뚝심이 있어야 하고 남의 이야기에 휘둘리지 않는 냉철한 판단력이 있어야 한다.

📦 여러 우물을 파봐야 내 우물을 찾는다

고졸 학력으로 살다 마흔다섯이라는 나이에 뒤늦게 대학에 들어갔더니 나보다 한참 어린 동기들과 함께 공부하고 나보다 젊은 교수님의 수업을 듣기도 한다. 하지만 어색하거나 부담스럽지는 않다. 나의 20대 때와는 상황도 환경도 많이 달라졌지만, 어린 동기들이 하는 고민이 그 시절 내가 했던 고민과 크게 다르지 않은 듯하다. 대학교나 사회 선후배들을 만났을 때 그들이 주로 하는 고민 중 가장 큰 비중을 차지하는 것은 먹고사는 이야기다.

한번은 후배들 모임에 갔더니 한 후배가 이런 질문을 했다.

"앞으로 뭘 해서 먹고살아야 할지 고민이에요."

뭐라 정답을 말해줄 수 없는 난감한 질문이다. 나는 이렇게 대답했다.

"젊었을 땐 정답이 없으니 이것저것 많이 해봐라."

이 말에 옆에 있던 후배가 이렇게 반문했다.

"한 우물을 파야 하는 것 아니에요?"

나는 다음과 같이 덧붙였다.

"맞는 말이다. 하지만 한 우물을 파기 전에 이 우물 저 우물 파보라는 거다. 아무것도 안 해보고 한 우물만 파다 후회하지 말고, 한 살이라도 어릴 때 아르바이트도 해보고 이 일 저 일 해보는 거지. 그러다 '이거구나' 싶은 일을 찾으면 그때부터 그 일을 깊이 파고들어야 해."

이런 얘기를 해줄 수 있는 건 나 역시 그동안 이 우물 저 우물 파보았기 때문이다. 나는 20대 내내 몸서리치는 역경을 겪었다. 세운상가에서 컴퓨터 영업만 한 게 아니라 컴퓨터 강사도 해보고, 가방 장사, 옷 장사도 해봤다. 심지어 다단계 회사도 석 달쯤 경험해봤다. 말 그대로 이 우물 저 우물 다 파봤다. 그뿐만 아니라 20대 중반에 매달 1000만 원가량의 수입을 올리며 승승장구하다 수배자 처지가 되어 창고에서 숨어 지냈을 정도로 밑바닥에 떨어졌다가 다시 일어서기도 했다.

그 시절 대학을 다니던 친구들은 내게 이런 말을 했다.

"넌 왜 뭘 하더라도 오랫동안 지긋이 하는 게 없냐?"

그럼 나는 이렇게 대답했다.

"야, 내가 왜 한 가지 일만 오래 해야 되냐? 다른 것도 해봐야지.

내 운명을 전부 투자하고 걸어볼 만한 궁극적인 일을 찾을 때까지는 좀 떠돌아다녀도 괜찮아."

자신의 우물을 찾기까지는 누구나 시간이 걸린다. 그래서 20대 때까지는 탐색의 시간을 가질 필요가 있다. 여러 우물을 파봐야 갈등 없이 나만의 우물이 어떤 것인지 판단할 수 있는 안목과 판단력이 생긴다. 그런 시간을 갖지 않으면 나중에 나이 들어서까지 한 우물에 정착하지 못하고 이것 찔끔 저것 찔끔 찔러보다 평생을 허비할 수도 있다.

나는 기회가 주어지면 그게 무슨 일이든 마다하지 않고 뛰어들어 열심히 배웠다. 마치 "물에 빠진 사람 지푸라기라도 잡는다"라는 심정으로 일에 매달렸다. 그 결과 남들보다 뭐든 빨리 배울 수 있었다.

그런데 여러 우물을 파보면서도 이거 하나는 꼭 지켰다. 나 자신과의 무언의 약속이랄 수도 있다. '당장 먹고살기 위한 일은 하지도 말고 만족하지도 말자.' 지금 하는 일이 무엇이든 그 일을 통해 나만의 노하우를 만들자는 생각이었다. 여러 우물을 파보며 노하우를 쌓은 다음, 나만의 한 우물을 찾아 깊이 파고 들어가면 아마추어에서 프로로 나아갈 수 있다.

🎁 밑바닥 5퍼센트 인생의 희망

누구나 다 잘살고 싶어하고 잘되고 싶어하고 성공하고 싶어한다. 그래서 인생은 질문의 연속이다. 고등학생 때는 '좋은 대학에 갈 수 있을까?' 대학생 때는 '졸업하면 좋은 직장을 잡을 수 있을까?' 그리고 결혼 적령기에 도달하면 '좋은 배우자를 만날 수 있을까?' 등의 질문이 끊이지 않는다.

연속되는 질문에 대한 답을 모든 사람이 쉽게 찾는 것은 아니다. 30퍼센트는 순조롭게 답을 찾아가지만, 다른 30퍼센트는 풀렸다 안 풀렸다 다소 헤매면서 찾아간다. 또 다른 30퍼센트는 자기 길을 제대로 못 찾아 우왕좌왕하다 겨우 찾아간다. 그런데 이런 90퍼센트를 제외한 나머지 10퍼센트 중 5퍼센트는 고민이나 갈등 없이 승승장구하는 최상위권 인생이다. 그리고 나머지 5퍼센트는 그 반대쪽에 위치한 최하위권 인생이다.

중간층에 위치한 30퍼센트는 자기보다 잘난 위쪽도 보고 자기보다 못한 아래쪽도 보면서 적당히 살아갈 수 있다. 그러나 제일 아래쪽 5퍼센트에 위치한 사람들은 바라볼 수 있는 게 위쪽밖에 없다. 자기보다 아래층이 없으니 비참함과 열등감에 짓눌려 살아간다. '내 인생에 별 들 날이 있을까?'라는 질문을 하며 한숨이 끊이지 않는다.

나는 제일 아래쪽에 위치한 5퍼센트에 속하는 사람이었다. 가지고 있는 조건이 최악인 것도 모자라 엎친 데 덮친 격으로 억울한 누명까지 뒤집어쓰고 더 아래로 내려갔다. 그래도 한때는 '나 정도면 중간은 갈 수 있지 않을까?'라고 생각하며 열심히 살았는데, 정신을 차리고 보니 제일 밑바닥에 가 있었다.

그런 내 모습에 절망하고 좌절하고 소외감도 느꼈다. 우울증에 대인기피증도 겪었다. 억울한 누명으로 생긴 트라우마 때문인지 한 10년 넘게 가슴이 조여오는 협심증 비슷한 심장병과 공황장애에 시달리기도 했다. 그런데 병원에 가도 증상만 있지 원인을 찾을 수 없었다. 절망, 좌절, 우울, 슬픔, 분노 등 인생의 온갖 부정적인 단어가 다 나한테 해당되는 말들이었다. 희망이라는 단어를 떠올린다는 것 자체가 불가능해보였다. 내 삶에서 희망이 있을 수 있다는 게 믿기지 않았다.

안 좋은 일이 있을 때마다 왜 내게만 이런 일이 생기는 것일까 머리를 싸매고 하늘도 원망했다. 얼마나 많은 시련이 있었는지 다 헤아릴 수 없을 정도다. 일이 힘들 때마다 일이 꼬일 때마다 내 인생이 뿌리째 흔들렸다. 그래도 한 가닥 희망은 사지 멀쩡하고 건강하게 살아 있다는 거였다. 살아 있어야 불행 속에 행운도 기대할 수 있다. 지금에 와서 생각해보면 시련이 있었기에 고난을 이기려고 몸부림쳤고, 그런 노력이 성공의 기회를 만들어주었고 행복을 가져다주었다.

누군가는 시간이 지나가면 "이 또한 지나가리라"고 말한다. 하지만 내 곁에 머물며 나를 괴롭히던 시련을 그냥 지나가게 내버려두어서는 안 된다. 스스로 이겨내야 한다. 그래야 시련을 성공의 동기부여로 삼을 수 있다. 모든 성공 스토리에는 시련이 빠짐없이 등장한다. 성공한 사람들은 시련이 왔을 때 장애물을 똑바로 인식하고 그 문제를 맞서 싸워 기회로 바꾼다. 시련을 통해 더 크게 도약하는 것이다. 결국 시련은 인생의 성공을 빛내주는 필수 불가결한 요소인 셈이다.

"정상에 다가갈수록 숨이 더 차다"라는 말처럼 목표에 다가갈수록 고난은 더욱 커지게 마련이고, 새벽이 가까울수록 더 어두운 법이다. 성공 속에 더 큰 시련이 함께하고, 그 어둠과 시련이 내 인생을 멋지게 만든다는 사실을 믿고, 삶을 긍정적으로 받아들이고 천 리 길도 한 걸음부터 차근차근 시작하면 성공이라는 열매를 거둘 수 있을 것이다.

📦 옥수수 알갱이로 남을 것인가, 팝콘이 될 것인가

옥수수가 팝콘이 되기 위해서는 압력이 필요하다. 압력이 가해지고 또 가해지고, 그러다가 작은 스파크 하나가 결정적인 에너지가 되어 옥수수 알갱이를 터뜨려야 팝콘으로 변한다. 한 주먹의 옥수수 알갱이가 한 솥의 팝콘이 되는 순간 부가가치는 비교할 수 없을 정도로 커진다.

인생도 마찬가지다. 딱딱한 옥수수가 희고 먹음직스러운 팝콘으로 팡 터질 수 있는 타이밍이 누구에게나 있다. 그런데 그 타이밍을 만나기 위해서는 일정 정도의 시간과 압력이 요구된다. 누구나 그 시간, 그 압력만큼을 견뎌내야 한다. 그러지 못하면 그냥 계속해서 옥수수 알갱이에 머문다.

그런데 그 결정적인 순간의 압력의 세기와 온도를 끝내 못 견디고 그대로 주저앉는 사람들이 많다. 앞서 이야기한 금맥을 찾던 사람이 20년을 파고 또 파다가 결국 포기했는데, 사실 그는 딱 한 삽만 더 파면 되는 거였다. 그 사람에게는 그 지점이 결정적인 압력의 세기였을 것이다. 누구나 마찬가지다. '난 할 만큼 했어. 견딜 만큼 견뎠어'라고 생각했더라도, 자기에게 꼭 필요한 그 압력이 사실은 모자랐던 것일지도 모른다.

나는 이것을 '팝콘 이론'이라 부르는데, 후배들이나 직원들에게 이 이론에 대해 자주 이야기한다. 잘되고 싶어하고 성공하고 싶어하고 돈도 많이 벌고 싶어하면서도, 옥수수가 팝콘으로 업그레이드하는 데 필요한 결정적인 압력을 견디기 싫어하는 이들이 많다.

압력을 견디기 위해서는 생각의 폭을 넓히고 미래를 내다볼 수 있는 선견지명과 냉철한 판단력을 키우는 노력을 게을리해서는 안 된다. 그런데 공부도 하지 않고 땀 흘리는 경험도 하지 않은 채 '대충 살다 보면 어떻게 되겠지. 설마 산 입에 거미줄 치겠냐'라는 생각으로 사는 한 발전을 기대하기는 어렵다. 그런 사람은 아무도 거들떠보지 않는 옥수수 알갱이로 사는 데 만족해야 한다.

수치화된 소원은 반드시 이루어진다

꿈, 즉 소원에도 수치가 필요하다는 사실을 알고 있는가? "아니, 소원에 수치가 어떻게 있을 수 있냐"라고 반문하는 사람들이 많을 것이다.

인생을 '차'라고 가정해보자. 내가 꿈꿔왔고 목표를 정한 곳으로 차를 운전해 가는 건 쉬운 듯해도 만만찮다. 가다 보면 피곤해 쉬고 싶기도 하고, 속력을 좀 내볼 만하면 기름이 떨어지는 경우도 허다하다. 하지만 '피곤하더라도 10미터만 더 가서 다음 정거장에서 쉬자'라는 구체적으로 수치화된 계획을 가지면 목표점까지 차를 운전해가기가 훨씬 쉬워진다.

소원은 아무런 기준도 정해주지 않고 무턱대고 신에게 들이댄다고 이뤄지는 게 아니다. 돈을 많이 벌고 싶다, 잘되고 싶다, 성공하고 싶다처럼 구체적인 수치도 없는 모호한 소원은 잘 이루어지지 않는다. 1

억 원은 모아봐야지, 30평짜리 아파트를 꼭 장만해야지, 연매출 100억 원을 달성하고 싶다처럼 소원을 수치화하여 간절하고 구체적인 목표를 잡아야 소원을 이루기가 훨씬 수월하다.

상대에게 말할 때도 10분만 놀고 공부하자, 5일간 휴가를 다녀와라, 8월에 스쿠버다이빙을 배우러 가자, 크루즈 여행으로 10일간 유럽을 다녀오는 보너스를 주겠다 등 구체적이고 수치화해서 말해야 상대도 그 말에 신뢰를 갖는다.

소원을 빌든 누군가에게 부탁을 하든 내가 이루고자 하는 목표를 수치화하면 반드시 이루어내고 말겠다는 열정과 집념이 강해지고, 집중력 있는 생체 에너지가 생겨난다. 이 에너지는 삶을 살아가는 힘의 원천으로, 소원 성취라는 기적을 가져다준다. 하지만 자신의 꿈을 믿고 그 꿈을 향해 노력하는 실천이 뒷받침되지 않는다면 아무리 수치화된 소원일지라도 모래 위에 성을 쌓는 것처럼 쉽게 허물어지고 만다. 성공한 사람과 실패한 사람의 차이는 실천과 미실천의 여부에 달려 있다.

간혹 지금의 내 위치와 결과를 보고 부러워하는 사람이 있는데, 나처럼 평범하고 돈 없고 못 배운 사람이 성공하기 위해서는 남들보다 세 배 네 배 더 노력하는 길밖에는 없다. 나는 스무 살 이후 28년 동안 휴일에도 쉬지 않고 일했다. 1년 365일 중 100일 정도가 휴일이니 남들보다 7.6년(28년×100일÷365일)을 더 일한 셈이다. 게다가 매일 평균 새벽 2시까지 일했으니 저녁 6시에 퇴근한다고 가정하면 밥 먹고 쉬는 2시간을 빼더라도 하루 6시간은 더 일했다. 1년이면 3개월, 28년이면 84개월을 더 일했으니 초과근무 시간만 따져도 7년이다. 휴일근무 7.6년과 초과근무 7년을 합하면 대략 15년이니 28년을 43년처럼 산 것이다.

결국 남들보다 급여를 받아도 15년치를 더 받았고, 물건을 팔아도 더 팔았고, 연구를 해도 더 했고, 개발을 해도 더 했다.

등산을 하면서 '산에 왜 올라가지?'라는 의구심을 가지면 목표에 대한 의지가 점점 약해져 정상에 오르기 힘들다. 그와 마찬가지로 목표한 바를 이루고 말겠다는 의지가 약해지면 성공에 대한 믿음과 신뢰가 깨지고 갈등이 생겨 꿈을 이루기 힘들다. 꿈과 목표는 그것을 이루기 위한 섬세하고 아주 구체적인 생각과 실천력이란 노력이 더해져 탄생하는 합작품이라는 사실을 잊지 말아야 한다.

김철회의 99%의 결핍을 이기는 1%의 마음가짐

우환에 살고 안락에 죽는다

맹자는 "우환에 살고 안락에 죽는다(生于憂患, 死于安樂)"라는 말을 했다. 글자 그대로 해석해보면 걱정거리가 있을 때 살아남고 안락한 상태에서는 죽는다는 뜻이다. 다시 말해 고난과 시련이 오히려 발전할 수 있는 기회가 될 수 있고, 현재 생활이 풍요롭거나 좋은 일이 생겨 그것이 나태함을 유발하여 퇴보할 수 있다는 의미다.

이 말은 고난을 견디기 힘들어하고 어려운 처지에 있는 사람에게 용기와 위로를 해주는 격려의 말이자, 하는 일이 잘되고 행복한 사람에게는 안일함을 경계해야 한다는 말로 많이 사용된다.

우리는 누구나 실수를 한 다음에야 후회하고 잘못을 고치려고 한다. 후회는 이미 늦다. 편안함에 익숙해져 공든 탑을 무너뜨려서는 안 된다.

세이펜은 경쟁도 없는 나와의 싸움이었다. 나와의 싸움이 없었다면 세이펜의 발전은 없었을 것이다. 혁신의 가장 큰 장애물은 불확실한 성공에 대한 두려움이다. 하지만 이런 두려움 때문에 혁신을 멀리하고 내 손에 주어진 안락을 즐겼다면 세이펜은 망하고 말았을 것이다.

안락에 빠져 경계를 늦춘 회사는 망하게 되어 있다. 혁신과 성공은 이대로 가다가는 생존이 불가능하다는 절대적 위기의식 속에서만 시작될 수 있다. 세이펜은 안락을 경계하고 불확실한 미래를 위해 끊임없이 개발과 혁신을 거듭함으로써 살아남을 수 있었다.

'지치면 지고 미치면 이긴다'라는 말처럼 내게는 일이 곧 놀이이자 친구였다. 사람은 스스로 즐기지 않는 일을 하면 하룻밤만 새워도 과로라고 느낀다. 몸이 거부하기 때문이다. 반면 자기가 좋아하는 일을 하면 일주일 밤을 꼬박 새워도 끄떡없다. 불행이 닥쳤을 때 좌절하지 않고 견디고 일어설 수 있었던 것도 근본적으로 일을 즐겼기 때문이다. 돌이켜보면 돈을 벌기 위해 일한 기억보다 내가 정말 좋아한 일을 정신없이 하다 보니 돈도 벌게 되었던 기억이 더 많다.

영업에 기획 개념을 도입하면서부터 나는 '물건 잘 파는 사람'에서
'남들이 생각하지 못하는 것을 만들어내는 기획자'가 되었다.
이후 '마케팅 전문가'를 거쳐 '사업가'로 성장했다.

결핍이
만든 성공
01

팔지 말고
사게 만들어라

　영업을 잘한다는 것은, 고객에게 인사 잘하고 물건 많이 파는 게 전부가 아니다. 감사, 겸손, 배려의 자세를 지니는 건 기본이지만 이것만 가지고 영업 능력을 극대화할 수는 없다. 매매賣買라는 단어는 '팔 매賣'와 '살 매買'로 이루어져 있는데, 영업에서 중요한 건 '파는 능력'보다 '사게 하는 능력'이다. 물건을 팔 것이냐, 고객이 사게 할 것이냐는 영업이 궁극적으로 무엇을 지향하느냐의 문제다. '사세요'라고 말하기 전에 상대방이 '사겠다'라고 말하게 만들어야 한다.

　거래처 사람들이 컴퓨터를 편하고 쉽게 활용할 수 있게끔 도와주는 것에 주안점을 둔 순간부터 내 영업은 '컴퓨터를 파는 영업'에서 '구매자가 내 컴퓨터와 내 프로그램을 사는 영업'으로 바뀌었다. 이러한 원리는 세이펜을 만들고 나서도 동일하게 적용되고 있다. '세이펜

전자 주식회사는 어학기기를 파는 전자회사가 아니라 교육 솔루션을 파는 회사, 펜을 파는 회사가 아니라 고객이 펜이 필요해서 사러 오는 회사'라는 것이 세이펜의 기본 마케팅 방침이다.

그래서 수많은 교육업체와 거래하면서도 '세이펜을 사주세요'라고 말해본 적이 없다. 새로운 거래처를 뚫기보다는 기존 거래처가 세이펜을 적용해 성공할 때까지 최선의 노력을 기울이겠다는 것이 나만의 마케팅 방침이다. 굳이 사달라고 하지 않더라도 우리와 계약한 회사가 성공했다는 소문이 나면 다른 회사들이 오히려 세이펜을 사러 온다는 점에 초점을 맞춰 집중 마케팅을 한 것이다.

이런 내 태도를 두고, 세이펜을 만든 개발자이자 오너로서의 자신감이라고 말하는 사람도 있다. 하지만 '파는 영업'에서 '사게 만드는 영업'으로 회사의 이미지를 끌어올릴 수 있었던 것은 거래처에 이익을 가져다주자는 마인드, 내가 파는 제품에 대한 철학과 열정, 끊임없는 연구를 통한 전문성과 기획력이 뒷받침되어 제품에 대한 자신감을 가지게 되었기 때문이다.

전문가다운 표현을 써라

자기가 몸담은 분야에서 인정받기 위해서는 평소에 쓰는 어휘부터 전문적인 용어로 바꿔야 한다. 단순영업, 소위 '막영업'을 하는 사람들이 자주 하는 말이 바로 '사달라'는 말이다. 반면 고급영업을 하는 사람들은 사달라고 조르지 않는다. 그들은 제품 안에 철학을 담고 지식을 담는다. 그러면 표현 방식부터 달라진다.

예를 들어 "우유 사세요"가 아니라 "건강을 팝니다"라고 말하고, "머리 자르세요"가 아니라 "당신의 스타일을 아름답게 꾸며드립니다"라고 말할 수 있어야 한다. "영어책 사세요"가 아니라 "이 책은 당신의 영어 실력을 업그레이드해주는 책입니다"라고 말하는 순간 그 책의 가치가 올라간다. "컴퓨터 팔러 왔습니다"에서 "안녕하세요, 전산 관리 필요하지 않으세요? 사무자동화는 물론 회사의 매출과 손익분기점 관리에도 도움이 되는 전산 시스템에 대해 고민해본 적 있으십니까?"로 바뀌는 순간 영업의 수준이 달라진다. 모든 구매자는 전자처럼 말하는 사람에게는 코웃음을 치지만 후자처럼 말하는 사람에게는 귀를 기울인다.

지식과 철학이 달라지면 어휘가 달라지고, 어휘가 달라지면 다른 사람들이 나를 바라보는 시선이 달라진다. 사람들은 초보자보다는 전문가에게 카운슬링을 받으려는 경향이 있다.

컴퓨터 영업을 하던 시절, 사람들은 내게 컴퓨터를 이용한 사무자동화에 대해 물어보곤 했다. 그럴 때마다 나는 전표 입력, 일일 마감, 미수금 정리, 재고 관리 등 회사 업무를 전산으로 처리할 수 있는 여러 가지 방법을 능숙하게 설명해줬다. 그냥 스쳐 지나가는 내용일지라도 전문적으로 설명해줘 사람들로 하여금 내가 '물건 팔러 온 영업사원'이 아니라 '전산에 대해 뭐든 잘 알고 있는 전문가'로 인식시켰다.

그러자 거래처 사장님들이 나를 소개할 때 하는 말도 달라졌다. '이 사람은 컴퓨터 팔러 온 사람이야!'가 아니라 '아, 이 사람? 사무자동화 전문가지!'라고 말했다. 컴퓨터 영업 매출액이 껑충 뛰어오르기 시작한 시점도 바로 이때부터였다.

기본 소양이 갖춰지지 않은 상태에서 무작정 물건만 팔려고 하면 고객도 금세 '이 사람, 물건 팔러 왔구나'라고 눈치를 챈다. 흔히 '들이댄다', '얻어먹으려 한다'는 느낌을 주면서 어딘지 어설픈 티가 나는 것이다.

결코 구매자에게 부담을 줘서는 안 된다. 영업을 열심히 한답시고 상대방이 질색할 정도로 일방적으로 전화를 걸고 쫓아다니고 물건을 사달라고 요구하면 상대방은 거부감을 갖게 마련이다. 커피를 못 마신다는 사람한테 에스프레소를 강권하면 아무리 뛰어난 맛과 향을 지니고 있더라도 쓰디쓴 독약에 지나지 않는다. 아무리 좋은 아이템이라도 상대방에게 거부감을 주는 순간 영업자의 노력은 수포로 돌아간다.

나는 상대방에게 거부감을 주지 않는 말투와 목소리를 갖기 위해 매일 아침 신문 사설을 큰 소리로 읽으며 발성 연습을 했다. 그리고 누구나 다 이해할 수 있는 표현, 거부감을 갖지 않고 받아들일 수 있는 보편적인 기준에 맞는 어휘를 쓰기 위해 연습하고 또 연습했다.

또한 고객으로 하여금 '이 사람을 알고 있으면 내가 이 분야의 좋은 전문가를 알게 되는 거구나'라는 느낌을 주려고 매일 컴퓨터 사전에 있는 내용을 외우고, 사무자동화에 관한 다양한 책을 찾아봤다. 컴퓨터 영업자가 아니라 컴퓨터에 관한 한 뭐든 척척 대답해주는 사람이 되고자 한 것이다.

어떤 아이템이든 마찬가지다. 팔지 말고 사게 만드는 고급영업을 하려면 고객이 그 물건을 사용하면서 궁금한 건 뭐든지 언제든지 물어볼 수 있는 최고의 전문가가 되어야 한다. 화장품 판매원이 아니라 뷰티 전문가, 자동차 세일즈맨이 아니라 자동차에 관한 한 모르는 게 없는 자동차 전문가가 되어야 한다.

기획자 마인드를 가져라

화장품 영업자가 화장품을 팔면서 "이 화장품 써보세요. 싸게 해드릴게요"라고 말하면 그것은 단순영업이다. 이것이 고급영업이 되고 비즈니스가 되려면 다음과 같이 말할 수 있어야 한다.

"이 화장품을 쓰시면 피부에 윤기가 흐릅니다. 이 화장품에 든 천연 성분이 피부를 개선시키는 효과가 있기 때문입니다. 허브에서 추출한 이 성분은 식약처에서 검증된 것입니다. 이와 유사한 화장품은 5만 원인데 이 화장품이 5만 5000원인 이유는 제작 및 검증 과정이 독특하기 때문입니다. 보다 구체적으로 말씀드리면 이물질 유입 방지를 위해 거름장치 추출 기법을 썼습니다. 비용이 조금 더 올라간 대신 더 큰 효과를 볼 수 있습니다. 이 제품을 권해드리는 것은 바로 이런 이유 때문입니다."

전자는 화장품 값만 제시하는 표현이고, 후자는 화장품을 만든 사람의 의도를 알고 이를 부각시키는 표현이다. '기획자 마인드'의 유무가 이런 차이를 가져온다.

대개 영업자들은 기획자들이 정해준 대로 물건을 팔기만 하면 된다고 생각한다. 그러나 주어진 매뉴얼대로만 팔고 끝내는 것이 아니라 스스로 기획자 입장이 되어 다양한 방식으로 상황 설정을 해보고 연습도 해봐야 한다.

제품의 속성, 기획 의도, 판매 전략, 마케팅 방법, 고객 응대 등의 요소들을 두루 염두에 두지 않고 무조건 '물건 들고 나가서 열심히 팔면 잘 팔리겠지'라고 생각하는 한 단순영업밖에 못한다. 다시 한 번 강조하지만 단순영업자에서 고급영업자가 되고 세일즈를 비즈니스 수준으로 끌어올리기 위해서는 자기 자신이 기획자 입장이 되어 상품의 속성부터 속속들이 파악해야 한다.

물건이 아니라 나만의 감동을 팔아라

세운상가에서 컴퓨터를 판매할 때 나는 유난히 '튀는 놈'이었다. 보통 컴퓨터 영업자들은 컴퓨터 사진이 인쇄된 카탈로그를 들고 다녔는데 나는 아예 컴퓨터를 들고 다니며 영업을 했다.

요즘의 컴퓨터와는 비교도 안 되게 크고 무거운 본체를 한 손에 들고 모니터는 노끈으로 묶어서 다른 손에 들고 지하철을 타고 돌아다녔다. 프린터를 사겠다는 고객이 있는 날은 그야말로 죽기를 각오했다. 컴퓨터 본체에다 프린터를 한데 묶어서 거래처까지 들고 가서 프린터 테스트를 해주는데, 고객이 사겠다고 하면 그대로 놓고 오면 되지만 마음에 안 들어 안 사겠다고 하면 그 무거운 걸 다시 들고 나와야 했다.

무엇 하러 그 무거운 걸 들고 다니느냐고 사람들이 한마디씩 했다.

나는 고객에게 나만 줄 수 있는 감동을 팔고 싶었다. 그래서 거래처에 가서도 컴퓨터 판매만 하고 끝내는 것이 아니라 그 업체에 도움이 되는 전산 프로그램을 설치해주고 설명도 해주고 체험도 해보게 했다. 내가 개발한 사무관리 프로그램도 같이 팔았는데, 그 덕분에 컴퓨터만 파는 영업자들보다 훨씬 높은 매출을 올릴 수 있었다.

프린터를 팔고 난 뒤에도 내가 쏟을 수 있는 모든 정성을 다 쏟았다. 옛날 프린터는 열 전사 방식이 아니라 먹지에 있는 잉크로 인쇄가 되는 방식이어서 주기적으로 먹지를 갈아줘야 했다. 그런데 먹지를 갈 줄 모르는 사람들이 많아 5000~1만 원을 받고 소모품을 포함해서 먹지 갈아주는 서비스를 일괄적으로 해줬다. 그래서 내 가방 속에 항상 여분의 먹지가 잔뜩 들어 있었다. 인쇄물이 좀 흐릿하다 싶으면 곧바로 먹지를 꺼내 갈아주었다. 장갑을 끼고 하면 감각이 둔해져서 맨손으로 갈았는데 먹지를 갈고 나면 늘 손이 새까매졌다. 거래처 사람들은 이런 내 모습에 감동해 언제나 나를 반갑게 맞아주었다.

이처럼 어떤 아이템으로 어떠한 일을 하더라도 나는 물건만 파는 일은 하지 않았다. 물건을 파는 것이 아니라 서비스와 감동과 제품의 우수성을 팔았다.

📦 '갑을' 관계가 아닌 '갑갑' 관계

영업을 한 지 얼마 안 되었을 때 나는 늘 드링크제 한 박스를 가지고 다녔다. 그리고 거래처에 가면 직원들에게 깍듯이 인사를 하면서 책상마다 한 병씩 돌렸다. 그런데 어느 날 드링크 병을 돌리면서 문득 '이

건 정말 저급한 영업이 아닌가?'라는 생각이 들었다. 그런 생각을 갖게 된 이후, 음료수를 돌리고 다니는 다른 영업자를 보니 결코 좋아 보이지 않았다. 그다음부터는 두 번 다시 드링크제를 돌리지 않았다. 그때의 기억이 있어서인지 지금도 나는 거래처에 드링크제를 사들고 가지 않는다.

영업이 자칫 잘못하면 저급한 일로 보일 수 있는 것은 몸과 마음이 같이 움직이지 않기 때문이다. 마음이 내려간 만큼 몸도 내려가고, 마음이 올라간 만큼 몸도 올라가야 하는데, 몸만 낮추고 굽실거리면 남들 눈에 저급해 보이기 시작한다. 많은 사람들이 나더러 "어이, 김 실장 너무 거만한 거 아니야! 영업할 때 머리를 조금만 숙이면 돈을 많이 벌 수 있을 텐데 자네는 너무 고자세 영업을 하는 것 같아"라고 말했다. 하지만 아무리 물건을 파는 입장이라도 무턱대고 굽히고 들어가는 것은 결코 수준 높은 영업이 아니다.

고급영업을 하려면 겸손하면서도 자신감이 있어야 한다. 표현은 겸손하게 하되 자신감은 버리지 말라는 얘기다. 저자세여야 할 때와 고자세여야 할 때를 구분하라는 것이다. 진정한 고급영업은 고개를 빳빳하게 들고 도도하게 구는 것이 아니라, 내 물건을 사준 상대방에게 진심으로 감사하는 마음을 갖는 것이다. 돈을 벌게 해줘서 고마워하는 게 아니라 나를 인정해준 것에 대해 감사하고, 단순히 내 물건을 사줘서가 아니라 내가 파는 물건을 인정해주고 나라는 영업자를 인정해준 것을 고마워해야 한다.

나는 저자세로 살랑거리며 물건을 파는 사람은 되지 말자고 결심했다. 그 대신 자신감과 책임감을 갖고 일했다. 컴퓨터를 팔 때도 팔고 나서 끝까지 책임지고 관리해줬고, 책을 만들 때도 내가 만든 책에 대해 누가 봐도 이의가 없을 정도로 완벽한 레이아웃으로 편집하기를 고집했다. 완벽을 추구하는 고집과 책임감에서만큼은 고자세를 취했다. 세이펜을 출시하고 나서도 책임감과 사후관리를 우선시했다. 내가 판 물건이 잘못되면 끝까지 다 책임지겠다는 자세로 일했으므로 저자세로 굽실거리지 않고도 매출을 올릴 수 있었다.

그리고 제품을 본인이 개발한 경우 개발자와 판매자의 역할을 혼동하는 사람들이 있는데, 본인이 제품을 만든 개발자라 할지라도 판매 시점에서는 철저하게 판매자의 마인드로 영업을 해야 한다. 나 역시 세이펜을 만든 개발자의 입장에서만 제품을 팔았다면 고자세 영업에서 벗어나지 못했을 것이다.

장기적으로 영업에서 좋은 결과를 내려면 단순한 영업이 아닌 브랜드 영업을 추구해야 한다. 브랜드 영업은 브랜드, 즉 상표의 힘을 믿고 영업하는 것이다. 브랜드가 알려지지 않은 초창기에는 브랜드 영업을 하기가 매우 힘들다. 하지만 일단 소비자에게 신뢰를 받는 브랜드로 인식되면 일반 영업과는 비교가 안 될 정도로 엄청난 파급력을 지니고 있다.

세이펜을 출시하고 첫 거래처와 계약할 때부터 나는 브랜드 영업을 하고자 마음먹었다. 그래서 거래 회사 책 표지에 세이펜 로고를 명기하는 것을 계약 조건으로 내세웠다. 당시 우리 회사는 신생 기업이었고, 상대는 이름만 대도 누구나 알 만한 회사였으므로 사실 계약이 성사되는 것만 해도 고마워할 상황이었다. 상대는 우리 회사 로고 따위에는 관심도 없었고 왜 로고를 넣어야 하는지 이해도 못했다. 게다가 책 표지에 로고를 넣어야 한다니까 더욱 부정적이었다. 그렇다고 물러설 내가 아니었다.

"세이펜이 적용된 교재는 신기술을 담은, 말하는 책입니다. 일반 책과 구분해야 합니다. 세이펜 로고를 넣지 않으면 예전에 판 교재와 세이펜 교재를 혼동할 수 있습니다. 그리고 문제가 생겼을 때 출판사에서 전화로 AS를 해줄 수도 없습니다."

끈질긴 설득 끝에 결국 세이펜 로고를 책 표지에 넣기로 결정했다. 나는 세이펜 로고를 넣는 것을 우리 회사 영업 방침으로 삼았다. 돈을 많이 주는 회사가 아니라 세이펜 로고를 넣어주는 회사와만 거래했다.

매번 국내 출판사 어학 교재에만 세이펜을 사용하다가 한번은 해외 유명 대학교에서 만든 영어 교재에 세이펜을 사용하기로 결정이 났다. 그런데 이들 역시 책 표지에 세이펜 로고를 넣는 것에 대해 부정적인 입장이었다. 이런 굴지의 출판사와 거래하는 것만으로도 감지덕지할 만한 상황이었지만, 이때도 난 세이펜 로고를 표지에 넣지 않으면 일하지 않는다는 원칙을 굽히지 않았다.

엄청난 매출이 걸린 계약이었으므로 주변 사람들은 일단 계약부터 하고 나중에 천천히 그 부분에 대해서 의사결정을 내려도 되지 않겠냐며 날 설득했다. 나라고 왜 엄청난 매출 앞에서 흔들리지 않았겠는가. 하지만 한 번 원칙을 무너뜨리면 언젠가 그 원칙은 무너지고 만다. 고민 끝에 난 세이펜 로고를 책에 넣지 않으면 없던 일로 하겠다고 단호하게 말했다. 결국 상대 회사가 내 주장을 받아들여 세이펜 로고를 표지에 넣기로 결정했다. 상대 회사에서 그 같은 결정을 내렸다는 건 그만큼 우리 회사의 기술력을 인정해준다는 의미였다. 난 지금도 그때의 기쁨을 잊을 수 없다.

당시 내가 세이펜 로고를 고집한 이유는 '장사꾼은 오늘을 보고 사업가는 내일을 본다' 라는 생각으로 기업 이미지 상승 효과를 노린 일종의 크로스 마케팅 Cross Marketing이었다. 크로스 마케팅은 고객의 구매 만족도를 높이는 한 방법으로 주력 상품(또는 서비스)을 다른 회사 상품과 교체 판매하는 것이다. 사실 그때 우리 회사에 절실했던 건 매출보다 회사 이미지 제고와 광고 효과였다.

모든 계약 관계에서 물건을 사주는 회사는 '갑'이고, 물건을 파는 회사는 '을'이다. 그런데 세이펜의 뛰어난 기술력과 로고를 넣는 영업 방침은 상대 회사도 '갑', 세이펜도 '갑'의 관계로 만들었다. 상대 회사가 아무리 돈이 많고 힘이 있는 업체라 하더라도 비즈니스에서는 대등한 관계이며, 비록 '갑을 관계'로 만난 것일지라도 서로가 '갑갑'이자 '을을' 관계라는 것이 내 생각이다. 그 점을 이해하고 인정해준 업체 대표들에게 고개 숙여 감사드린다.

그동안 나는 세이펜의 거래처 관계자들에게 가끔 밥과 술 한잔 정도는 샀지만, 별도의 선물을 보낸 적은 없다. 우리 회사 매출에 지대한 영향을 미치는 오랜 거래처 역시 마찬가지다. 감사의 마음을 전하고 싶을 때는 더 열심히 일해 이에 보답하고자 했다. 내가 생각하는 진정한 선물은 백화점에서 사는 물건이 아니라, 거래처에 도움이 되는 결과물을 만들어내는 것이다. 그래서 밤새도록 아이디어를 구상하여 시장에서 차별화 정책으로 거래처의 매출을 올려주고자 노력했다.

아무리 좋은 선물을 보내도 일이 제대로 안 되고 시장에서 반응이 시원찮으면 거래 관계를 오래 지속할 수 없다. 이것이 내가 생각하는 진정한 '기술의 자긍심'이고, 고자세가 아닌 '갑'과 '갑'이 공존하는 거래 관계를 유지하는 비결이다.

김철회의 99%의 결핍을 이기는 1%의 마음가짐

성공하려면
대가를 미리 지불해야 한다

낮에 열심히 일하고 밤에도 부지런히 일했다.
노는 것과 많은 즐거움을 포기했다.
새로운 것을 배우기 위해 재미없는 책을 읽었다.
승리를 얻기 위해 조금씩 선두로 나섰다.
믿음과 용기를 가지고 꾸준히 노력했다.
그러나 승리했을 때, 사람들은 그가 운이 좋았다고 말했다.

- 《존 맥스웰의 성공 이야기》 중에서

존 맥스웰은 "가치가 있는 성공에는 모두 가격표가 붙어 있다. 문제는 항상 그에 대한 대가, 즉 힘든 노동, 희생, 믿음, 그리고 인내 등을 기꺼이 지불하는가이다"라고 말했다.
오늘날 내가 거둔 성공 역시 30년간 대가를 지불한 결과다. 끼니조차 걱정해야 하는 어려운 상황에서 모든 게 남들보다 몇 배나 부족했기 때문에 남들보다 훨씬 더 많이 노력해야 한다는 절실한 마음가짐으로 내게 주어진 역경을 극복했다.

결핍이 만든 성공
02

영업자가 아닌
사업가 마인드를 지켜라

영업을 잘하려면 엄청난 시간과 숙련된 기술이 필요하다. 하지만 영업을 제법 할 줄 알게 되기까지는 그다지 긴 시간이 걸리지 않는다. 누구나 공부하고 노력하면 어느 수준까지는 할 수 있다. 그러나 인생을 좀 더 업그레이드하기 위해서는 영업을 '비즈니스' 수준으로 끌어올려야 한다.

나는 스무 살 때 처음 영업을 배웠다. 처음엔 그냥 물건을 전달하는 단순영업이었다. 실수투성이인 영업들이 경험이 되고 어설픈 영업들이 모여 비즈니스가 되기까지 27년이란 시간이 걸렸다. 영업을 해보려고 마음먹었거나 초짜 영업자가 이 숫자를 보는 순간 바로 포기할 수도 있을 것이다. 하지만 영업은 죽을 때까지 한다고 생각하면 마음이 편해진다. 세상의 노하우를 배운다는 게 다 그런 게 아닐까. 모든 분야에는 걸음마 시절이 있다. 그 시절을 잘 견디는 자가 전문가가 되는 것이다. 20대에는 마음이 급해서 그 이치를 깨닫지 못하다가 30대가 되면서 비로소 눈이 조금 뜨였다.

그럼 세일즈가 비즈니스가 되기 위해서는 무엇이 필요할까? 그 답을 찾으면서 인생에 변화가 찾아왔다. 키포인트는 바로 '기획력과 마케팅'이다. 영업에 기획 개념을 도입하면서부터 나는 '물건 잘 파는 사람'에서 '남들이 생각하지 못하는 것을 만들어내는 기획자'가 되었다. 이후 '마케팅 전문가'를 거쳐 '사업가'로 성장했다.

🔲 하나 더 생각하기

1996년, 나는 영업자에서 기획자의 길로 들어섰다. 20대 때 컴퓨터 영업자 및 프로그래머로 사회에 첫발을 들이고, 직접 짠 프로그램으로 컴퓨터 책 저자도 되어보고, 컴퓨터 책을 내는 출판사의 계열사에서 소프트웨어 개발 업무를 맡기도 했다. 30대에는 아예 내 손으로 출판 편집 기획사를 차려 컴퓨터 전문서적 기획 및 편집을 시작했다.

당시 사람들은 내게 이런 질문들을 했다.

"컴퓨터 영업을 계속하면 돈을 더 많이 벌 수 있지 않나요?"

"왜 하필 출판 편집이죠? 당신과는 상관없는 분야 아닌가요?"

"왜 하던 일을 계속하지 않죠? 새로운 일을 하면 리스크가 크지 않나요?"

이런 질문들에는 '당신 고졸이라며. 못 배운 놈이 책 만드는 일을 한다는 게 가능해?'라는 편견이 숨어 있었다. 그러나 나는 여기서 '하나 더' 생각했다. '고졸이니까'라는 한계를 극복하고 지식 분야, 교육 분야 사업에 승부를 걸어 '반전'을 만들고자 했다. 그리고 책 만드는 과정을 통해 디자인을 배우고자 했다. 내 명함과 내 제품 카탈로그는 내가 만들고 싶었기 때문이다. 컴퓨터를 내려놓고 출판 편집 세계로 첫발을 내디딘 것이다.

학력과 학벌이 중요하지 않다는 말은 사실 너무나 이상주의적이다. 현실은 현실이다. 지금은 시대가 많이 변해서 대학 졸업이 그다지 중요하지 않은 시대가 되어가는 듯하지만, 28년 전 내가 사회생활을 시작했을 당시에는 대졸과 고졸은 좀 심하게 말하면 양반과 상놈의 신분 차이를 느낄 정도였다.

내 분야에서 아무리 공부하고 노력해서 전문가 위치에 있어도 '고졸입니다' 라고 말하는 순간 상대방의 눈빛이 미묘하게 바뀌던 순간들이 기억난다. 어떤 프로젝트를 진행하고 난 뒤 '대학 안 나왔습니다' 라는 말 한마디에 내가 진행한 프로젝트의 가치까지 폄하당하는 일을 겪기도 했다.

그러나 그런 경험들이 내게 학력 콤플렉스라는 낙인으로 남지는 않았다. 내가 가진 한계를 직시하고 다른 사람들보다 성공하기 위해 남들보다 세 배 네 배 더 공부하고 열 배 스무 배 더 노력했다. 너무나 가난해서 하고 싶은 것들도 사고 싶은 것들도 포기할 수밖에 없었던 어린 시절을 보내면서 내가 원하는 걸 가지기 위해서는 남들보다 훨씬 많은 노력을 기울여야 한다는 사실을 터득했다. 그리고 남들이 뭐라 하건 내가 원하는 일을 하고 살자고 마음먹었다.

그래서 고졸임에도 오히려 머리 쓰는 일, 책 만드는 일, 기획하는 일, 지식과 관련된 일, 교육과 관련된 사업을 하는 데 주저하지 않았다.

자신을 업그레이드하기 위해서는, 다시 말해 사회적 편견과 내가 가진 조건의 한계를 극복하고 두각을 나타내기 위해서는 '해내고 말겠다'는 각오만으로는 부족하다. 남들보다 하나 더 생각하기, 남들보다 하나 더 발견하기, 남들이 하지 않는 것을 하나 더 해보기 같은 '하나 더' 철학이 뒷받침되어야 한다.

'밸' 있는 사람이 되자

맨주먹으로 시작해 돈 버는 방법을 터득해나가면서 나는 차츰 이런 생각을 갖게 됐다.

'단지 돈만 버는 것은 작정하고 땀 흘리면 얼마든지 할 수 있을 것 같다. 하지만 돈이란 시간이 지나면 그 가치가 떨어진다. 돈 많이 버는 것을 인생의 유일한 목표로 정해두면 그야말로 돈만 벌고 끝날 수 있다.'

내 아이디어를 총동원해 물건을 많이 팔고 영업을 잘해 돈을 벌 수 있을지는 몰라도 그 가치는 돈의 액수 그 이상도 이하도 아니라는 생각이 들었다. 물건 파는 일이 가치가 떨어진다는 얘기가 아니다. 내 머리로 더 창조적인 일을 할 수 있다는 걸 알면서도 단지 사회의 편견과 남의 눈이 무서워 그 안에 갇혀 살고 싶지는 않았다. 내 노력과 능력을 최대치로 발휘해 최고의 성과물을 만든다면, 그것이 바로 나 자신의 명예가 될 것이고 내 이름의 가치를 만들어줄 것이라 판단했다.

'뱉도 없는 놈'이라는 말이 있다. 뱉도 없는 놈이란 '자기 내면에 굳건한 가치관을 가지고 있지 않은 놈'이란 말과 동일하다. 자기만의 가치관을 갖고 있지 않은 사람이 사회적으로 가치 있는 사람이 되기는 어렵다. 희한하게도 '뱉'이란 단어는 '밸류(value : 가치)'란 영어 단어와 발음도 뉘앙스도 묘하게 비슷한 데가 있다. 그래서 나는 누가 '이 뱉도 없는 놈아'라고 말하는 건 '이 가치 없는 놈아'라고 말하는 것과 마찬가지 아니겠느냐는 생각을 했다.

자기 자신의 가치를 깨닫고 굳건한 가치관을 형성할 때 사람은 비로소 단단해진다. 많은 이들이 어떻게 하면 돈을 벌고 성공할 수 있을까에 대해 궁금해하지만 성공한 삶은 돈이 전부가 아니다. 돈과 물질은 하루 아침에 사라질 수 있다. 그걸 언제든 재건할 수 있게 해주는 게 내면의 철학이자 가치관이다. 정신의 뿌리가 단단해야 된다는 얘기다. 뿌리 없이 돈만 좇다 보면 돈이 없어졌을 때 그 사람에겐 아무것도 남지 않는다.

인생을 지탱해주는 삶의 지표, 잣대, 가치관을 만드는 일이 그래서 중요하다. 아무도 나를 도와주거나 인정해주지 않았으므로 누군가에게 의존하거나 누군가 나를 먼저 인정해주기를 기대할 수는 없었다. 나의 가치를 인정해줄 수 있는 유일한 사람은 나 자신뿐이었다. 나를 둘러싼 주변 환경이 열악할수록 나만의 가치를 스스로 만들자고 생각했다. 어려운 고비가 닥칠 때마다 결코 타협하지 않고 나만의 잣대를 지키고자 했다.

누구나 자신의 가치를 스스로 깨닫는 것이 중요하다. 청둥오리 한

마리가 닭의 무리 속에서 자기가 닭인 줄 알고 살았어도, 자신의 진정한 가치를 깨닫는 순간 날개를 펼쳐 하늘 높이 날아오르게 될 것이다.

내 인생을 바꾼 한 단어 HOW!

사람들은 내게 어떻게 빈손으로, 영업부터 시작해서 베스트셀러 저자에 출판 기획자를 거쳐 세이펜 개발자까지 될 수 있었냐는 질문을 종종 한다. 그럴 때마다 나는 다음과 같이 답한다.

"기획과 개발은 출근해서 퇴근하기 전까지만 고민하는 일이 아닙니다. 저는 하루 종일 'How?'라는 질문을 제 머리에서 떠나게 한 적이 없습니다."

1996년에 설립한 출판 편집 기획사 '하우콤HOWCOM'이란 상호도 이런 맥락에서 만든 것이다. 하우콤은 'how to communicate'를 줄인 말인데, '어떻게 커뮤니케이션할 것인가, 어떻게 소통할 것인가?'라는 화두에서 착안했다. 열심히 잘 만든 컴퓨터 책을 통해 사람들과 사회와 세상과 소통하겠다는 각오를 담았다.

설립 이래 하우콤은 수많은 컴퓨터 서적을 펴내며 IT출판업계에서 손꼽히는 기획사로 인정받았다. 국내의 대표적인 컴퓨터 책 전문 출판사들과 제휴해 오더를 받고 책들을 만들었다.

그중 내가 기획하고 전체 작업을 총괄한 책들은 출간 족족 베스트셀러가 되었다. 특히 내가 직접 원고를 쓴 《인터넷 활용 처음부터 끝까지》를 비롯해 '처음부터 끝까지' 시리즈 12권은 3년간 교보문고 베스트셀러를 기록했다. 이뿐만 아니라 하우콤에서 만든 50여 권의 컴퓨터 그래픽 전문서적들을 IT 종주국인 미국을 비롯해 중국, 독일 등 해외에 수출하는 쾌거를 이루기도 했다. 아마존에 그래픽 부문 8위까지 올라간 적도 있었다. 정말 대단한 성과였다.

이때 형성된 'how to say' 철학은 훗날 세이펜을 탄생시키는 기초 철학이자 영감이 되었다. 삼성에서 스마트폰이 나오면서 'how to smart'라는 카피가 여기저기 눈에 띄었을 때 우리 직원들이 "하우 투? 어디서 많이 들어본 말 같은데? 맞아, 사장님 이메일 주소잖아"라고 하면서 삼성이 'how to say'를 카피한 거 아니냐는 농담을 주고받았다.

예나 지금이나 내 인생에서 가장 중요한 화두는 'how'다. 나는 지금도 하루 종일 'How to think?' 'How to plan?' 'How to make?' 'How to design?' 'How to market?' 'How to business?' 등의 고민을 한다.

무슨 일을 하든 아무 생각 없이 의문 없이 일한다면 열심히 일할 수는 있어도 잘할 수는 없다. 'how'라는 단어로 이루어진 문장은 세상에서 날 제일 많이 깨우치게 했다. 그리고 항상 새로운 기획을 해야 살아남을 수 있는 출판 시장에서 샘물 같은 아이디어를 떠올릴 수 있게 해주었다. 10년 동안 '하우콤'이란 이름으로 이루어낸 모든 것은 세이펜전자를 설립하는 탄탄한 기반이 되었다.

How라는 단어는 짧지만 긴 생각, 짧지만 깊은 생각, 짧지만 철학적 힘을 가진 단어다. 살면서 이 단어를 만나지 않았다면 지금의 내가 존재할 수 있었을까라는 생각마저 든다.

How, 멋지고 끝내주는 단어다!

🎁 2초 시나리오 전략

내 발밑에는 하얀 원이 그려져 있었다. 화장실 갈 때를 제외하고는 오늘 하루 원 밖으로 한 발짝도 내딛지 않기로 작정했다. 내 손으로 그은 마지노선이었다. 원 안에 서서 눈을 감고 중얼거렸다. '여기에 오는 모든 사람에게 최선을 다하자. 가지고 나온 책은 다 팔고 가자.'

눈을 뜨자 드넓은 도서전시장 풍경이 한눈에 들어왔다. 책을 사려고 전시장 이쪽저쪽을 기웃거리는 사람들이 늘어나고 있었다. 나는 목청을 가다듬고 배에 힘을 준 뒤 미리 준비한 멘트를 외쳤다.

"책 한 권에 한 권 더 드립니다. 원 플러스 원!"

근처를 지나가던 사람들이 솔깃해서 내 쪽으로 고개를 돌리는 게 보였다. 그 순간을 놓치지 않고 또다시 외쳤다.

"만 원에 책 두 권! 컴퓨터 쉽게 배우는 책입니다!"

사람들 몇 명이 머뭇거리며 부스 가까이 다가왔다. 바로 그때, 미리 준비한 봉투에 책 두 권을 담아 얼른 내밀었다. 흔들리는 눈빛도 잠시, 발길을 돌릴 때는 이미 내가 건넨 봉투를 손에 들고 있었다. 그걸 보고 다른 사람들도 하나둘 가까이 다가오기 시작했다. 어느덧 우리 부스 앞에는 사람들이 길게 줄을 섰다.

수백여 군데의 크고 작은 출판사들이 책을 팔기 위해 나온 도서전시 행사 첫날 내게 할당된 부스는 한 칸에 불과했다. 그것도 전시장 3층 구석자리라 사람들 눈에 잘 띄지도 않았다. 도우미 직원은 두 명에 불과했다. 그러나 그날 마감을 했을 때 가지고 나간 책은 한 권도 남지 않았다. 하루 매출이 600만 원에 달했다. 같은 날 영진출판사는 눈에 잘 띄는 전시장 1층 입구에 여덟 칸이나 되는 부스를 차지하고 40여 명의 직원이 파견 나와 있었지만 400만 원의 매출을 올렸다. 영진출판사 직원들은 말도 안 된다는 표정으로 고개를 절레절레 저었다.

"그것 참! 기적일세, 기적이야."

1990년대 후반은 컴퓨터 분야 책의 호황기였다. 컴퓨터가 일반인에게 널리 보급되면서 누구나 컴퓨터를 배우고 싶어했기 때문이다. 당시 나는 영진출판사 특수영업부에서 소프트웨어 개발 총괄책임 업무를 하다가 독립해 나와 영진출판사 인큐베이팅 출판사 하우콤 대표가 되어 본격적으로 기획과 편집 일을 하고 있었는데, 크고 작은 도서전시 행사가 열릴 때마다 거의 빠지지 않고 참가해 책을 팔았다. 매일 돈 상자에 현금이 쌓이고 책들이 순식간에 동나곤 했다. 다들 기적 같은 일이라면서 직장 동료들은 나를 일컬어 장난스레 '도서전시장 영업의 전설'이라 불렀다.

《손자병법》에서는 병법을 "인간의 마음을 끄는 전략과 전술을 통해 승리로 이끄는 방법"이라 표현했다. 내게는 책 파는 일이 병법이자 전투였다. 도서 전시장 부스에서 관찰해보니 사람들의 시선이 스쳐 지나가는 데 걸리는 시간은 딱 2초였다. 2초 안에 눈과 귀를 확 끌지 않으면 대부분 그냥 지나가버리므로 그 짧은 순간 솔깃하게 들릴 만한 멘트를 만들어야 했다. 그래서 나만의 '2초 시나리오 전략'을 짰다. 사람들의 시선을 붙잡고 발길을 멈추게 하기 위해 최대한 자극적이면서도 이해하기 쉬운 2초짜리 문구를 연구했다. 사전에 발성 연습도 해뒀다.

"단돈 만 원 한 장으로 컴퓨터를 배울 수 있습니다."

"컴퓨터 프로그램으로 배우는 컴퓨터 참 쉽네요~! 단돈 만 원."

장황하지 않게 2초 안에 귀에 쏙 들어오게 요점만 딱딱 끊어서, 그리고 고래고래 소리를 지르는 것이 아니라 또렷하고 조리 있는 목소리와 말투로 멘트를 던졌다.

무엇보다 중요했던 건 자신감과 우리 부스 앞을 그냥 지나치는 사람이 단 한 명도 없게 하겠다는 결의였다. 그래서 전시장 부스 안에 분필로 원을 하나 그리고 그 안에서 하루 종일 안 나오겠다는 각오로 그곳에 서서 책을 팔았다. 심지어 점심도 그 원 안에서 먹었다.

할당된 부스의 위치가 안 좋고 협소하다고 해서 주눅 든 적도 없었다. 주어진 조건이 안 좋다고 자포자기하거나 접어버리면 그건 이미 진 거다. 하지만 자신감을 갖고 전략을 짜면 어떠한 악조건이라도 극복할 수 있는 힘이 생긴다. 널찍한 부스를 차지하고 직원이 40명이나 나왔더라도 그중 38명이 그냥 서 있기만 하는 것과, 좁은 부스에서 3명이 팔더라도 원 밖으로 안 나갈 각오로 파는 것은 전혀 다른 결과를 낳는다.

영업의 고수는 물건을 파는 데 탁월한 재능이 있는 사람이라기보다는 창의적인 기획을 위해 성실하게 노력하는 사람이다. 전라도에 가면 전라도에 맞는 기획 능력, 경상도에 가면 경상도에 맞는 기획 능력, 도떼기시장에 가면 도떼기시장에 맞는 기획 능력이 필요하듯이 그때그때의 상황과 조건에 맞는 기획을 순발력 있게 해내는 사람이 영업의 고수다.

한 번은 도서전시장에 한국통신플라자가 참가한 적이 있었다. 책을 홍보하기 위해 나온 게 아니라 카드공중전화기가 나와 이를 알리기 위해서였다. 카드공중전화기 출시 홍보용으로 2000원짜리 공중전화카드를 마구 뿌려 대는 걸 보고 아이디어가 번뜩 떠올랐다. 곧장 한국통신플라자 책임자를 찾아가 "제가 공중전화카드를 가치 있게 뿌려드리겠습니다"라고 설득해 그 부스에서 공중전화카드를《프로그램으로 배우는 PC선생님》이란 신간에 끼워서 팔았다.

3만 8000원짜리 교재를 전시장 할인을 해서 만 원에 팔았는데, 거기다 2000원짜리 공중전화카드를 끼워주니 소비자는 8000원에 사는 셈이었다. 그때 다음과 같은 2초짜리 멘트를 날렸다.

"만 원에 컴퓨터도 배우고 2000원짜리 전화카드까지!"

"PC선생님을 만 원에 사시면 2000원을 돌려드립니다!"

결과는 대성공이었다. 책을 사려는 사람들이 우리 부스 앞에 장사진을 이뤘다. 나는 내 돈 한 푼 들이지 않고 한국통신플라자 전시장 부스를 이용하고, 책도 평소보다 많이 팔고, 반응이 좋다며 한국통신플라자로부터 공중전화카드도 더 제공받았으니 1거 3득의 결과를 만든 셈이다.

처음부터 저절로 영업을 잘하는 사람은 없다. 상품에 대해 연구하고 마케팅을 고민하고 계획을 짜고 실패 요소를 분석하고 멘트 한마디까지 미리 연습하는 노력, 그리고 절실한 열정이 영업의 전설을 만든다.

김철회의 99%의 결핍을 이기는 1%의 마음가짐

누구나 할 수 있는
쉬운 일에는 성공이 없다

30년 동안 한 분야에서 성공한 지인이 내게 "무슨 일을 하든 최첨단 업종이나 일하기 힘든 3D 업종 둘 중 하나를 해야 돈을 벌 수 있다"라고 말한 적이 있다. 나는 이 말을 '누구나 할 수 있는 쉬운 일에는 성공이 없다' 라는 말로 받아들였다.

누구나 하기 쉬운 일에는 경쟁자들이 많아 성공하기가 쉽지 않지만, 어렵고 성공 가능성이 낮아 보이는 일일수록 경쟁자들이 많지 않아 성공 가능성이 크다. 그런데 대부분의 사람은 실패와 고난에 대한 걱정이 앞서 성공 가능성을 보고도 도전하지 않고 포기하고 만다.

하지만 나는 이런 일만 찾아서 지금까지 도전해왔다. 남들 다하는 쉬운 일을 하면서 성공하고 싶다는 마음을 가진다면, 성공 가능성은 희박하다. 많은 사람이 기피하는 일 속에 성공이 있다. 이처럼 성공의 길은 가시덩굴 안에 있으니 아무나 그 길을 못 가는 게 아닌가 싶기도 하다.

하지만 성공을 위해서라면 상처를 감내하고 가시덩굴을 통과해야 한다. 누구나 쉽게 할 수 있는 일은 경쟁자들이 너무 많아 투자한 노력만큼의 보상을 받기 힘들다. 누구나 다 불가능하다고 포기한 일, 힘들다고 하지 않는 일, 이 모든 일을 가능하게 만들어야 큰 보상이 주어진다. 가능하게 만드는 것이야말로 멋지고 가치 있는 성공이다.

똥인지 된장인지
확인하라

경영에서는 '차별성'을 '희소성'이라고 바꿔 말한다. 혁신은 남들이 하지 않는 희소성을 찾아내는 것이다. 뭘 하든 일단 그 일을 하기로 했으면 전문가의 눈으로 바라보고 전문가의 두뇌로 파악해서 남들이 하지 않는 그 무엇을 찾아내야 한다. 전문가가 되기 위해 반드시 필요한 것이 '경험'이다. 실패를 하더라도 경험을 통해 실패해봐야 그 길이 잘못된 길임을 알고, 성공을 하더라도 풍부한 경험을 통해 이루어내야 얼마나 소중한지 알 수 있다.

"똥인지 된장인지 분간하지 못한다"라는 말이 있다. 비슷하게 생긴 덩어리가 똥인지 된장인지 확인하기 위해서는 직접 먹어보는 것만큼 확실한 방법은 없다. 인생의 여러 전환점에서 나는 내 앞에 있는 게 똥인지 된장인지 확인하기 위해 일단 입에 집어넣어봤다. 먹어보지도 않고 주춤거리면 된장을 보고도 똥이라고 착각할 수 있으니까.

그래서 실패도 많이 해봤다. 그러나 어설프게 반 발짝만 들여놨다가 포기하느니 기왕 하기로 한 거 실패할 때 하더라도 전문가가 돼보자고 생각했다.

잘나가던 출판 편집 기획사를 접고 어린이집을 시작하겠다고 했을 때 모두들 의아해했다. 다들 '왜?'라는 질문을 했다. 심지어는 '정신 나간 놈'이란 얘기까지 나왔다. 당시 나는 IT 출판계 최고 수준의 기획사로 인정받던 하우콤을 운영하며 컴퓨터 전문서적의 기획자이자 잘나가는 베스트셀러 저자로 승승장구하고 있었다. 한 달 급여만 수천만 원에 달했다. 그러다 갑자기 전에 한 번도 해보지 않은 생소한 분야에 뛰어들겠다고 했으니 정신 나간 놈 소리도 들을 만했다. 하지만 나는 이 새로운 일이 앞날을 위한 값진 경험이 되리라는 것을 믿어 의심치 않았다.

변화를 감지하는 촉이 필요하다

출판 편집 일을 접자는 결심을 하기 전, 사실은 언제부턴가 '이제는 컴퓨터 책 만드는 일을 해서는 희망이 없다'라는 '촉'이 왔다. 당시 컴퓨터 책 시장은 정말 끝내주는 판매가도를 달리는 중이었다. 하지만 내 눈엔 시장 자체가 이미 시체처럼 보였다. 단지 막연한 느낌으로 판단한 것은 아니었다. 당시 우리나라의 급변하던 사회적 배경을 어느 정도 파악했기 때문이다. 1990년대 후반에서 2000년대로 넘어오던 시기가 컴퓨터 책의 최고 호황기이자 마지막 호황기였다는 사실은 몇 년이 지나서야 다들 알게 되었다.

컴퓨터가 막 보급되었을 때는 누구나 컴퓨터를 배우고 싶어 컴퓨터 책을 샀다. 인터넷을 설명하면서 'www란 월드 와이드 웹world wide web의 약자입니다'라고만 해도 신기해하던 시절이었다. 지금 보면 진짜 아무것도 아닌 것들이 지식이 되고 책의 내용이 되었다. 그런데 불과 몇 년 사이에 전 세계적으로 인터넷이 발달하면서 굳이 컴퓨터 책을 보지 않아도 인터넷에서 많은 정보를 얻을 수 있게 됐다. 컴퓨터 프로그램의 '도움말' 기능도 좋아졌고, '윈도즈' 자체도 특별한 교육이 필요 없을 정도로 누구나 클릭만 할 줄 알면 사용할 수 있게 기능이 쉬워졌다. 컴퓨터 책의 역할이 점점 줄어들게 된 것이다.

당시 하우콤이 업계 최고 수준이라 인정받을 수 있었던 것은 빠르고 정확하며 수준 높은 편집 기술 때문이었다. 책 한 권에서 단 한 개의 오타도 나오지 않을 정도로 정확했고, 다른 출판사에서는 1년이나 걸려 만들 두꺼운 전문서적도 3~4개월 만에 뚝딱 만들어냈다. 그리고 누구나 쉽게 만들 수 있는 입문서가 아니라 남들이 손대기 어려워하는 전문서, 활용서를 만들었다. 컴퓨터 활용서는 입문서와 달리 한 페이지짜리 예제 만드는 데에만 한 달이 걸리기도 할 정도로 고난도의 기술을 요한다. 하우콤은 총알처럼 빠르고 질 높은 편집 노하우에 관한 한 타의 추종을 불허했다.

그러나 IT 분야 출판 시장은 급변하고 있었다. 우선 컴퓨터 책의 라이프사이클이 급격히 짧아졌다. 예를 들어 '포토샵 5'에 대한 책을 만들면 1년은 팔 수 있어야 하는데, 6개월도 안 되어 다음 버전이 나와 '포토샵 6'에 대한 책을 새로 만들어야 했다. 이렇게 해서는 더 이상 앞날이 없다는 판단이 섰다. 또한 대부분의 출판사들이 너도나도 입문서 제작에 치중하는 바람에 비슷비슷한 입문서들이 쏟아져 나오면서 컴퓨터 책 시장이 다 같이 죽는 결과를 낳았다.

나는 컴퓨터 책의 호황기는 끝이 났다는 판단을 내리고 지금까지 쌓아온 노하우와 인력을 활용할 새로운 분야를 찾기 위해 고민을 거듭했다. 최종적으로 어린이 영어책을 만들기로 마음먹었다. 하지만 이미 쟁쟁한 업체들이 포진하고 있는 시장에 뒤늦게 뛰어들어 경쟁하기란 쉽지 않을 게 뻔했다. 차별화 지점을 찾기 위해 또다시 고민이 시작되었다.

일반 출판사에서 영어책을 만드는 것을 살펴보니, 그들이 몇 달 걸려 만드는 책도 우리가 하면 금방 만들 수 있겠다는 확신이 섰다. 우리는 하루가 다르게 버전이 업그레이드되는, 마치 총알이 빗발치는 전쟁터 같은 컴퓨터 책 시장에서 싸워본 경험이 있으니 '이거다! 우리의 경쟁력은 스피드다' 싶었다. 영어책 출판 편집을 처음부터 잘하기는 어렵겠지만 정확하고 신속한 편집 기술을 보유하고 있었으므로 승부를 걸어볼 만했다. 또한 영어책 중에서도 성인용보다는 어린이 영어책 분야의 아이템이 지속성이 더 있을 거라고 판단해 어린이 영어책을 편집하는 편집 기획사로 방향을 틀었다.

발만 걸쳐서는 절대 성공하지 못한다

컴퓨터 책을 만들던 사람이 어린이 영어책을 제대로 만들기 위해서는 또 다른 뭔가를 갖추어야 했다. 우리가 만드는 책의 독자는 어린이들인데, 우리는 편집 기술은 가지고 있었지만 아이들 교육에 관해서는 아는 바가 없었다.

새로운 노력과 새로운 투자를 해야 할 시점이 다가온 것이었다. 뭐든 제대로 하고 싶었다. 그래서 가진 돈과 대출받은 돈을 보태 아동교육센터 건립에 전액을 투자하기로 결심했다. 나는 어떤 일을 하든 결사적인 각오로 임하는 스타일이라, 망해도 좋다는 심정으로 죽기 아니면 살기로 배수진을 쳤다. 그래야 힘들어도 두 번 다시 컴퓨터 출판 쪽으로 안 가고 새 일에 집중할 수 있으리라 판단했다.

고민은 날로 커졌다. '땅은 어디서 구하고 건물은 어떻게 건립할 수 있을까?' 의지는 강했지만 모든 게 능력 밖의 일이었다. 직원들이랑 퇴근 후 숙명여대 근처에서 호떡을 먹기로 한 어느 날, 골목길을 지나가다가 우연히 전봇대에 붙은 '100평 건물 매매'라는 쪽지가 눈에 들어왔다. 그 쪽지에 운명을 걸었다. 무작정 전화를 걸어 집주인을 만났다. 그분은 유명한 대학의 의대 교수님이었는데, 자식들에게 집터를 물려주지 못함을 안타까워하며 자식 같은 사람에게 건물을 팔기 위해 기다렸다고 말했다. 30대 초반에 그 집에 이사 와서 자식들을 건강하게 성장시키고 본인도 지금까지 건강하게 잘살고 있는 게 모두 집터가 좋아서 그렇다며 자부심이 대단했다.

"젊은 친구, 이 건물을 신축해서 집 장사 할 생각이라면 안 팔겠네. 평생을 교직에 몸담고 있었는데 누군가 좋은 일에 사용하길 원한다네. 내 자식 같은 땅이야."

"아, 네. 전 건물을 세워 아동교육센터와 출판사를 운영하려고 합니다."

"그래, 좋구먼. 내가 땅값은 싸게 줄 테니 부디 유용하게 사용해주게나."

돈은 턱없이 부족했지만 일단 계약부터 하고 나니 천하를 얻은 듯했다. 건물은 다음 해에 짓기로 하고, 돈을 벌기 위한 노력이 아니라 유아교육에 관한 전문지식을 먼저 공부해야겠다고 마음먹었다.

우선 보육교사 자격증 공부가 필요할 듯해 보육교사가 되기로 결심하고 수소문 끝에 2001년에 덕성여대 평생교육원 보육교사 과정에 입학했다. 여대지만 그해 보육교사 과정은 남자도 받는다고 해서 입학을 결심한 것이다. 보육교사 2급 자격증을 주는 1년 과정으로, 월요일부터 금요일까지 매일 오전에 수업을 들었다. 내 운명의 열쇠가 이곳에 있다 생각하고 정말 열심히 다녔다.

기존 직원들 몇 명에게도 숙명여대에 개설된 보육교사 과정을 공부하게끔 했다. 컴퓨터 책을 편집하던 직원들에게 보육교사 공부를 하라고 하니 이를 받아들이지 못한 이들도 있었다. 컴퓨터 책은 안 만들고 뜬금없이 유아교육 사업을 한다고 하니 퇴사한 직원도 여럿 됐다. 하지만 내 뜻에 동조한 직원들은 두말없이 보육교사 공부에 동참했다.

1년간 보육교사 공부를 하는 동안 출판 및 아동교육센터를 위한

450평짜리 건물이 완공되었다. 그곳에 '포도어린이집'을 열었다. 청소부를 둘 돈도 없어 직원들과 함께 매일 아침 내 손으로 빗자루질, 걸레질을 했다. 얼마 후에는 어린이 영어책과 영어 교육 프로그램 개발을 위한 '포도키드넷'도 발족했다. 내 입장에서는 목숨을 건 투자였다. 어린이 책을 제대로 만들 줄 아는 전문가가 최대한 빨리 되자는 결심으로 새로운 공부와 사업을 병행한 것이다.

물론 이것은 시작에 불과했다. 1년간 공부했다고 해서 곧바로 전문가가 됐을 리 없다. 낮에는 포도어린이집을 운영하고 저녁에는 포도키드넷 일을 병행했는데, 초창기에는 매출이 안 올라 힘든 나날이 이어졌다. 어린이 교육도 처음, 어린이 영어책도 처음이니 모든 게 낯설었다. 그러다 보니 안개 속에서 길을 걷는 것처럼 앞이 안 보였다. 어린이집을 시작한 후 처음 들어온 원생은 딱 4명이었다. 애들은 4명인데 교사는 7명. 배보다 배꼽이 더 컸다. 매달 운영비가 엄청나게 들어, 시작하자마자 어린이집을 접어야 할 판이었다. 책 편집도 열심히 했지만 어린이 책은 성인용 컴퓨터 책이랑 많이 달랐다. 그렇게 실수를 거듭하고 부족함을 여실히 깨달으며 첫 1년을 보낸 뒤 뼈저리게 반성했다.

'내 생각이 너무 얕았구나. 이렇게 어설프게 해서는 안 된다. 어린이 교육사업에 대한 전문 철학을 가지기 위해서는 본격적으로 뛰어들어 제대로 노력해야 한다. 의지는 강했지만 아직도 여차하면 딴 일을 할 생각을 하고 있는 건 아닌가. 대충 발만 걸치고 이도 저도 아닌 일처럼 해서는 안 된다.'

고민 끝에 책 편집 업무를 아예 접고 어린이집 사업에 본격적으로 뛰어들기로 작정했다. 맨 처음 한 일이 어린이집 차량 운전이었다. 아침저녁으로 아이들을 내 손으로 실어 나르면서 학부모들을 직접 만났다. 그래야 밑바닥부터 차근차근 배울 수 있을 테니까.

'힘들다고 투정부리거나 다른 사람 탓하지 말자. 당장 관두자는 나약한 생각도 하지 말자. 이 분야의 전문가라는 자신감을 가지기 전까지는 손 떼지 말자. 자타가 공인하는 어린이 전문가가 되자.'

잘나가던 컴퓨터 출판 편집 기획사를 버리고 그 많은 돈을 투자해서 고생하는 걸 아무도 이해하지 못했다. 정말 힘들었다. 아이들에게 존댓말을 안 쓰고 반말하는 교사에게 말투를 고치라고 지적했더니 여름방학과 동시에 전 교사들이 집단으로 그만두는 일이 벌어졌다. 사소한 사건사고도 수시로 일어났다. 아이가 아이를 때려서, 견학 가다 넘어져서, 수업 중에 부딪쳐서, 정말 바람 잘날 없는 시간들이었다.

싸움에 져서 죽든 강물에 빠져 죽든 죽는 것은 마찬가지라 생각하고 죽기 아님 살기로 매달렸다. 어린이집을 시작한 지 2년쯤 지나자 포도어린이집에 대한 입소문이 학부모들 사이에서 퍼져나가기 시작했다. 그리고 4~5년차에 접어들면서 유치원 아이들이 초등학생이 되자 방과 후 초등 국어·영어·수학 과정과 숙제 지도 그리고 미술학원을 병행해 교육사업의 규모를 조금씩 키워나갔다.

아이들 얼굴에 웃음이 많아지고 엄마들이 좋아하니 금세 정원도 차고, 유치원을 졸업한 아이들이 초등학교에서 생활도 잘하고 성적도 좋고, 학원에서 공부한 학생들의 성적이 오르자 초등부 학생들도 급격히 늘어났다.

🎁 성공은 차별화 전략에서 시작된다

비록 어린이집 사업을 시작한 지 오래되지는 않았지만 사업을 하면서 가장 염두에 두었던 건 '차별화 전략'이었다. 컴퓨터를 팔 때도 책을 만들 때도 나만의 차별화 전략을 만드는 게 관건이었던 것처럼, 기존의 어린이집을 똑같이 흉내내고 싶진 않았다.

차별화를 위해 제일 먼저 한 일은 CCTV 설치였다. 아이들이 수업 도중 계단에서 놀지 않을까, 계단을 내려가다 다치지 않을까, 화재는 나지 않을까 정말 하루도 마음이 편안하지 않았다. 그래서 CCTV를 무려 48대나 설치했다. 그 결과 사각지대 없이 아이들과 교사들의 동태를 빠짐없이 파악할 수 있었다.

교사들 면접 때 CCTV가 있다는 이유로 취업을 포기한 이들도 많았다. 학부모들마저도 "이렇게 CCTV가 많은데 교사들이 뭐라고 안 해요?"라고 물어볼 정도였다. 10년이 지난 지금도 어린이집에 CCTV를 달아야 하니 마니 사회가 시끄러운데, 그 시절에는 어린이집에 CCTV를 설치한다는 것 자체가 파격적인 발상이었다. 당시 학부모들은 자녀들이 어린이집에서 어떻게 지내고 있는지 실시간 눈으로 확인할 수 있다는 사실을 매우 놀라워했다. 난 부모의 눈을 대신할 수 있는 48개의 CCTV로 차별화 정책을 펼친 것이다.

포도어린이집만의 차별성은 교육과정에도 있었다. 가장 중시한 것이 창의성 교육과 인성 교육, 명품 교육이었다. 이를 위해 네 가지를 실천했다.

첫째, 독일식 공간 교육을 표방했다. 대부분의 유치원이나 어린이집 교실에는 교구와 교재가 가득 채워져 있지만 포도어린이집 교실은 텅 비어 있었다. 처음에는 아무것도 없이 신문지 한 장만 놔둔다. 그러면 아이들이 그걸 가지고 찢기도 하고 흩날리기도 하면서 놀이를 한다. 그다음에는 의자를 하나 놔두면 그 위에 앉기도 하고 서로 밀고 당기기도 하면서 논다. 또 그다음에는 공 하나를 넣어준다. 그러면 놀이 방법은 더욱 늘어난다. 텅 빈 공간에서 그날의 교육을 만들어내 아이들 내부에 잠재되어 있는 창의성을 끄집어내게끔 유도한 것이다.

둘째, 일주일에 한 번은 무조건 견학을 갔다. 멀리 갈 필요도 없이 서울시내에도 체험학습을 시킬 수 있는 곳이 무궁무진했다. 각종 박물관, 미술관, 남산, 고궁, 서대문형무소역사관 등 안 데리고 간 곳이 없었다. 원생 모두 유니폼을 입히고 교사들은 정갈하게 제복을 갖춰 입고 무전기까지 들고 아이들을 인솔했다. 가는 곳마다 사람들이 우리 아이들을 쳐다봤다. "쟤네들 강남 부잣집 애들인가 봐. 엄청 비싼 유치원에서 왔나 봐"라고들 했다.

셋째, 아이들을 귀하게 대했다. 포도어린이집에 온 아이들 모두를 왕자와 공주처럼 대해줌으로써 정말 왕자 같고 공주 같은 아이들로 키우기 위해서였다. 교사들은 아이들에게 무조건 존댓말을 썼고, 귀가하기 전에 전부 얼굴을 씻기고 머리를 빗기고 로션을 발라 보냈다. 아이들이 등원할 때보다 더 빛이 나고 귀티가 나도록.

넷째, 아나운서 교육을 시켰다. 아이들에게 어제 있었던 일 등에 대해 말하기 연습을 시켜 그걸 녹음한 뒤 녹음 파일을 부모들에게 보냈다.

자기 생각을 조리 있게 표현하는 훈련을 꾸준히 시킨 것이다. 아이들의 표현력은 하루가 다르게 발전했고 부모들의 반응도 폭발적이었다.

어린이집을 운영하는 동안 이런 교육철학을 철저히 지켰더니 아이들은 아침에 눈 뜨면 '포도어린이집 가야 돼!'라고 말할 정도로 우리 어린이집을 좋아했고, 학부모들은 자녀들의 변화를 보며 놀라워했다. 개원 당시 4명이었던 원생은 기하급수적으로 증가해 3~4년 만에 1층에서 3층까지 꽉 찰 정도로 많아졌다. 아이들은 '포도아저씨'라는 노래를 부르며 나를 몹시 따랐고, 학부모들은 하루가 멀다 하고 나를 찾아와서 상담을 하고 싶어해서 교육 상담 및 소개 예약이 쇄도했다.

밑바닥부터 체험해봐라

내가 어린이집을 하겠다고 했을 때 모두가 '컴퓨터 책 만들던 사람이 웬 어린이집?'이라는 의심의 눈길을 보냈고, 무리한 금전투자와 시간투자로 곧 망할 거라고 생각한 사람도 적지 않았다. 그냥 작게 시작해서 경험을 쌓고 가면 될 것을 7층짜리 건물을 짓고, 거기다 아이들 건강을 위한다며 거금을 들여 바닥에는 보일러, 천장에는 공기청정기 겸용 에어컨과 최신 CCTV를 설치하고, 직원도 10명이나 두었으니 이런 말이 나오는 게 당연했다. 하지만 어린이집을 운영한 경험은 이후 어린이 영어 교재와 어학기기를 개발하는 초석이 되었다.

하우콤에서 컴퓨터 책을 만들어 영진출판사에 납품할 때 내가 가장 중요시했던 건 책을 만들어서 얼마를 버느냐가 아니라 '이 책 만든 사람이 김철회. 이 책 만든 회사가 하우콤이다'라는 평가를 받는 거였다. 그래서 책에다 출판사 이름과 대등하게 기획사 이름을 같이 넣어야 했고, 디자인 또한 완벽을 기했다. 당시 만든 컴퓨터 책의 레이아웃과 편집 디자인은 15년이 지난 지금 봐도 촌스럽거나 어설퍼 보이지 않는다는 말을 후배 기획자들로부터 많이 들었다. 최고로 만들고자 한 마음과 노력이 하나가 된 결과다.

어린이집을 운영할 때도 하나하나 경험을 쌓아 전문가가 되어가는 과정이 중요했다. 등교하는 통학 차량 운전부터 시작해 하교하는 과정까지 원장의 입장에서 바라보니 어린이 교육 및 학원 사업에 대한 큰 그림이 보이기 시작했다. 교사는 어떤 입장이며 현장의 애로사항과 주의사항은 뭔지 파악했고, 기물 하나의 위치는 물론이고 아이들 식사와 간식은 어떤 것을 먹여야 하는지도 알게 됐다. 그래서 내 손으로 직접 장을 봤다. 그리고 학부모 및 학원연합회 등에 두루 참석하면서 교육 현장의 생생한 정보들을 구했다. 어린이집이나 학원에서 아이들 교재를 어떻게 선택하고 학습 교구는 어떻게 만들고 어떤 루트로 구입하는지도 파악했다.

이때의 경험을 통해 세이펜을 어린이 어학 교육 시장에 수월하게 적용할 수 있었다. 어린이 교육사업을 밑바닥부터 체험해봤기 때문에 세이펜을 개발하고 나서도 단지 이윤만 생각하는 것이 아니라, 교육적인 효과를 원리부터 파악할 수 있는 방법과 적용 사례를 만들 수 있었다. 막연하게 '이거 사시면 좋습니다'라고 말하며 파는 것이 아니라, 세이펜을 어린이 외국어 교육 환경에 어떻게 적용하고 어떻게 활용할 수 있는지를 원리부터 파악하고 설득력 있게 전달할 수 있게 된 것이다.

김철회의 99%의 결핍을 이기는 1%의 마음가짐

뇌는 기대심리에 반응한다

어릴 적 부모님의 사랑과 기대를 한 몸에 받고 성장한 나는 뭐든 잘해야 한다는 생각이 뇌리에 크게 자리를 잡았다. 학창 시절에는 공부를 잘해서 좋은 성적을 받는 것이 부모님을 행복하게 해주는 거라 생각해서 맹목적으로 공부했다. 그때부터 나의 뇌는 기대심리에 무조건 반응하는 목표 지향적인 뇌로 만들어진 듯하다. 이후 성인이 되어서도 어떤 목표가 뇌에 설정되면, 그 목표를 성취하기 위해 끊임없이 맹목적으로 노력한다.

기대심리는, 힘들어도 고난과 고통을 잊고 일할 수 있는 맹목적인 에너지를 만들어주는데, 이 에너지는 성공을 위한 도전 의지와 목표에 대응하는 속도를 빠르게 하고, 무슨 일이든지 강한 열정으로 일할 수 있게 해준다. 더불어 성공에 대한 집중력과 몰입도도 동반 상승한다. 이때 생기는 집중력은 개인의 능력을 무한대로 끌어올리고 두뇌를 좋게 만들어 엄청난 자신감을 가져다준다.

반면 주위의 기대심리도 없고 책임져야 할 사람도 없는 경우에는 스스로도 도전의식을 가지지 않고, 성공에 대한 간절한 바람도 없으며, 무슨 일이든 제대로 노력하지 않고 집중력과 몰입도도 저하되어 성장하기 어려운 인간형이 되기 쉽다. 이런 사람은 고난과 고통에 직면했을 때 쉽게 이겨내지 못하고 무너지고 만다.

제품에 열정과
운명을 걸어라

"우와! 이게 뭐야?!"

2005년 3월 어느 날, 나는 뒤통수를 망치로 한 대 얻어맞은 듯 멍하니 앉아 있었다. 뒤통수뿐 아니라 머릿속에서 뭔가 거대한 폭죽 같은 것이 연신 쾅쾅 터졌다. 길쭉하게 생긴 전자기기를 책에 갖다 댔더니 소리가 나는 게 아닌가!

어린이집과 학원 사업이 안정 궤도에 올라 이제는 누구나 인정하는 유아교육 전문가로 자리매김하고 있을 무렵, 출판계 선배가 영어 전문 출판 사업을 시작하면서 내게 사업의 일부를 맡아달라고 했다. 그때 그가 보여준 물건이 바로 나를 충격 속에 빠뜨린 말하는 전자기기였다. 중국에서 가져온 새로운 어학기기라고 했다. 책의 그림이나 글자에 전자펜의 끝을 갖다 대면 중국어를 영어로, 영어를 중국어로 읽어주는 것이 아닌가. 정말 신기했다. 세이펜의 시작이자 내 인생의 운명이 결정되는 순간이었다.

마음이 끌리면 몸을 던져라

전자펜의 작동 원리는 슈퍼마켓에 가면 흔히 볼 수 있는 바코드의 인식 코드를 응용한 것으로, 바코드를 읽으면 나는 삑~ 소리를 음성으로 바꿨다고 생각하면 된다. 음성인식이 가능한 코드를 특수잉크를 사용해 육안으로 보이지 않게 넣어 글이나 그림을 인쇄하면, 책에 인쇄된 코드를 전자펜이 음성 신호로 받아 그림에 인쇄된 코드와 일치된 음성이 전자펜에서 나온다. 한마디로 전자펜을 책에 갖다 대면 실시간으로 원하는 문장이나 낱말이 음성으로 재생되는 문자 인식 음성기기인 것이다.

그 펜을 보는 순간 '듣고 말하는 교육을 동시에 할 수 있는 멀티학습이 가능하니 이 펜 하나만 있으면 영어 공부는 문제없겠구나' 하는 IT전문가이자 오랜 출판 기획과 나름 유아 교육자의 안목이 합해져 기획자 특유의 촉이 발동했다. 돌이켜 생각해보면 그 펜을 만난 순간 어떤 운명 같은 끌림을 느꼈던 것 같다.

그날 이후 다음 해 4월까지 세이펜 1호 제품이 나오기까지 꼬박 1년간 긴박한 시간이 흘렀다. 알 수 없는 힘에 의해 내 운명이 변화되고 있었다.

처음에는 이 제품을 이해하는 게 관건이었다. 어떻게 해서 이런 제품이 만들어졌는지 궁금했다. 마냥 신기한 제품일 뿐이었지 이 제품의 기술을 내 것으로 만들어야겠다는 생각은 엄두도 못 냈다. 들여다보면 볼수록 신기하고 욕심나는 제품이었다.

차츰 시간이 흐를수록 내 인생 전부를 걸어볼 만한 제품이라는 생각이 들었다. 우선 이 제품이 어디서 처음 제작되었는지 추적해보기로 했다. 선배가 건네준 출판사 명함에 적힌 이메일 주소로 연락을 취했다. '본 제품의 기술이 마음에 들어 그 제품을 생산하고 싶으니 만날 수 있냐'는 내용이었다. 어느 날, 기다리던 중국에서의 답변 대신 한국의 어떤 회사로부터 답변을 받았다. 그 회사 제품은 자기네가 독점권을 가지고 있으니 자기 회사와 상담하라는 내용이었다.

제품의 독점권 여부가 문제가 됐다. 난 주저앉고 말았다. '그럼 그렇지. 이렇게 획기적인 제품이 아직까지 그냥 있을 리가 없지'란 생각이 들었다. 그 무렵 펜을 내게 보여준 선배뿐만 아니라 다른 몇몇 영어 교육 출판 경쟁업체들도 그 펜의 독점권과 판매권을 중국에서 자기네가 따왔다고 주장했다.

그런데 이상하게도 내 눈으로 계약서를 본 적은 없었다. 선배가 내게 보여준 물건도 정식 독점계약을 맺고 가져온 제품이 아니라 중국의 한 어학 교구 박람회 같은 곳에서 가져온 샘플에 불과했다. 좀 더 조사를 해보기 위해 독점계약을 맺었다는 한국 업체를 방문했다. 그들도 말로만 독점계약이라고 했지 계약서를 보여주진 않았다. 나중에 안 사실이지만 그 펜을 독점계약한 업체는 한 군데도 없었다.

그래서 내가 한번 뛰어들어 이 기술을 배워보겠다는 마음으로 2005년 5월에 독점권을 가지고 있다는 A출판사와 같이 일을 해보기로 하고,

그해 7월에 A출판사 대표와 공급 계약이 진행되고 있다는 중국 업체를 방문했다. 그 업체는 중국 주하이에 있었다. 3박 4일 동안 중국 측 관계자들이 펜에 대해 프레젠테이션을 해주었는데, 반은 영어로 반은 중국어로 진행되어 내용을 제대로 알아들을 수가 없었다. 안 들리는 영어를 들으려고 신경을 곤두세워 경청하고 있다가 몇 가지 질문을 했다. 인쇄 방식과 음원 생성 방법, 인쇄 방식 적용 프로그램을 보여줄 수 있느냐 등의 기술적인 질문이었다. 미팅이 끝나고 점심식사를 마친 뒤부터 문득 A출판사 대표가 나를 배제시키려는 미묘한 기류가 감지되었다.

알고 보니 주하이 업체는 총판이었지 개발자가 아니었다. 프레젠테이션을 했던 사람이 개발자이자 제작자였다. 난 A출판사 대표한테 계약을 잘못한 것 같다고 했으나 그들은 벌써 총판 사장과 형님 아우가 된 상태라며 오히려 나보고 비즈니스도 할 줄 모르는 사람이라고 화를 내면서 내일부턴 회의에 참석하지 말라고 했다. 실제로 그다음부터 프레젠테이션 자리에 나를 빼는 상황이 벌어졌다. 마치 내가 자기네 기술을 불법적으로 훔쳐갈 '산업 스파이'라도 되는 것처럼. 정말 기가 찼다.

그런데 그날 개발자가 프레젠테이션을 마치고 나오다가, 미팅 장소 바깥에 있는 의자에 앉아 있던 나를 보곤 "당신은 왜 안 들어왔느냐"며 인사를 건넸다. 그러곤 웃으며 "당신 정말 스파이냐"라고 물었다. "그럴 리가 있겠는가. 난 스파이가 아니다"라고 대답했다. 그랬더니 그가 다시 웃으면서 자기 명함을 건넸다. "다음에 광저우로 와라. 당신 인상이 맘에 든다. 내가 프레젠테이션을 다시 해주겠다." 그때 그의 눈빛이 내게는 또 다른 운명처럼 느껴졌다.

중국에 갔다 온 직후 아니나 다를까 A출판사와의 제휴가 깨졌다. 특별한 이유는 없었다. 아마도 중국에서 내가 쓸데없이 질문을 하고 나선 모습이 마음에 안 들었던 모양이다.

한국으로 돌아온 뒤 '계약도 이미 A출판사랑 한 것 같은데 앨런이라는 그 개발자는 왜 내게 명함을 줬을까? 왜 내게 직접 프레젠테이션을 해준다고 했을까?' 하는 의문이 끊이지 않았다. 궁금증을 해소하기 위해 중국에 다시 가봐야겠다는 의지가 불타올랐다. 하지만 언어도 언어지만 공산국가라는 막연한 두려움이 내 발목을 잡았다. 드디어 8월 초에 중국에 다시 갈 기회가 생겼다. 베이징도서전이 열려 출판사 사람들과 함께 베이징을 찾았다. 베이징도서전을 구경하면서도 내 머릿속은 그 제품과 개발자인 앨런 생각으로 가득했다.

도서전을 마치고 다들 서울로 가는데 차마 발걸음이 떨어지지 않았다. 앨런이 준 명함을 들여다보다 광저우로 가기로 결심했다. 서울로 가는 일행과 함께 베이징공항에 도착하자마자 나는 눈에 띄는 조선족 여행 가이드를 붙잡고 통역을 부탁한 뒤 그와 함께 달랑 명함 한 장 들고 무작정 앨런을 만나러 광저우행 비행기를 탔다.

간절함은 어디서든 통한다

비즈니스도 결국 인간과 인간의 관계 속에서 성사된다. 그렇기 때문에 때로는 논리적인 예측이 불가능한 일이 벌어지기도 한다. 그런 일들 중 하나가 신뢰다. 사람에 대한 신뢰, 비즈니스 이전에 인간으로서 상대방을 어떻게 느끼고 그 사람의 진심을 얼마나 간파하느냐의 문제다. 앨런이 왜 내 인상이 맘에 든다고 했는지는 나도 모른다. 그러나 그와 나 사이에 인간적인 신뢰가 싹트고 있었다는 것만은 확실하다. 어쩌면 그는 내 눈빛에서 진심과 절실함을 보았는지도 모른다.

앨런은 미국 유학을 갔다 온 대만계 중국인이라 영어가 능통했다. 하지만 나는 쉬운 영어만 겨우 알아듣는 수준이었고 중국어는 전혀 안 돼 통역사를 붙였다. 그런데 시간이 지나면서 통역사의 존재가 무용지물이 되어버리는 희한한 사태가 벌어졌다. 앨런과 나 사이에는 그야말로 '이상하게 퍼펙트'한 의사소통이 이뤄졌기 때문이다.

나는 사실 영어로 회화를 한다기보다는 아는 단어를 총동원해 나열하는 수준이었다. 이를테면 이런 식이었다.

"My money, your technology, needs, OK?"

"This pen is technology. This pen is your baby. I love your baby. My money is very important. My money, change."

첫 번째 문장은 내가 당신에게 돈을 투자하겠으니 당신은 나에게 기술을 전수해달라, 서로의 니즈가 교환되는 것이다, 받아들이겠느냐고 묻는 의미였다. 두 번째 문장은 나는 당신이 탄생시킨 아기와도 같은 이 펜의 기술을 간절히 원한다, 나는 투자를 할 수 있는 금전적 능력이 있으니 당신의 기술과 내 돈을 서로 교환하자는 의미였다.

그런데 놀랍게도 앨런이 내 말을 알아듣는 데는 아무런 문제가 없었다. 심지어 통역사 없이 나랑 직접 대화하는 걸 더 좋아하는 듯했다. 통역사가 매끄럽게 통역해주는 것보다 내가 하는 영어가 더 와 닿는다고 말하기도 했다. 나중에는 오히려 앨런이 내 영어에 자기 영어를 맞추기 시작했다. 자기도 내가 하는 것처럼 단어를 나열하는 단순한 영어로 말했다.

그는 왜 말도 안 되는 베이비토크나 다름없는 서툰 내 영어를 좋아했을까? 나는 회화 실력이 부족해 유창하게 말할 순 없었지만 그에게 간절한 내 마음을 직접적으로 표현했다. 예를 들면 "Your technology, I burn my life"(당신이 가진 기술에 내 인생을 불사르고 싶다)라는 식이었다. 쉬운 단어 몇 개지만 그 안에 간절함을 담았기 때문에 앨런의 마음을 움직이고 상호 신뢰를 쌓을 수 있었다.

앨런은 나만큼이나 장난기가 많았다. 게다가 나랑 동갑이어서 우리는 서로가 약속이라도 한 듯이 일보다는 친해지는 데 집중했고 매일 맛있는 음식을 먹는 데 집중했다. 광저우의 첫 만남은 그렇게 지나갔다.

9월 1일에는 앨런과 한국 최초로 합법적인 전자펜 한국 판매 독점 계약을 맺었다. 그리고 10월 초에 다시 광저우로 가 앨런의 공장에서 일주일간 머물면서 전자펜을 만드는 데 사용된 기술을 모두 체험하면서 하나씩 배워나갔다. 이때부터 나는 전자펜의 기술에 눈뜨게 되었고, 더 나은 기능을 가진 신제품을 개발할 수도 있겠다는 생각이 들었다.

그리고 10월과 11월에 앨런은 나와 모델을 다르게 개발한다는 조건으로, 나를 따돌린 A출판사와 또 다른 업체와 연이어 계약을 맺었다. 물론 앨런은 사전에 내게 양해를 구했다.

나는 신제품 개발을 위해 이 두 업체에 공동 개발 및 담합을 제안했다. 하지만 이들이 거절해 혼자서 신제품 개발을 시작했다. 기술 전수는 1년간 계속되었고, 나는 한 달에 보름씩 광저우에 체류하면서 세이펜 1호를 개발했다. 앨런이 말하는 '알렉스(내 영어 이름) 스타일'의 영어 미팅을 통해 그가 가르쳐주는 기술을 모조리 흡수했다. 그때 기술 전수와 첫 개발에 투자한 금액이 2억 원이 넘었다.

앨런과 한국 최초의 독점계약을 맺을 당시에는 내가 마치 달나라에 최초로 착륙한 닐 암스트롱이 된 것 같은 기분이었다. 하지만 세이펜의 성능이 나날이 진화됨에 따라 앨런과 맺은 그 계약은 차츰 효용 가치를 잃어갔다. 그래도 지금의 세이펜을 있게 해준 기술 토대였기 때문에 앨런과 함께한 시간이 내겐 너무나 소중하고 고맙다.

그 제품만의 존재 가치와 철학을 담아라

어떤 제품이 시장의 인정을 받고 생명력을 갖기 위해서는 품질의 우수성만으로는 부족하다. 자신의 가치를 스스로 만들고 지켜야 하는 것처럼, 그 제품만의 존재 가치와 철학이 담겨 있어야 한다.

세이펜을 만든 목적과 존재 가치가 무엇인지에 대한 질문을 받으면 나는 "첫 번째는 원어민 강사를 통해 해외로 나가는 사교육비 1달러라도 아끼자는 것이고, 두 번째는 원어민 강사를 만나기 힘든 교육 환경이 열악한 지방 아이들에게 내 손안의 작은 원어민 강사를 만들어주기 위함이다"라고 대답한다. 소고기를 못 먹으면 돼지고기를 먹고, 밥이 없으면 빵을 먹듯이 모든 것에는 대체재가 있다. 세이펜은 원어민 강사 대체재인 셈이다.

원어민에게 외국어를 배우면 효과적이라는 데 이의를 다는 사람은 없을 것이다. 하지만 우리나라 영어 교육 열풍은 다소 비정상적인 구도로 흘러가고 있는 게 사실이다. 굳이 그럴 필요가 없는 영유아들까지 알파벳을 배울 때 원어민에게 직접 배워야 되는 줄 안다.

한 번은 인천에서 열리는 영어교사모임 세미나에 참석해 강의를 해달라는 요청이 들어왔다. 나는 원어민 강사 비중을 줄여보자는 취지에서 세이펜을 개발하게 되었다는 좀 자극적인 화두로 강의를 시작했다. 그러자 사회자로부터 "이곳에 원어민 강사들이 많이 왔으니 좀 자제해달라"는 주의를 받았다. 하지만 나는 사회자에게 "알았으니 걱정하지 마라"고 한 뒤 강의를 이어나갔다.

"물론 영어 교육에서 원어민의 역할이 필요한 부분이 있습니다. 하지만 원어민들이 단지 아이들에게 발음만 들려주고 마는 주크박스 역할을 하러 온 건 아니지 않습니까? 세이펜을 활용하면 CD 틀어주는 시간도 줄어들고, 반복적으로 발음할 필요가 없으니 목소리도 아낄 수 있습니다. 원어민들에게도 분명 도움이 될 것입니다."

내 이야기를 듣던 원어민 강사들이 하나둘 고개를 끄덕이며 박수를 쳤다. 세이펜의 가치에 대해 그들도 공감대를 형성했음을 느낄 수 있었다.

세이펜으로 공부하면 원어민의 발음을 익힐 수 있을 뿐만 아니라 어릴 때부터 자기주도학습 습관을 들일 수 있으니 사교육비 절감 효과뿐만 아니라 교육적 효과도 가져다준다.

나는 우리 회사 사훈에도 교육과 인재, 기술에 대한 세 가지 가치를 담았다. '교육보국, 인재보국, 기술보국'인데, 풀어서 설명하면 교육으로 국가 경쟁력을 강화하고, 인재를 육성해 국가를 지키고, 신기술로 국가 경제력을 강화하자는 의미다. 그 일환으로 2001년 설립한 아동교육센터를 13년째 운영하고 있다. 내가 보육한 아이들 중에서 훌륭한 지도자와 과학자, 교육자가 나올 수 있기 때문이다. 또한 출판사에서 나온 책으로 인재를 육성하고자 했다. 세이펜이란 신기술을 개발해 국가 경쟁력과 경제력을 키워 이 나라를 지킬 수 있지 않을까 하는 생각을 했다.

🟦 배울 때는 목숨을 걸어라

신기술을 들여와 사업을 하기 위해서는 대충 알아서는 안 된다. 처음부터 나는 펜의 작동 원리와 기술을 나 자신이 완벽하게 배우고 이해하기를 원했다. 펜을 파는 사람이 아니라 그 펜에 관한 한 한국 내에서 내 지식을 능가하는 이가 없는 완벽한 전문가가 되자고 생각했다. 그래서 개발자인 앨런에게서 기술을 전수받을 때 목숨 거는 심정으로 배웠다.

목숨 거는 심정으로 기술을 배우는 건 나뿐만 아니라 나와 함께 이 길을 갈 직원들에게도 반드시 필요한 과정이었다. 중국에서 기술 전수를 받던 시기에 출장에 동행했던 담당 직원은 대학에서 디자인을 전공한 편집 디자이너였다. 컴퓨터 프로그래머 출신인 나와 달리 그 직원에겐 전자제품의 프로그램 소스와 복잡한 기술을 이해하기가 무척 어려웠을 것이다.

아니나 다를까, 하루 종일 프레젠테이션을 들어도 제대로 알아듣지 못하는 게 내 눈에 보였다. 한 번은 완벽하게 이해를 못했는데 질문도 안 하고 대충 넘어가려다 나한테 딱 걸렸다.

미팅이 끝난 후 따로 불러 이것저것 물어보니 '잘 모르겠다'는 대답이 나왔다. 그 순간 나도 모르게 버럭 소리를 질렀다. 지금 우리가 어떻게 여기까지 왔는데 '모르겠다'는 단어를 쉽게 내뱉을 수 있느냐며 혼쭐을 냈다. 그러자 그 직원은 고개를 떨군 채 아무 말도 못하고 눈물만 뚝뚝 흘렸다.

'지금 내가 여기서 뭐 하고 있는 거지? 왜 이 먼 곳까지 와서 전공도 아닌 걸 배워야 하지?' 하는 원망의 마음이 왜 없었겠는가. 하지만 모르면 배워야 했다. 그것도 대충 '그런가 보다'가 아니라 완벽하게 알 때까지.

그날 밤을 꼬박 새워가며 나는 그에게 프로그램 소스에 대해 알파벳을 가르치듯이 기초부터 차근차근 설명해줬다. 그리고 그다음 날 미팅 때 중국 측 관계자한테 귀국 비행기 시간을 연장해도 좋으니 처음부터 다시 설명해달라고 부탁했다. 나는 다 알아들었지만 우리 직원도 나만큼 알아듣지 않으면 안 된다며.

내 부탁에 중국인 관계자가 어쩔 수 없이 다시 설명을 해주었는데 또 못 알아듣는 눈치기에 나는 그 자리에서 그만 소리를 지르고 말았다. 우리 직원보다 중국인들이 오히려 더 놀라서 "알렉스, 캄 다운, 캄 다운!" 하면서 나를 진정시켰다. "정신 똑바로 안 차려? 잘 모르면 대충 넘어가지 말고 '어게인, 어게인 플리즈!' 하란 말이야." 중국인들도 '어게인 플리즈'란 말에 사색이 되었다. 그렇게 반복하고 반복하길 수차례. 오전 9시에 시작했는데 저녁 8시 무렵이 되어서야 우리 직원의 입에서 '언더스탠드'란 단어가 나왔다.

그날 저녁을 먹으며 그에게 이런 말을 해줬다.

"목숨 걸고 배우는 것처럼 해. 그래야 기술을 배울 수 있어. '나는 디자이너일 뿐이니까 몰라도 돼. 내 전공이 아니니까 대충 넘어가도 돼' 라는 생각 따윈 버려야 한다."

그때 그 자리에서 제대로 이해하지 못하고 대충 넘어가면 그 직원은 디자이너로만 남을 게 뻔했다. 편집 디자이너에서 펜 기술자로 업그레이드되고 전문가가 되려면 두뇌의 물꼬를 트는 경험을 스스로 하지 않으면 안 된다.

다음 날 마침내 그 직원의 입에서 이런 말이 나왔다.

"사장님, 이제 소스의 원리가 보이기 시작해요."

프로그램 개발과 소스 분석에 대해 머리가 트이기 시작한 것이다. 펜 기술을 전수받고 도입하는 과정에서 '대충'이나 '거저'란 말은 있을 수 없었다. 중국 출장을 갈 때마다 숙소에도 못 들르고 보름 동안 거의 공장에 머물며 끼니도 햄버거나 죽으로 때우고 구석에서 새우잠을 자다 올 때가 대부분이었다. 중국 측 바이어들이 저녁에 술 먹으러 가자고 해도 술집 한 번 안 가고 숙소와 공장만 오갈 정도로 내 열정을 걸고 운명을 걸었다. 그들도 간절한 내 심정을 알았는지 정말 최선을 다해 알려주었다. 그렇게 세이펜은 나의 운명이, 우리의 운명이 되어갔다.

브랜드명과 로고를 우선시하라

앨런과 독점계약을 하고 와서 첫 번째로 납품을 한 업체는 SDA삼육어학원이었다. 그때 거래하면서 만든 브랜드명이 '세이펜'이다.

세이펜이라는 이름은 꿈속에서 만들어진 독특한 이름이다. 펜 기술의 안정화를 위해 한 달 가운데 보름 이상을 광저우에 머물며 공장을 오가는 나날이 이어졌는데, 어느 날 새벽 숙소에서 깜빡 잠이 들었다가 하늘에 별 세 개가 뜬 꿈을 꿨다. 그 별 안에 '세이펜'이라는 글자가 보였다. 자다가 벌떡 일어나 한참이나 그 꿈에 대해 생각했다. 정말 신기했다. 그 이름이 너무 마음에 들어 이른 시간임에도 불구하고 한국에 있는 직원에게 전화를 걸었다.

"우리 회사 이름 이거 어때? 세이펜!"

상표등록을 하라고 지시를 했는데, 내 생각과는 달리 직원들 반응은 시큰둥했다. '세이say'가 문법에 안 맞는다는 거였다. 직원들은 '세이say'보다는 '보이스voice'가 맞다고 했다. 그래서 맨 처음에 SDA삼육어학원과 거래한 교재에는 '보이스펜'이라는 명칭이 들어갔다.

그런데 나는 보이스펜이라는 이름이 영 와 닿지 않았다. 계속 마음에 걸렸다. 결국 얼마 후 이름을 바꿨다. 그때 역시 중국에 출장을 갔다가 새벽에 전화를 걸어 직원에게 세이펜으로 상표 등록과 도메인 등록까지 다 해놓으라고 지시했다. 무조건 지금 하라고 했다. 모든 등록은 새벽에 진행되었다. 이미 첫 거래처 교재에 보이스펜이라고 인쇄가 된 상태임에도 상표 등록은 세이펜으로 해야 했을 만큼 나는 그 이름을 버릴 수 없었다.

이름을 세이펜으로 결정하기 전까지 수천수만 번 고민했다. 브랜드명을 만들 때는 우선 입에 착착 감겨야 한다. 만드는 사람이 입으로 소리 내서 발음도 해봐야 한다. 소리뿐만 아니라 의미가 와 닿는지도 생각하고 또 생각해야 한다. 그래서 '세이펜, 세이펜' 하고 수없이 되뇌어보면서 기억하기 쉬운지, 발음이 부드러운지, 간결한지, 입에 착착 감기는지, 입속에서 엉키지는 않는지 반복 또 반복했다.

그렇게 해서 브랜드명을 세이펜으로 결정하고 난 뒤 곧바로 로고 디자인 연구에 들어갔다. 편집 디자이너 출신 직원들과 함께 며칠 밤을 새워가며 고심했다.

세이펜 로고는 '나사체'라는 서체를 토대로 했다. 그런데 처음에는 뭔가 부족해보였다. 임팩트가 없었다. 수년간 컴퓨터 그래픽 전문서적을 편집하고 출판한 노하우 덕분에 디자인에 대한 촉이 한창 좋을 때였다.

밥 먹고 로고 디자인 고민만 하던 어느 날 무심코 종이에 낙서를 하던 중 어떤 이미지가 떠올랐다. 마치 아이가 두 팔을 벌려 지구를 떠받들고 있는 모습과 팔을 활짝 벌린 채 좋아하는 모습이었다. 로고에 '만세' 이미지와 '글로벌' 이미지를 담아야겠다는 생각이 들어 아이 모습을 형상화하기로 했다.

막연했던 디자인 콘셉트가 가닥을 잡아갔다. 다시 며칠을 직원들과 작업한 끝에 마침내 '이거다. 이 로고다!' 싶은 로고가 나왔다. 직원들은 내가 로고 디자인에 그렇게 집착하는 것을 이해하지 못했다. 하지만 내 의지는 이번에도 확고했다.

"나는 이 펜을 글로벌 사업으로 키울 거다. 전 세계인이 알아보는 로고를 만들자. 로고가 생명이다."

로고 디자인을 정하자마자 이번에도 특허 신청과 상표 등록, 도메인 등록부터 했다. 이렇게 만든 세이펜 로고는 2011년도 우수상표디자인 공모전에서 은상(특허청장상)을 수상했다.

 세이펜이란 브랜드명과 로고는 이런 고집과 집착을 거쳐 탄생했다. 많은 사람이 이름은 나중에 만들어도 된다고 여기지만 나는 이름을 가장 우선시했다. 어떠한 사업을 하건 먼저 이름을 잘 지어야 제대로 시작할 수 있다고 생각하기 때문이다. 그래서 브랜드명에 매달리고 로고에 집착하고 CI(Corporate Identity : 기업의 이미지를 통합하는 작업), BI(Brand Identity : 이념·목적·활동·표현 등을 통일해 브랜드의 개성을 만들어내는 작업)를 중시한다.

김철회의 99%의 결핍을 이기는 1%의 마음가짐

기회는 준비된 사람에게 찾아온다

사람들이 불행에 슬퍼하고 성공에 기뻐하는 이유는 무엇일까? 불행은 맛이 쓰고 성공은 맛이 달기 때문이다. 그런데 알고 보면 성공과 불행은 한 끗 차이다. 실패한 사람들 대부분은 운이 나빠 자기에게만 기회가 오지 않았다고 불평불만을 늘어놓는다.

기회는 준비된 자에게, 성공은 능력 있는 자에게 주어지는 선물이다. 그러니 기회가 오지 않은 게 아니라 기회를 잡지 못한 스스로를 탓해야 한다. 결국 기회가 사람을 저버리는 게 아니라 오히려 사람이 기회를 저버린다고 봐야 한다.

흔히 "죽을 때까지 세 번의 기회가 온다"라는 말을 한다. 그런데 그 기회를 붙잡는 사람이 많지 않은 이유는, 지금 하고 있는 그것이 기회인지 아닌지도 모르고 지나가는 경우가 많기 때문이다. 자신에게 불행이 찾아오면 기회가 사라진 것이고 성공이 찾아오면 기회가 온 것이다.

기회를 붙잡을 수 있는 사람만이 성공의 달콤한 맛을 즐길 수 있다. 기회를 붙잡을 준비가 안 된 사람은 결코 그 맛을 보지 못한다. 기회가 왔을 때 놓치지 않으려면 늘 열심히 노력하면서 준비를 해야 한다. 기회는 모습을 드러내지 않는다. 늘 생각하고, 고민하고, 갈구하는 사람에게만 그 모습을 드러낸다. 성공은 준비된 사람과 절묘한 기회가 만나서 만들어내는 멋진 합작품이다.

사용자의 요구에
제품을 맞춰라

초창기에 나 말고도 수많은 업체가 말하는 펜 사업에 뛰어들었다. 한때는 비슷비슷한 펜을 내놓은 이른바 유사 경쟁업체가 수십 군데에 이르기도 했다. 그러나 몇 년이 지난 지금은 세이펜이 전자펜 시장을 거의 과점하다시피 하게 되었다. 투명한 접착테이프를 우리는 흔히 '스카치테이프'라고 부르는데, 실은 미국 3M 사에서 만든 상표 이름이다. 스카치테이프가 보통명사가 된 것처럼, 찍으면 소리가 나는 말하는 펜 시장에서 '세이펜'은 대명사로 자리 잡았다.

세이펜은 작동 원리의 특별함을 인정받아 '제7회 100대 우수특허 제품'으로 선정되었으며, 그와 동시에 '특허청 특허대상'을 수상하는 쾌거를 이루었다. 또한 '2007년 지식경제부가 지정하는 세계 일류화 상품'으로 등재되고, '2008년 지식경제부 장관상'을 수상을 했으며, 대한민국 외국어 교육산업대상의 영광을 누렸다.

🎲 일곱 번 넘어지고 여덟 번째 일어나다

왜 이런 결과가 나왔을까? 세이펜은 다른 펜과 무엇이 달랐을까? 우선 초창기에 펜 사업에 뛰어든 많은 사람이 펜 만드는 것 자체를 너무 쉽게 생각했던 측면이 있다. 물건을 보니 크기도 작은 게 뚝딱 만들기도 어렵지 않을 것 같고 어학 시장에서 돈벌이도 좀 될 것 같으니까 너도 나도 달려들었던 것이다.

그러나 펜 개발은 제품을 만드는 것으로 끝나는 게 아니다. 펜 하나에 코딩만 하면 되는 것이 아니라 CPU가 달라지면 코딩 방식도 달라진다. 또한 펜 길이 1밀리미터의 차이, 로고의 위치, 미묘한 디자인의 차이를 만들기까지 집요한 개발 과정과 편집증적 집착에 가까운 노력이 들어가야 한다. 물건을 만드는 게 아니라 제품에 생명을 불어넣어야 한다. 기술, 디자인, 영업, 교육 콘텐츠 중에서 무엇 하나 부족해서는 안 된다. 부족함이 드러나는 순간 소비자가 바로 안다.

전자펜은 여느 전자제품이 그렇듯이 라이프 사이클이 관건이다. 예를 들어 포토샵 7이라는 프로그램이 최신 컴퓨터에서는 되는데 386 컴퓨터에서는 안 될 경우 포토샵 7을 쓰기 위해 컴퓨터를 바꿔야 하는 상황이 발생하는 것처럼, 전자펜도 CPU가 바뀌면 호환이 안 된다. 재고가 잔뜩 쌓여 있어도 호환이 안 되는 재고품들은 미련 없이 버려야 한다. 이런 과정에서 막대한 손해를 보는 일이 허다하다.

기술적인 업그레이드도 문제다. 개발비에 돈을 투자했다가 소멸되는 일이 계속되었기 때문에 초창기에는 수익이라고 할 수 있는 부분이 거의 없었다. 너무 힘들어 그만두고 싶다는 생각을 한 적이 수없이 많았다. 하지만 포기하지 않고 엄청난 비용을 들여 세이펜을 계속 업그레이드했다. 그 비용을 아까워하면 제품의 단점과 한계를 알면서도 업그레이드를 못한다. 하지만 새로운 콘텐츠가 들어가려면 지속적으로 업그레이드를 하지 않으면 안 된다.

이런 역학 관계 속에서 계속 신제품이 탄생한다. 누가 대학 입시를 준비하면서 일곱 번이나 떨어질 거라고 예상하고 공부하겠는가? 나 역시 마찬가지였다. 세이펜 개발에 일곱 번이나 실패할 거라고는 상상도 못했다. 여덟 번째가 되어서야 겨우 성공했다.

유사 업체들이 결국 더 이상 발전하지 못하고 무너진 이유도 발빠르게 변화에 대응하지 못하고 업그레이드를 등한시했기 때문이다. 전자펜은 지속적인 발전이 뒷받침되지 않으면 그날로 끝이다. 세이펜의 생명력은 바로 이런 지속적인 업그레이드에 있었다.

📦 소비자보다 먼저 제품 오류 발견하기

치료를 하지 않고 방치해두면 점점 더 악화되는 질환을 '진행성 질환'이라 하는데, 이는 전자제품에도 해당하는 이야기다. 제품을 개발해 처음 출시했을 때에는 발견되지 않았던 오류나 문제점이 출시 이후 제품을 팔면 팔수록 계속 나타나 이를 위해 AS를 지속적으로 하는 것을

'진행성 AS'라고 한다.

나 역시 매번 펜을 만들 때마다 완벽하게 만들었다고 생각해서 자신 있게 내놓았지만 늘 새로운 문제에 봉착했다. 그래서 문제가 생기면 다시 만들고, 또다시 문제가 생기면 새로 만들기를 반복했다. 물론 수많은 실패 속에서 세이펜은 계속 발전해나갔다.

하지만 이전에 펜을 산 소비자한테는 거짓말을 한 셈이 되어버렸다. 그래서 두 번 다시 거짓말하지 말자는 강한 의지를 담아서 새로운 모델에 '피노키오'라는 제품명을 붙였다. 여기에는 내가 거짓말쟁이였다는 걸 스스로 인정하고 자기반성을 하겠다는 의미가 담겨 있다. 아직까지 내 코가 커지지 않았으니 정말 다행스럽다.

그 이후부터 제품의 한계와 오류를 소비자가 아닌 내가 먼저 발견하는 것이 무엇보다도 중요하다는 사실을 깨달았다. 그런 각오로 개발에 임하다 보니 고객이 오류를 지적하기 전에 내가 먼저 고치고 싶은 부분이 보이기 시작했다. 반찬이 떨어졌을 때 종업원을 붙들고 더 달라고 부탁을 해야 가져다주는 음식점이 있는가 하면 반찬 그릇이 비워진다 싶으면 알아서 채워주는 음식점이 있다. 나는 알아서 채워주는 서비스를 하고 싶었다.

사실 소비자는 복잡한 제품의 환경이 어떻게 구성되어 있는지 잘 모르기 때문에 불만을 제기하지 않는 경우도 많다. 하지만 소비자가 불만을 제기하지 않는다고 해서 더 이상 개발할 필요가 없다는 의미는 아니다. 그건 개발자로서의 태도가 아니다. 개발자는 소비자가 불만을 제기하기 전에 먼저 오류를 발견할 수 있어야 한다.

세이펜을 개발한 지 4년쯤 되었을 때 '몽당연필'이라는 모델을 개발해 한 업체에 납품했다가 200개가 전량 반품된 사건이 있었다. 우리 회사의 컴퓨터가 바이러스에 걸려 있었던 게 원인이었다. 그 후 아예 바이러스에 걸리지 않는 신제품을 만들기 위해 여러 번 실패를 하면서 연구에 연구를 거듭했다. 제품을 개발하는 단계에서부터 검증 과정을 더욱 강화했다.

내가 만든 제품을 선택한 고객들을 실망시키지 않기 위해선 더 이상 자만심에 빠져 있을 틈이 없었다. 펜 하나를 팔더라도 그 펜을 사용할 업체와 고객에게 향후 5~6년은 보장해줘야 하기 때문이었다. 그래서 자신감을 갖되 그것이 자만심으로 변질되지 않도록, 제품에 대해 지독할 정도로 완벽을 기하고 집요하다는 소리를 들을 정도로 끝까지 책임을 다하려고 노력했다. 실제로 제품이 어느 정도 팔리면 타성에 젖어 자기 제품에 만족해버리고 더 이상 개발을 안 하는 개발자들이 많다.

좋은 제품은 사용자로 하여금 '좀 불편해도 그냥 적당히 쓰시오'라고 강요하지 않는다. 제품이 사용자의 요구에 맞춰야 한다. 44사이즈에 당신 몸을 억지로 맞추라고 강요하는 옷이 아니라 손님 신체 사이즈에 맞춰주는 맞춤옷 같은 것이어야 한다. 어떤 물건이 사용자가 의도한 대로 작동되지 않는다면 그 물건을 쓸 이유가 없을 것이다.

사람이 건강하기 위해서는 배변 활동이 원활해야 하고, 배변을 잘하려면 장의 순환이 잘되도록 물을 많이 섭취해 숙변을 없애야 한다. 제품도 마찬가지다. 제품의 AS가 생기는 건 숙변이 쌓이는 것과 같다. 고객이 제기하는 불만족은 곧 고객의 건강을 저해하는 숙변이라 여기고 바로바로 해결해줘야 한다. 문제를 해결하기 전에 아예 문제가 안 쌓이도록 하는 것이 가장 좋다.

제품을 개발하면서 문제점을 끊임없이 찾아내고 고치는 과정이 없었더라면 세이펜의 발전은 없었을 것이다. 다른 유사 업체들처럼 일찌감치 무너졌을 것이다. 세이펜은 고객이 요구하기 전에 먼저 알아서 해결해주는 제품을 만들고자 늘 현재진행형으로 노력하고 있다.

원츠 상품을 니즈 상품으로

하나의 제품이 완성되니 기술이 축적되고, 제품의 다양성이 급물살을 타기 시작했다. 2009년에는 펜을 책에 갖다 대면 TV에서 영상이 나오는 무비통을, 2010년에는 글자 크기가 작아 보기 힘든 성경책을 읽어주는 성령펜과 성경 구절 중 찾고 싶은 부분을 찾아서 들을 수 있는 인덱스 성령펜을 만들었다. 2011년에는 기기 앞으로 지나가면 자동으로 말해주는 세이센서를, 2012년에는 세계지도와 지구본의 지명을 한글과 영어로 읽어주는 세이글로브를 개발했다. 그리고 2013년에는 TV에 안드로이드를 탑재해 교육용 게임을 할 수 있는 세이플래시(무비스틱과 무비펜)를 출시했다.

지금 현재 세이펜은 국내 펜 시장에서 1등을 차지하고 있다. 하지만 나는 이제 겨우 시작 단계에 와 있을 뿐이라고 생각한다. 지금보다 더욱 발전시키기 위해서는 세이펜을 '원츠wants' 상품에서 '니즈needs' 상품으로 변화시켜야 한다. 예를 들어 축구를 볼 때 치킨은 먹어도 되고 안 먹어도 되는 원츠 상품이다. 하지만 축구를 볼 때 TV는 반드시 있어야 하는 니즈 상품이다. 있어도 되고 없어도 되지만 '있으면 좋은' 원츠 상품을 '꼭 필요한' 니즈 상품으로 바꾸어야 그 제품으로 진정한 성공을 거둘 수 있다.

　세이펜도 처음에는 원츠 상품으로 시작했다. 하지만 이제는 아이들 어학 교육에 반드시 있어야 하는 니즈 상품으로 바뀌어가고 있다. 앞으로는 유아와 어린이들뿐만 아니라 전 연령층과 전 국민의 어학기기가 되었으면 하는 바람을 갖고 세이펜의 잠재적 시장을 발굴하기 위해 노력 중이다. 그래서 지금도 끊임없이 전략을 세우고 새로운 콘텐츠 발굴과 연구에 모든 에너지를 쏟고 있다.

김철회의 99%의 결핍을 이기는 1%의 마음가짐

실수와 사고를
성공의 계기로 삼자

산업재해가 발생해 중상자 1명이 나오면 그전에 동일한 원인으로 발생한 경상자가 29명, 동일한 원인으로 부상을 당할 뻔한 잠재적 부상자가 300명 있다는 '1:29:300 법칙'이 있다. 이를 '하인리히 법칙'이라고도 한다. 큰 사고는 어느 순간 갑작스레 발생하는 것이 아니라 그전에 경미한 사고들이 반복되는 징후를 보인다는 의미다.

인생을 살아가면서 누구나 사소한 실수나 실패를 반복하게 마련이다. 이때 실수나 실패를 인정하고 이에 자극을 받고 조심해야 큰 사고 없이 성공적인 인생을 살아갈 수 있다. 그런데 실수를 인정하지 못하고 실패를 기억하지 못하는 사람에겐 변화와 발전을 기대할 수 없다.

인생이 뿌리째 흔들릴 정도의 큰 사고와 충격으로 폐인이 될 수도 있지만, 이를 빠르고 의연히 대처하고 대비하는 과정에서 성공의 길에 이르는 변화와 발전을 맞이할 수 있다. 어차피 감당하고 극복해야 할 충격이라면 불행과 사고를 피하지 말고 있는 그대로 받아들여 이를 해결하고 하루빨리 충격에서 벗어나는 것이 최선이다.

실수와 부족함을 개선하지 못하는 사람은 반드시 망하게 되어 있다. 그러니 실수와 사고를 절대 잊으면 안 된다. 그리고 부족한 부분을 채우고자 노력하고 혁신하는 과정을 통해 발전할 수 있다는 사실을 명심하자.

**결핍이
만든 성공
06**

내적 갈등은
묵혀두지 마라

돌이켜보면 세이펜 사업을 하기 전이나 후나 나는 늘 갈등의 기로에 서 있었다. '이걸 해, 말아?'라는 고민을 한순간도 하지 않은 적이 없었다. 대학을 갈까 말까, 단순영업이냐 고급영업이냐, 물건을 팔까 지식을 팔까, 이 일을 할까 저 일을 할까, 과연 이 일을 해도 될까……. 딜레마와 고민, 불확실과 불안의 연속이었다.

그리고 내가 뭔가를 선택하면 남들은 대개 내 선택을 잘 이해하지 못했다. 잘 알지도 못하는 일을 왜 하려 하느냐며 반대부터 했다. 컴퓨터 영업에서 손을 떼고 이제부터 편집 기획을 하겠다고 했을 때 많은 사람이 "네가 책에 대해 아는 게 뭐가 있느냐"라며 코웃음을 쳤다. 편집을 접고 어린이집을 하겠다고 했을 때도 다들 "네가 어린이 교육에 대해 뭘 아느냐"라며 걱정부터 했다.

짜장면 먹을까, 짬뽕 먹을까

삶이란 결국 갈등의 연속이다. 우리는 중국집에 가서도 갈등을 한다. 짜장면을 먹을까, 짬뽕을 먹을까? 짜장면을 선택하고 나면 '짬뽕을 먹을걸' 하고, 짬뽕을 고르고 나면 '짜장면을 먹을걸' 한다. 먹기 전에 갈등하고, 먹는 중에도 갈등하고, 먹고 나서도 갈등한다. 이런 사람들의 갈등을 해소하기 위해 나온 게 '짬짜면'이다. 소비자가 원하는 '원츠'를 해결해준 기획 상품인 것이다.

그러나 사업과 인생에서 항상 '짬짜면'이 있는 것은 아니다. 그래서 사업을 하다 보면 '~할걸'이라는 말을 참 많이 하게 된다. 그러다 보면 극복을 하려는 의지는 자꾸 약해지고 그 대신 잡념이 많이 생긴다. 게다가 주변 사람들로부터 응원은커녕 '그것 봐라. 그냥 하던 일이나 할 것이지, 왜 새로운 일은 시작해가지고 돈만 날리냐?'는 말을 들을수록 잡념이 더 많아진다.

어떤 사람이 무인도에 혼자 고립됐다고 가정해보자. 열심히 손을 흔들고 횃불을 피웠는데 아무도 구조하러 오지 않고, 시간이 자꾸만 흘러가 먹을 것은 떨어지고 희망은 사라져가고 마침내 죽음을 맞이하게 되었을 때 그 사람은 이런 생각이 들 것이다.

'이곳에서 구조되지 않고 이대로 죽을 줄 알았다면 뗏목이라도 만들어 바다에 한번 나가볼걸.'

그 사람이 계속 손을 흔들었던 것은 누군가가 반드시 구하러 올 것이라는 희망이 있었기 때문이다. 만약 섣불리 뗏목을 타고 나갔다가 나가자마자 풍랑을 맞아 뗏목이 뒤집혀 물에 빠져 죽었을지도 모르고 상어 밥이 됐을지도 모른다. 그는 뗏목이 아니라 손 흔드는 노력을 선택했고 자기가 선택한 것에 최선을 다했다. 그런데도 죽음을 코앞에 두자 자신의 선택이 후회가 되는 것이다.

인생이라는 것은, 그리고 성공이라는 것은 이처럼 정답이라는 게 없다. 공부해서 100점을 맞지 못한 건 공부가 부족했기 때문이지만, 아무리 공부를 열심히 해도 빵점을 맞을 수 있는 게 사업이고 인생이다. 한 치 앞을 알 수 없고 아무리 계산해도 예측이 틀릴 수 있다. 그래서 어쩔 수 없는 딜레마에 봉착한다. 이거나 저거냐의 갈등의 연속이다.

인간은 갈등을 통해 더 나은 선택을 하고 그 과정에서 더욱 발전한다. 중요한 것은 갈등에 머물러 있지 말고 갈등을 줄이고 빨리 선택하는 훈련을 하는 것이다. 갈등이란 마음속의 곰팡이와도 같은 것이라 내버려두면 자꾸 퍼지기 때문이다.

📦 갈등 해결 시스템을 만들어라

매 순간의 내적 갈등을 해소하기 위해서 나는 비교-분석-판단-결정이란 과정을 거치는데, 이는 내가 만들어낸 일종의 갈등 해결 시스템이다. 어떤 갈등 상황이 닥쳐 망설여질 때에는 우선 어떤 것이 나은 선택인지 저울질해본 뒤, 이를 논리적으로 분석해보아야 한다. 그런 다음에 명확하게 판단을 내리고, 마지막으로 의사결정을 내리면 된다.

그런데 비교와 분석을 자꾸 하다 보면 판단력이 떨어져 결정을 내리기가 쉽지 않다. 또한 판단에 따른 책임감이 부족한 경우에도 결정을 못 내린다. '이거 할까, 저거 할까?' 망설이기만 하는 것은 자기 판단에 따른 책임을 지겠다는 생각이 약하다는 얘기다. 결정을 못 내리면 갈등은 계속 이어질 수밖에 없다. 따라서 판단을 하고 최종 결정을 내리는 과정은 곧바로 책임으로 이어져야 한다.

뒤로 후퇴하거나 변명하지 말고 순간순간 비교-분석-판단-결정 과정을 재빨리 가동시켜 내적 갈등을 바로바로 해소해야 사업이든 인생이든 성공할 수 있다. 옛 이야기의 황희 정승처럼 '이래도 좋고 저래도 좋다'는 태도는 버려야 한다. "삼겹살 먹을까요, 김치찌개 먹을까요?"라고 물었을 때 "삼겹살도 좋고 김치찌개도 좋다"라고 말하는 것이 아니라, 이러이러한 이유로 삼겹살을 먹자는 의사결정을 빨리 내리는 것이 사업하는 사람이 가져야 할 마인드다.

결정을 내리기 위해서는 다양한 사람들의 의견을 듣고 의사를 규합하고 데이터를 분석해서 하나의 결정을 유도하는 과정도 중요하지만 속도도 중요하다. 현대인의 삶과 사회생활은 속도가 관건이다. 아무리 좋은 아이템을 찾았더라도 마냥 '잘되겠지, 이걸 하면 좋겠지' 하는 생각에 머물러 있어서는 안 된다.

그동안 살아오면서 내게 주어진 무수한 선택의 기로에서 예상치 못한 난관도 많았고 갈등 상황도 많았지만 그때마다 갈등 해결 시스템을 재빠르게 가동시켜 내적 갈등을 해결했다. 그리고 여기에 덧붙여 나만의 '4C 시스템'을 적용하기도 했다.

- **Command** : 남에게 지시하고 요구할 줄 아는 사람.
- **Conversation** : 대화와 소통을 잘하는 사람.
- **Control** : 상대방의 마음을 움직일 줄 아는 사람.
- **Check** : 하는 일을 점검하고 항상 확인하는 사람.

인간관계에서 제대로 요구해봤는지, 대화를 제대로 했는지, 상대방을 컨트롤했는지, 점검을 마지막까지 잘했는지를 돌아본다. 더불어 비교-분석-판단-결정 과정을 거쳤는지, 그다음에는 4C를 골고루 거쳤는지를 계속해서 점검한다. 이렇게 총 8단계가 안정적으로 돌아가고 있는지를 항상 살펴보고 행동한다. 그리고 이를 통해 내 행동에 문제점이 있는지 점검하고 갈등의 시간을 줄이고 빠른 해결을 위해 노력한다.

사람은 저마다 다른 조건을 가지고 있다. 그 조건 때문에 다른 사람들보다 불리하다고 느낄 수도 있다. 집안 배경, 재산, 학력 등이 공평하지 않다는 이유로 자책하거나 포기하기도 한다.

그러나 모든 사람에게 절대적으로 공평하게 주어진 것이 딱 하나 있다. 바로 하루 '24시간'이라는 시간 조건이다. 아무리 불리한 조건을 가졌더라도 지금보다 10년 전으로, 그보다 더 어린 시절로, 거기서 다시 아기 때로 거슬러 올라가면 누구에게나 공평한 24시간이라는 조건이 주어져 있던 시절이 있다. 이 공평한 조건을 누군가는 부지런히 보내고 누군가는 게으르게 보낸다. 시간을 제대로 활용하지 못한 사람과 제대로 활용한 사람의 차이는 처음에는 미미하지만, 시간이 갈수록 점점 벌어져 나중에는 전혀 다른 인생을 살아가게 만든다.

결국 모든 게 자기 선택의 결과다. 그 과정에서 '오늘 하루를 어떻게 보낼까? 앞으로 24시간 동안 이걸 할까, 저걸 할까?'라는 갈등을 겪지 않는 이는 아무도 없다. 자기에게 주어진 수많은 경우의 수 앞에서 수없이 갈등하고 고민해서 스스로 선택해야 한다.

🎲 10분 걸린 사람과 100시간 걸린 사람

선택의 기로에 놓였을 때 내 앞에 놓인 여러 길 가운데 어떤 길을 선택할 것인가 하는 판단력이 중요하다. 순간의 판단에 따라 편한 지름길인 성공의 길을 갈 수도 있고, 길고 험난한 실패의 길을 갈 수도 있다. 잘못된 선택으로 실패의 길을 걷게 되면 갔다가 되돌아오는 데 걸리는 시간이 문제가 되기 때문에 조심해야 한다.

10분이면 갈 수 있는 목적지라 할지라도 만약 길을 잘못 들면 100시간이 걸릴 수도 있고 평생 도달하지 못할 수도 있다. 시간이 지날수록 지치고 에너지도 소진된다. 대부분의 경우 그러다 힘이 빠져 주저앉는다. 성공의 길을 선택한 사람은 이미 오래전에 단거리 질주를 끝내고 목적지에 도달해 발 뻗고 편히 쉬고 있을 텐데 말이다.

그렇다면 100시간 걸릴 길을 간 사람은 바보일까? 그 사람의 판단력이 잘못된 것일까? 10분 만에 간 사람은 성공한 것이고 100시간을 돌고 돌아 간 사람은 실패한 것일까?

대개 10분 걸린 사람이 100시간 걸린 사람보다 성공한 사람이라 생각하기 쉽다. 그러나 성공에는 시간이 중요하지 않다. 성공하는 방법은 많지만 성공하는 비법이 따로 있는 건 아니다. 강한 목적의식과 지칠 줄 모르는 열정과 노력이 있으면 된다.

10분 걸린 사람은 목적을 달성하는 데는 성공했지만 실수라는 함정, 실패라는 함정을 모른다. 자기가 가봤더니 10분 만에 가지더라, 그러니 남들도 그렇게 하면 될 것이고 앞으로 자기가 다른 길을 가더라도 딱 10분만 가면 될 거라고 생각한다.

너무 빨리 목적을 달성하면 성공에 대한 신념이 지나치게 뚜렷해질 수 있다. 신념을 갖는 것은 좋지만 실패 경험 없는 신념은 오히려 독이 될 수 있다. 이렇게 생긴 신념 자체가 가치관으로 굳어지는 게 문제다. 자신의 신념에 너무 도취되다 보면, 또 다른 새로운 길을 갔을 때 그 길이 좀 더 복잡하고 험난할 경우 10분 만에 주저앉고 포기하기 쉽다. 10분 만에 완주해본 경험밖에 없기 때문이다.

반면 꾸준한 노력으로 100시간 동안 헤매고 고생한 사람은 처음에는 실패한 것처럼 보일지도 모른다. 그런데 그는 길을 잘못 들고 헤매고 실수하는 과정에서 우연찮게 무릉도원도 발견하고 호수도 찾고 사과밭이 어디 있는지도 알게 된다. 길을 잘못 들었다가 돌아가느라 시간은 많이 걸렸지만 그 모든 과정이 소중한 경험으로 자리 잡는다. 처음에는 힘들고 막막했지만 나중에 다른 길에 들어섰을 때 깨닫는다. 전에 고생하고 실패한 경험이 성장의 동력으로 발휘되더라는 것을. 그래서 그다음에 더 어렵고 복잡한 길을 가게 되더라도 금방 포기하지 않는다. 뭘 준비해야 하는지, 언제쯤 지칠지, 어떻게 휴식을 취해야 하는지 이미 터득했기 때문이다. 그리고 포기하고 싶을 때 이겨내는 법도 안다.

시간은 성공을 얻기 위해 반드시 지불해야 할 대가다. 하지만 그보다 더 중요한 것은 시련과 고통이라는 대가다. 따라서 성공하고 싶다면 시련과 고통을 충분히 지불하겠다고 결심해야 한다. 하늘을 감동시킬 정도로 간절한 마음과 기도하는 마음으로 꾸준한 노력을 더하는 것이 성공비법이다.

이때 자기가 택한 길이 10분 걸리느냐 100시간 걸리느냐 자체는 그리 중요하지 않다. 성장기 때는 실패해도 된다. 좀 헤매도 된다. 단, 중년기 이후에는 자기 인생과 주변에 대해 책임을 질 수 있어야 한다. 따라서 10분 걸리는 쉬운 길을 갔든 100시간 동안 길 위에서 개고생을 했든, 두 경우 모두 자신의 경험을 성장의 동력으로 전환할 수 있어야 한다.

세이펜 사업을 하면서 나는 후자의 길을 간 셈이다. 많은 사람이 내가 길을 잘못 들었다고 생각했다. 시간도 엄청 오래 걸렸고, 노력한 게 물거품이 되기도 했고, 남이 파놓은 함정에도 여러 번 빠져 허우적거렸다. 연매출 백억 대의 사업이 되기까지, 단 하루도 그 길 위에서 사투를 벌이지 않은 날이 없다. 세이펜이 지금의 위치에 이르기까지의 과정은 어떻게 성공했느냐의 이야기가 아니라 어떻게 실패를 거듭했느냐의 이야기에 가깝다. 실패를 할 때마다 능력 역시 그만큼 쌓여간 것이다.

눈에 보이지 않더라도 희망을 버리지 마라

9년 전 나는 세이펜이라는 거대한 산을 향해 등반을 시작했다. 그 분야는 당시 어느 누구도 모르는 미지의 세계였으므로 두려움과 큰 희망을 안고 첫걸음을 내디뎠다. 그러나 사업을 시작한 지 2년이 지나도 제자리를 맴돌고 있다는 느낌이 나를 불안감에 휩싸이게 했다.

모든 게 다 문제가 되고 풀어야 할 과제들이 점점 늘어나면서 새로운 일을 한다는 즐거움마저 앗아가버렸다. '시간이 지나면 좋아지겠지'라는 생각마저 사라지고 날이 갈수록 더 큰 문제들이 생겨났다. 국내에 첫 도입된 제품이라 벤치마킹할 업체도 성공사례도 실패사례도 없었으므로 목표도 비전도 갖기 힘들었다. 마치 아무도 다닌 적 없는 아마존 정글 같은 곳을 새로운 길을 만들어가면서 앞으로 나아가야 했으므로 더욱 힘들었다.

세이펜이란 거대한 산은 아무리 뚫어지게 쳐다봐도 형상이 보이지 않는 허상 같았다. 4년이 지나서야 서서히 산의 형상이 보이기 시작했지만, 여전히 눈앞에서 사라지기를 수십 번 반복하는 마음속 허상이었다.

6년이 돼서야 걸어온 길과 걸어가야 할 길이 보이기 시작했다. 산이 보이기 시작했지만 그 산은 엄청나게 먼 곳에 있었다. 에너지도 식량도 체력도 점차 고갈되어가고 있었다. 그저 한 걸음 한 걸음 걷다 보면 내가 목표로 하는 그곳으로, 세이펜이 만든 거대한 꿈의 산 정상에 도착하겠지라는 기대감만 점점 커져갈 뿐이었다.

그러기를 9년, 지금은 모두가 대한민국 말하는 펜의 대표 브랜드라고 하는 세이펜을 바라보면, 길도 없고 대책도 없던 그 어려웠던 순간들이 순식간에 지나가고 어느덧 작은 산봉우리 하나에 도착했음을 느낀다. 작은 산봉우리에 도착하기까지 험난한 정글을 헤치고 나아갔다. 집채만 한 바위와 나무숲, 절벽이 앞을 가로막았다. 일부 코스에서는 생사의 기로에 서기도 했다.

고통과 고난의 험난한 길을 가기 위해서는 동지(직원)들의 힘이 필요하고, 든든한 거래처도 필요하다. 이들과 힘을 합쳐 정글을 통과해서 가야 한다. 나 역시 마찬가지였다. 함께하는 사업이 아니었다면 애초 어려운 길을 횡단하는 일도 없었을 것이다. 강하고 멋진 나의 든든한 동지들이 없었다면 이 길을 지금까지 걸어오지 못했을 것이다.

김철회의 99%의 결핍을 이기는 1%의 마음가짐

오늘 할 일은 오늘 하자

오늘 할 일을 '내일 하면 되지'라고 습관적으로 생각하는 사람이 많다. 아무 생각 없이 하는 이런 행동이 큰 손해와 실패를 가져올 수도 있다. 때론 늦게 가는 게 빨리 가는 것일지라도, 오늘 할 일을 내일로 미루는 습관은 하루빨리 고쳐야 한다.

무언가를 진정으로 꼭 이루고 싶다면 목표가 무엇이든, 결과가 성공이든 실패든 어떻게 될지 생각하지 말고 지금 당장 시작해야 한다. 많은 사람이 금연과 금주, 다이어트를 하려고 마음먹었다가도 실패한 경험이 있을 것이다.

그들은 그런 결심을 한 지 채 몇 시간도 지나지 않아 주변의 유혹에 흔들려 스스로 목표를 수정한다. "인생 뭐 있어, 먹다 죽은 귀신 때깔도 좋다"라며 먹고 마시고, '식후경불로초'라면서 담배를 피워댄다. 그러면서 '내일부터, 일주일 뒤부터, 다음 달부터'라는 식으로 오늘 할 일을 뒤로 미룬다. 뭐든 하겠다고 결심했으면 바로 시작해야 한다. "핑계 없는 무덤은 없다"라고 했다. 금전, 직업, 건강 등 다양한 이유를 대며 나름 합리적인 핑곗거리를 찾지만 가장 근본적인 원인은 의지 부족이다. '나는 의지가 약해 안 돼'라고 말하지 말고 오늘 할 일은 꼭 오늘 하는 습관을 만들어보자. 작은 일부터 하나씩 매일매일 실천해나가다 보면 어느새 '오늘 할 일은 오늘' 하고 있는 자신의 모습을 발견할 수 있을 것이다.

'그 정도면 충분하다'에
만족하지 마라

2013년 초 새로운 사옥 오픈을 준비하면서 꽤 여러 사람으로부터 '유별나다'는 소리를 들었다. 사무실 설계와 인테리어에 일일이 다 관여해 책상과 선반의 1밀리미터 간격 차이는 물론이고, 무심코 지나칠 수 있는 자투리 공간의 미세한 각도까지 치밀하게 계산했기 때문이다. 나를 잘 아는 사람들이라면 으레 그러려니 했겠지만 인테리어 업체나 시공 업체 사람들은 완벽주의적인 내 요구에 고개를 내젓곤 했다.

회의실 책상 문제도 그중 하나였다. 40명의 인원을 수용할 수 있는 회의실에 놓인 책상은 폭이 100센티미터짜리다. 원래 120센티미터로 나온 제품을 100센티미터로 맞춰달라고 주문을 했더니 그 크기로 맞추면 의자 간격과도 안 맞을 뿐만 아니라 크기가 작아도 가격은 더 비싸고 그 밖에 이런저런 이유로 성가신 과정이 생긴다며 업체 측에서 불만을 터뜨렸다. 왜 굳이 그렇게까지 맞춤 주문을 해야만 하는지 내 요구를 이해할 수 없다는 얘기였다.

그래도 나는 100센티미터로 정확히 맞춰달라고 끝까지 고집했다. 그 크기로 맞춰야 40명의 인원을 수용할 책상을 모두 집어넣을 수 있고, 내가 애초에 계획한 용도로 그 공간을 활용할 수 있기 때문이다.

그러한 나 나름의 계산과 논리를 알지 못한 채 인테리어 업체는 "왜 그러는지 이해가 안 간다"라고 말한 것이다. 사람들은 내게 "그냥 대충 편하게 하지 뭘 그렇게까지 하느냐?"라는 말들을 자주 한다. 살면서 워낙 많이 들어온 말이니 이제는 적응이 될 때도 됐건만, 여전히 나는 뭔가를 '적당히 대충' 하는 것을 못 견딘다.

🟫 '대충' 할 거면 처음부터 하지 마라

우리 회사 직원들이건 거래처 사람들이건, 나와 한 번 이상 일해본 사람들은 내 앞에서 절대 '대충'이란 단어를 입에 올리지 않는다. 나는 일을 해도 정말 열심히 하고 술을 마셔도 열심히 마시고 노래방에 노래를 하러 가도 최선을 다해 열심히 부른다.

직원들을 야단칠 때도 '적당히'라는 단어 자체를 아예 입에 올리지 않고 직원들도 입에 올리지 못하게 한다. 실수를 하더라도 같은 실수를 되풀이하지 말 것을 강조하고, '잘못했어요, 죄송해요' 하고 적당히 넘어갈 게 아니라 무엇을 왜 잘못했는지 스스로 파악하려는 의지를 가져야 한다고 말한다. 그리고 이렇게 덧붙인다. "뭐든 대충 할 생각 말고 네 몸 챙기듯이 하라."

　예전에 하우콤을 운영할 때 내가 만든 책에 내 이름을 꼭 넣었다. 그 책을 대충 만든 게 아니라는 자신감이 있었기 때문이다. 보통의 책들은 저자 이름만 들어가는데 우리 책은 저자 이름뿐만 아니라 그 책을 만든 직원들의 사진도 크게 넣었다. 그럼으로써 직원들로 하여금 자기가 일한 결과물에 대해 자긍심을 갖게 했고, 책 한 권을 만들어도 '대충 이 정도면 됐겠지'라는 생각을 하지 않게 독려했다.

　편집을 의뢰한 출판사 측에서 '그 정도면 충분하다'라고 했을 때조차도 거기서 만족하지 않았다. 출판사가 만족해도 내 눈에 만족스럽지 못하면 적당히 끝내는 법이 없었다. 그래서 '똥고집'이란 소리도 많이 들었다. 내가 집중한 건 '완성도'다. 일단 내가 맡은 책은 작업을 의뢰한 출판사의 책이 아니라 내 책이라고 생각했다. 최선을 다해 완벽하게 만들고 거기에 내 자존감과 정체성을 담았다.

　세이펜에도 이러한 완벽주의 성향이 그대로 반영됐다. 세이펜은 어학 교육 기기이므로 기본적으로 뛰어난 기술적 완성도가 요구되고, 어린이 교육과 출판에 대한 철학 없이는 성공시키기 어려운 제품이다. 이런 특수한 제품이 수많은 업체의 신뢰를 받을 수 있었던 건 그동안 한 번도 상대 업체를 대충 대하지 않았기 때문이다. 내가 할 수 있는 모든 것을 해주고, 내게 주어진 프로젝트를 완벽하게 마무리해준 세월이 쌓여 여기까지 왔다.

　살다 보면 누구나 놀고 싶고 대충 살고 싶어질 때가 많다. 앉으면 눕고 싶고 누우면 자고 싶다. 그런데 '적당히 대충' 하는 습관이 들면 사람은 나태해지기 시작한다. 나태함은 '대충 이 정도쯤'에서 만족하는 데서 나온다. 고민 없이 대충 살고 대충 마무리하면 결코 인생의 반전은 일어나지 않는다. 인생의 진정한 묘미는 즐기면서 대충 사는 데 있는 것이 아니라, 노력해서 한 걸음 한 걸음 앞으로 나아가며 뭔가를 성취해내는 데 있다.

잘 나갈 때 브레이크를 걸어라

세이펜을 처음 출시했을 때 솔직히 말하면 내가 만든 결과물에 대해 대단히 뿌듯하고 매우 기뻤다. 피땀 흘려 연구하고 개발한 새로운 제품에 대한 만족감이 컸다. 지금 만든 제품이 너무나 완벽해 천년만년 갈 것 같은 기분이었다. 감정에 치우치지 말고 냉철한 태도로 차세대 제품 개발을 고민해야 하는 게 개발자의 역할인데 당시에는 '여기가 마지막이다. 이 제품을 뛰어넘는 제품은 앞으로 있을 수 없다. 여기까지가 최선이다'라는 심정이었다.

《백설공주》에 나오는 왕비가 "거울아 거울아, 이 세상에서 누가 제일 예쁘니?"라고 했을 때 "왕비마마가 제일 예쁩니다"라는 대답을 들으며 스스로 만족하는 것처럼, 내가 이룩한 성과물에 도취되었던 게 그 당시에는 자신감의 형태로 표출되었다. 나중에 오류가 드러나도 스스로에게 변명을 했다. 자동차가 세상에 나오기 전에는 마차가 제일 빠르다고 생각하지 않았겠는가. 그런 것처럼 나도 그다음의 기술을 미처 몰랐기에 '여기까지가 최선이다'라고 자기합리화를 했던 것이다.

그 엄청난 자만심이 남들 눈에는 자신감과 열정으로 비춰졌을 수도 있다. 그리고 그 당시에는 에너지가 됐던 것도 사실이다. 개발자가 '이것보다 더 있을 것이다'라는 생각을 하면 제품을 시장에 못 내놓는다. '여기까지다. 여기까지가 최고 기술이다. 이 이상의 제품은 못 만든다'라는 일종의 자기만족이 있어야 제품을 출시할 수 있다.

사람이 무너지는 건 '여기까지'라는 만족감 혹은 자만심 때문이다. 자만심이 마냥 지속되면 반드시 문제가 생긴다. 만병통치약이라며 팔았는데 알고 보니 단순한 소화제였다면 그 약을 만든 사람은 하루아침에 사기꾼이 되어버린다.

나 역시 마찬가지 경험을 했다. 자신만만하게 만든 펜을 시장에 내놨는데 얼마 지나지 않아 그 펜에서 문제점이 발견되었고 하늘을 찌르던 자신감이 어리석은 자만심에 불과했음을 알게 됐다. 최선을 다했다고 생각했는데 그건 착각에 불과했고 내가 미처 발견하지 못한 허점이 있었다. 내가 자만심에 빠져 있었음을 재빨리 깨닫고 부족한 점을 해결해야만 했다.

세이펜 초기 모델들이 실패를 거듭하면서 개발에 개발을 거친 과정도 내 자만심을 깨닫고 실수를 인정하고 부족한 부분을 만회하는 과정이었다. 그 과정을 통해 뼈저리게 배운 교훈은 자만심이 모든 걸 망치더라는 것이다.

자만과 교만은 성공의 운을 실패의 운으로 만든다. 세상 그 누구보다 내가 제일 잘났다고 생각될지라도 겸손해야 하는데 자만심이 하늘을 찔러 어느 누구의 말도 안 듣고 독불장군처럼 살면 자기 잘못도 모르고 남의 충고도 귀에 들어오지 않는다. 그 결과 실수와 문제도 고칠 수 없고 어김없이 오던 성공도 실패로 바뀐다. 떠나버린 기회는 아무리 후회해도 돌아오지 않는다.

불이 지펴질 때 장작을 더 넣으란 말이 있긴 하지만, 너무 잘나갈 때는 오히려 브레이크를 살짝 밟는 것이 좋다. 비둘기의 귀소본능처럼 성공은 실패라는 자리로 돌아가려는 성질이 있다. 그 순간을 이겨내야 성공다운 성공이 찾아온다. 불이 클 때 장작을 잘못 넣으면 화재가 나 오히려 위험을 초래할 수 있다. 어딘가 균형이 무너질 수 있고, 너무 좋아 우쭐해지면 신중함이나 섬세함이 무뎌져 변화를 감지하지 못해 추락할 수도 있다.

"벼 이삭은 익을수록 고개를 숙인다"는 말처럼 잘 될수록 겸손해야 한다. 행운과 성공은 항상 겸손한 자세를 유지하고 자만과 교만을 조심할 때 찾아온다. 반면 불행과 실패는 세상에서 자기가 최고라고 생각하고 겁나는 게 없이 기고만장할 때 찾아온다.

땀 흘리는 귀찮음을 극복하라

사업이건 공부건 운동이건 처음에는 의욕적으로 시작했다가도 '이걸 굳이 이렇게까지 열심히 해야 하나' 하는 생각이 드는 순간이 꼭 온다. 그런 '귀차니즘'에 빠지는 순간 대충 사는 삶이 된다. 어찌 보면 산다는 것도 귀찮은 일의 연속 아닌가. 아침에 일찍 일어나서 출근하는 것도 귀찮은 일이고 새로운 것을 배우는 것도 귀찮은 일이다. 그렇기 때문에 노력해서 뭔가 새로운 가치를 만든다는 것은 알고 보면 엄청난

'귀차니즘'과의 싸움에서 이겨야만 얻을 수 있는 결과다.

나는 직원들에게 종종 이런 이야기를 한다.

"성공한 사람과 실패한 사람의 가장 큰 차이점은 성공한 사람은 무슨 일을 하든 귀찮아하지 않는데 실패한 사람은 무슨 일을 하든 투정도 많고 일을 귀찮아하는 것이다."

성공을 향한 길은 '귀찮아하지 않는 것'에서 시작된다. 쉬운 성공이 어디 있겠는가. 어렵고 힘든 과정을 귀찮다고 생각하기 때문에 현실이 개선되지 않고 상황이 나아지지 않는 것이다.

누구는 이렇게 말한다. "세상에서 짜증나는 것 중 하나가 본 영화 또 보고, 한 말 또 하는 잔소리 같은 말이다." 간단하게 말해 반복이 싫은 것이다. 하지만 꾸준한 노력으로 매일 반복해서 달인이 되어야만 성공이란 게 눈에 보인다. 같은 일을 해보고 또 해보는 사람이 성공하는 사람이고, 해보다가 안 되니까 포기하는 사람이 실패하는 사람이다.

물론 해보기도 전에 포기하는 사람도 있다. 뭔가를 포기하는 가장 큰 이유 역시 '귀찮아서'다. 두려워서일 수도 있고 몰라서일 수도 있지만, 대개는 더 노력하기 귀찮고 더 연구하기 귀찮고 더 검토하기 귀찮기 때문이다.

아무리 품질이 좋고 아이디어가 좋은 물건이라 할지라도 그걸 어떻게 계승시키고 발전시키느냐에 따라 명품이 되어 오래오래 살아남기도 하고 더 이상 시장의 인정을 받지 못해 사라지기도 한다. 그래서 생각하고 또 생각해야 하며 고민하고 또 고민해야 한다. '생각하고 또 생각하는' 반복의 과정을 실천하고 있다면 이미 절반의 성공을 이룬 셈이다.

얼마 전부터 매일 아침 글을 쓰고 1시간씩 실내자전거를 타고 있다. 예전에는 자기관리는 사치라는 생각에 운동할 여유도 가져보지 못하고 살았다. 하지만 정신 건강과 육체 건강 관리도 인생에 대한 값진 투자임을 깨닫고부터는 매일 거르지 않고 글을 쓰고 운동을 하자고 마음먹었다.

그런데 하루 1시간 더 일하자는 심산으로 하루 24시간을 25시간처럼 사용하던 습관이 몸에 배어 있어 그런지 운동을 위해 여유를 내기가 쉽지 않았다. 고민 끝에 운동을 한다기보다는 '건강이 돈을 번다'라는 마음으로 운동을 해보기로 마음먹었다. '운동을 할 때 나오는 땀 한 방울이 100만 원이다'라는 상상을 하면서 페달을 밟으니 이마에서 흘러내리는 땀 한 방울을 만들기 위해 더욱 열심히 페달을 밟게 되고, 왠지 지치지 않고 힘이 더 났다.

운동을 시작하고 나서 땀이 흐를 때까지는 어느 정도의 가열 시간이 필요하다. 땀 한 방울이 백 방울이 되기까지는 쉬지 않고 자전거 페달을 밟는 자기노력이 지속되어야만 한다. 땀 한 방울이 100만 원이라면, 1억 원을 벌기까지 그만큼의 노력과 시간을 투자해야 한다. 한 방울의 땀이 백 방울이 되기 위해서는 30분이 지나야 한다. 그런데 어느 정도 몸이 달궈지면 10초 만에 백 방울이 나오고 나중에는 땀이 비 오듯 쏟아진다. 1억 원이 10억 원이 되고 100억 원이 되기 위해서는 미친 듯이 자전거 페달을 밟아야 한다.

힘들다고 중간에 잠깐 쉬면 땀은 순식간에 말라버리고, '오늘 하루쯤 쉬면 어떠랴' 하는 생각으로 운동을 하루 이틀 건너뛰다 보면 자기도 모르는 사이에 만사가 귀찮아진다. 그때부터 다시 배가 나오고 근육도 없어지고 몸이 게을러진다.

사업을 잘하는 것이나 인생에서 성공하는 것이나 운동과 비슷한 데가 있다. 매일 운동한다는 것은 누구에게나 귀찮은 일이다. 하루도 거르지 않고 꾸준히 노력하지 않으면 목표한 바를 성취하기 어렵다. 건강해지기 위해서 가장 먼저 극복해야 하는 건 땀 흘리는 과정의 '귀찮음'이다.

지속적으로 떨어지는 물방울은 결국 돌에 구멍을 낸다. 그래서 승리의 여신도 노력이라는 놈을 사랑한다. 어제의 불가능이 오늘의 가능성이 되며, 전 세기의 공상 과학자들이 꿈꾼 많은 것이 오늘날 현실로 우리 눈앞에 실현된 것처럼, 실로 무서운 것이 인간의 끊임없는 노력이다.

청년백수가 수백만 명에 달하는 우리 사회를 보며 나는 열정이라는 화두에 대해 자주 생각한다. 그 수백만 명 안에 계속 끼어 사느냐, 거기서 벗어나느냐가 요즘 청년들에겐 가장 어려운 문제일 것이다.

과거엔 열심히 일하면 '평생직장'에 다니는 게 가능했다. 그러나 이제 그런 시대는 지나갔다. 요즘은 광고에도 나오듯이 '알바천국'이다. 어느 업종이든 장기 근로자보다는 단기 근로자가 많다. 경영주들은 장기적으로 회사를 발전시킬 인재를 발굴해 능력을 키워주는 투자를 하려 들지 않고, 구직자들은 열정을 갖고 열심히 일하려는 의욕을 갖지 않는다. 그러다 보니 남보다 열심히 일하려고 하면 오히려 비정상이라는 취급을 받기도 한다.

그 결과 열정의 문화가 사라진 사회가 되어가고 있다. 청년 실업률이 문제라고 하지만, 그보다 더 큰 문제는 청년들로 하여금 자기 일에 열정을 불사르게 하는 문화가 사라진 것이 아닐까. 사람의 생체 에너지는 나이가 들면서 소각되는 게 아니라 삶의 목표와 그 목표를 향한 열정이 사라졌을 때 급격히 감소된다. 열정을 가지고 있다면 여든 살 노인도 에너지가 넘치지만, 열정을 잃어버리는 순간 한창 나이의 청년도 에너지를 잃고 무기력해진다.

몸에 힘을 빼고 진심으로 일을 즐겨라

실내자전거만으로는 건강을 챙기기에 좀 부족한 듯해 수영을 배우기 시작했다. 그러자 직원들이 놀랍다는 반응을 보였다. 내가 평생 일만 할 줄 알았다며 수영을 배울 줄은 상상도 못했다는 것이다.

남들은 10시간 일하면 끝날 일이라도 나는 배운 것도 아는 것도 부족하니 3일 이상은 노력해야 한다고 생각하며 살았다. 그래서 내 인생의 달력에 빨간색 글자는 빼버리고 휴식을 잊고 살자고 굳게 마음먹었다. 실제로 쉬는 날을 줄이려고 달력의 빨간 글자를 검은색으로 칠한 적도 있다. 옷 고르는 시간을 줄이고자 똑같은 옷을 사서 8년 이상 입기도 했다.

그 흔한 여행도 한 번 가보지 못했다. 그동안 한 번도 안 해봤지만 앞으로 꼭 해보고 싶은 것 중 하나가 가까운 사람들과 근교에 1박 2일로 놀러가 삼겹살을 구워먹는 것이다. 이런 내 생활을 다른 사람들은 이해하기 힘들겠지만, 나는 아무것도 가지지 못한 자가 가진 자의 여유를 따라간다는 건 뱁새가 황새 쫓아가다 가랑이 찢어지는 격이라고 생각했다.

대학을 안 다녀 친구도 많지 않았고, 어린 나이에 객지 생활을 하다 보니 노는 방법도 몰랐고, 형편이 어려워 놀 돈도 없었고, 베짱이가 될 끼도 별로 없었다. 할 게 없어서 일만 했다고 하면 어떤 이들은 어이가 없다며 웃겠지만, 정말로 나는 달리 할 게 없어서 일만 했다. 일이 유일한 낙이고 희망이었다.

잠도 일의 연장이었다. 꿈속에서조차 기획을 하고 아이디어를 냈다. 그래서 주변 사람들로부터 일중독자란 말을 많이 들었다. 나는 누구보다 승부욕이 강하지만 다른 사람들과 하는 오락성 게임은 즐겨본 적이 없다. 그 흔한 화투와 포커도 못한다. 사업하는 사람이라면 거의 다 한다는 골프도 못 친다. 스포츠 관람은 지금까지 단 한 번도 해본 적이 없다.

남들은 이렇게 일하는 나를 보고 과로사를 걱정한다. 그런데 정작 나 자신은 그동안의 내 생활을 과로라고 생각해본 적이 없다. '지치면 지고 미치면 이긴다'라는 말처럼 내게는 일이 곧 놀이이자 친구였다. 사람은 스스로 즐기지 않는 일을 하면 하룻밤만 새워도 과로라고 느낀다. 몸이 거부하기 때문이다. 반면 자기가 좋아해 열정을 바치면서 일하면 일주일 밤을 꼬박 새워도 끄떡없다.

수영을 배운 지 얼마 안 되었을 때, 트랙을 한 번만 갔다 와도 숨이 차서 죽을 것처럼 힘들었다. 그런데 어느 날 연세 지긋한 할머니가 왕복 세 번을 쉬지 않고 왔다 갔다 하는 걸 보고 깜짝 놀랐다. 그리고 문득 이런 생각이 들었다.

'나는 수영을 즐기고 있는 게 아니라 수영을 잘하려고 욕심을 내고 있었구나.'

잘해보겠다고 욕심을 내고 몸에 힘을 잔뜩 주니 금세 지쳤던 것이다. 잘하겠다는 욕심을 버리고 몸에 힘을 빼고 팔을 휘저어봤더니 정말로 덜 힘들고 속도도 빨라졌다.

몸에 힘을 빼고 수영을 즐겼듯이 나는 일할 때 매 순간 몸에 힘을 빼고 즐겼다. 성공하겠다고 몸에 잔뜩 힘을 주면 수영할 때처럼 금세 지치고 물속으로 가라앉고 만다. 음악 하는 사람에게 음악을 왜 하느냐고 물어보면 대부분 '음악이 좋아서'라고 대답하는 것처럼, 나 역시 성공하려고 질주했다기보다는 일하는 것 자체를 좋아하다 보니 지금의 위치에 이른 것 같다.

불행이 닥쳤을 때 좌절하지 않고 견디고 일어설 수 있었던 것도 근본적으로 일을 즐겼기 때문이다. 돌이켜보면 돈을 벌기 위해 일한 기억보다 내가 정말 좋아한 일을 정신없이 하다 보니 돈도 벌게 되었던 기억이 더 많다.

내게 실패란 돈을 못 버는 것이 아니라 중간에 그만둬서 하고 싶은 걸 못하게 되는 것이다. 그래서 나는 예전보다 돈을 더 많이 벌어서 힘이 나는 게 아니라, 내가 좋아하는 일을 할 수 있고 주변 사람들이 내가 한 일을 믿어주고 대단하다고 인정해주고 칭찬을 해주니 힘이 난다.

김철회의 99%의 결핍을 이기는 1%의 마음가짐

성공의 관건은 마무리에 있다

열심히 노력한다고 해서 누구나 다 성공하는 건 아니다. 어떤 사업을 하건 성공 여부는 시작에 있는 것이 아니라 마무리에 있다. 등산로 초입까지는 누구나 갈 수 있지만 정상까지는 아무나 못 간다. 때론 눈보라와 싸우고, 난코스를 만나 목숨을 걸기도 하고 배고픔과 추위에 지쳐 포기하는 경우가 많다. 하지만 성공하는 사람들은 결코 포기하지 않는다. 이들은 시작보다 마무리를 잘하는 사람들이다.

어린 시절 가정형편이 어려워 부모님은 나를 일일이 챙겨주지 못했다. 게다가 중학교 때부터는 아예 부모님과 떨어져 자취생활을 오래 했기 때문에나 대신 문제를 해결해주고 마무리를 해줄 사람이 없었다. 내가 어질러놓은 것을 대신 치워줄 사람도, 원하는 것을 사줄 사람도 없었다. 지르기만 하고 마무리를 못하면 살 수가 없었다. 살기 위해서는 마무리와 갈무리를 스스로 할 줄 알아야 했다.

이런 성장 환경을 통해 철저한 마무리 습관을 갖게 되었다. 어떤 일을 하든 흐지부지 마무리하는 경우는 없도록 했다.

세이펜을 시작하고 나서도 '제품 많이 팔고 나면 땡'이 아니라 '팔고 나서도 끝까지 책임지겠소이다'의 마인드를 잊은 적이 없다. '나 이외에 누가 더 잘할 수 있겠는가?'라는 생각이 들 정도로 시작부터 마무리, 사후관리까지 점검하고 또 점검한다. 세이펜을 대국민 어학기기로 자리매김하기 위해, 내 인생 최고의 아이템으로 만들기 위해, 제품과 사용자에 대한 책임감을 끝까지 놓지 않으려 하는 것이다.

결핍이 만든 성공

08

10명 중 1명에게
올인하라

    1996년 충무로에서 거래처 사장님의 일을 해주는 대가로 사무실 한쪽을 빌려서 직원 2명을 데리고 출판 편집 기획사를 운영한 적이 있었다. 하우콤의 첫 시작이었다. 얼마 지나지 않아 아르바이트생을 포함해 직원이 20명으로 늘어났다. 6개월 정도 지나자 거래처 사장님이 함께 일하기 힘들다고 사무실을 비워달라고 했다. 숙대 사거리 쪽에 있는 사무실로 이사를 했는데, 어찌된 일인지 그곳에서 쫄딱 망하는 바람에 골목 깊숙이 언덕배기에 있는 주택가 지하주차장에 딸린 사무실에서 일하는 신세가 됐다.

    당시 나는 그냥 운이 없어 망했을 뿐이라고 생각했다. 하지만 문제의 원인은 내게 있었다. 다른 사람들에게 멋져 보이고 싶어 내 것도 아닌 남의 사무실에서 실속 없는 번듯함에 잠시 눈이 멀어 시간을 허비

했던 것이다.

이때 잠시 동안이었지만 내가 곧 사장이자 실장이자 직원이었다. 나 혼자 있는 사무실로 전화가 오면 때로는 직원이 많은 것처럼 꾸미기 위해 목소리를 변조해서 '쇼'를 했다.

다소 가는 목소리를 내면서 "여보세요. 아, 네, 사장님 지금 안 계시는데요. 앗, 잠깐만요. 지금 실장님 들어오시네요"라고 말한 다음 수화기를 손으로 막고 목청을 가다듬은 후 점잖은 목소리로 전화를 받았다.

"안녕하세요. 김 실장입니다."

그야말로 1인 3역의 연극이었다. 처음에는 다들 깜빡 속아넘어갔지만 얼마 안 가 '직원들'의 정체를 알아차린 이들이 생겨났다. 친한 출판사 사장님이랑 점심 약속이 있어 출판사에 들렀더니 그 사장님이 빙긋 웃으며 한마디 했다.

"아이고, 김 사장네 전 직원 다 나오셨네."

그 시절에 나는 중국 음식을 먹을 일이 생기면 짜장면을 안 시키고 꼭 울면을 시켰다. 내 인생은 '울지 못해 사는 인생'이라면서. 하지만 세월이 지나 '울지 못해' 울면을 먹었던 인생은 더 이상 '울지 않는' 인생이 되었고, 나 혼자 1인 3역을 해야 했던 회사는 어느덧 탄탄한 중소기업으로 거듭났다.

여기에는 나를 믿고 지금껏 함께해온 직원 김동미, 신효진, 오치훈 이들의 공이 크다. 혼자서 1인 3역을 하며 사무실을 운영하다 어느 정도 안정기에 접어들자 당시 하우컴에서 일한 기획실장 백광우와 파트

타임으로 일한 편집 디자이너들의 도움으로 몇 년 후 하우콤은 IT 출판 업계 최고 수준의 컴퓨터 그래픽 전문 출판 기획사로 성장했다.

인사가 만사다

누가 내게 "사업을 잘하려면 무엇이 제일 중요하냐?"고 물어본다면 "사람을 잘 써야만 모든 일이 잘된다"고 말하고 싶다. 과거에는 사람, 자금, 상품을 경영학적 사업 충족 3대 조건이라 했는데, 지금은 마케팅이 하나 더 추가되어 4대 조건이라 하기도 하고, 마케팅과 더불어 환경이 중요한 역할을 한다고 봐서 5대 조건이라 말하기도 한다.

사람, 자금, 상품, 마케팅, 환경 가운데 한 가지라도 충족되지 않으면 사업은 성공하기 힘들다. 그런데 다섯 가지 중에 한 가지라도 있다면 사업을 시작할 수 있다고 자신하는 사람들이 많다. 그러나 현실은 그렇지 않다. 적어도 다섯 가지 조건 중 사람, 자금, 상품 이 세 가지 조건이 충족되어야 최소한 사업에 실패하지 않는다.

사업의 궁극적 목적은 이윤 추구다. 그럼 이윤 추구를 위해 세 가지 조건 가운데 제일 중요한 건 무엇일까? 난 '사람'이라고 생각한다. 인재가 있어야 돈도 아이템도 유지되기 때문이다. 만약 뛰어나고 창의적인 인재가 없다면 나머지 둘로는 사업을 제대로 할 수 없다. 좋은 인재를 잘 선택해 적재적소에 배치하는 것이 모든 일을 잘 풀리게 하고, 순리대로 돌아가게 한다는 뜻으로 '인사가 만사'라는 말을 쓰는 것처럼 사람이 제일 중요하다.

요즘은 마케팅 시대라 부를 정도로, 사업 기술 중 마케팅이 가장 중요한 조건으로 부상되고 있지만 결국 마케팅도 사람이 하는 것이고, 마케팅 포인트 역시 사람이다.

중국 역사상 가장 치열한 전쟁은 초한전쟁이었다. 초나라 항우는 군수물자와 병사들의 수와 시설 면에서 강력한 힘을 가졌으나 전쟁에서 패배했다. 초한전쟁의 승자는 모든 면에서 열세였던 한나라 유방이었다. 전쟁에서 이긴 유방은 동고동락한 병사와 신하들을 모아놓고 잔치를 벌이면서 자신이 항우를 이긴 이유에 대해 다음과 같이 말했다.

"장자방은 선견지명이 있어 앞을 내다보는 작전관이고, 소하는 전쟁 중 나라의 살림을 잘 관리하고 전쟁 군량미를 제때에 보급하였고, 한신은 군사들을 이끌고 백전백승을 하니 전쟁에 승리하여 천하를 얻었다."

결국 전쟁의 승리는 사람의 능력에 달려 있다는 얘기다. 기업의 성공도 전쟁의 승패도 유능한 인재가 있어야 얻을 수 있다. 아무리 돈이 많고 자원이 풍부해도 창의적 경영 능력과 성실성을 겸비한 인재를 선발하는 게 무엇보다 시급한 조직의 중대사다.

하지만 많은 사람이 돈 때문에 사람을 버린다. 돈 앞에서는 가족도 우정도 의리도 신뢰도 깨진다. 난 사업을 하면서 돈 때문에 사람을 버리는 일은 하지 않았다. 지금도 사람을 사업 목적의 최우선으로 삼고 있다.

진짜 내 사람을 골라라

2013년 4월 성수동 신사옥 개업식이 있던 날, 나는 고사상 앞에서 돼지머리보다 직원들에게 먼저 큰절을 올렸다. 오늘의 뜻 깊은 이 자리, 이 공간은 바로 직원들의 힘으로 일군 것이라고 생각했기 때문이다. 내가 뽑은 직원들, '내 사람들'의 피땀 어린 조력이 뒷받침되지 않았다면 맨몸으로 회사를 세워 이처럼 튼실한 중소기업으로 키울 수 없었을 것이다.

작은 회사를 성장시킬 수 있는 인력을 뽑기 위해서는 스펙을 보고 직원을 뽑는 기준과는 전혀 다른 방식의 안목이 필요하다. 나는 하우콤 직원을 뽑던 시절부터 지금까지 그 사람의 현재 모습보다는 그 사람이 내 사람이 될 수 있는가에 초점을 맞췄다.

나는 어떤 면에서 보면 낯가림이 있는 편이다. 그런데 이 낯가림이란 사람들 앞에서 수줍어하는 의미의 낯가림이 아니라 나와 함께할 수 있는 사람인지를 솎아내고 가려내는 낯가림이다. 그래서 '이 사람도 괜찮고 저 사람과도 대충 잘 지내야지'가 아니라 사람에 대한 '좋고 싫음'을 확실히 구분한다.

영업을 하고 사업을 하면서 무수한 인간관계를 통해 터득한 것 중의 하나는, 내가 만난 모든 사람과 다 잘 지낼 필요는 없다는 점이다. 옷도 자기한테 어울리는 옷을 골라 입고 음식도 식성에 맞는 음식을 가려 먹는데, 하물며 사람을 가리는 일은 얼마나 중요하겠는가. 주변에 사람이 많다고 성공하는 것은 아니다. 10명 중 진짜 내 사람이라 할 수 있는 1명만 있으면 된다. 나는 어떤 옷에 '필이 꽂히면' 10년 동안 그 옷만 입는 경향이 있다. 그와 마찬가지로 같이 일하는 직원도 한 사람에게 '올인'하는 식이다.

회사를 운영할 때, 나와 같은 길을 꾸준히 갈 수 있는 내 사람이 주변에 얼마나 포진해 있느냐가 성공의 포인트라 해도 과언이 아니다. 내 사람이 없는 사람은 사업을 하건 정치를 하건 언젠가는 실패할 수밖에 없다.

나는 내 사람이 아니다 싶은 사람에겐 굳이 시간과 노력을 투자하지 않는다. 마음에 없는 말을 하면서 겉으로만 친절하게 대할 이유가 없다고 생각하기 때문에 이해관계가 얽혀 있지 않은 편한 술자리조차도 가려서 참석한다. 내가 굳이 끼어야 할 이유가 없는 자리라면 과감하게 끊어버린다. 싫은 사람과 억지로 어설프게 만나는 시간을 줄이는 대신 좋아하는 사람에게 모두 쏟아주고 싶어서다. 반면 **내 사람이라고 여겨진 사람에게는 내가 가진 것을 다 준다. 부르기만 하면 새벽에도 뛰어나갈 정도로 지극정성을 다한다.**

📦 이력서를 보지 않는 면접

어떤 사람이 내 사람인지를 골라내기 위해 내가 중요시한 것은 그 사람의 학력이나 현재 실력이 아니라 기질이다. 매사에 부정적인 사람보다는 긍정적인 기질을 가진 사람, 학력을 떠나 앞으로의 발전을 위해 노력하는 모습을 보이는 사람, 나보다 뛰어난 장점이 있되 그 장점을 공동의 발전을 위해 기여할 수 있는 사람을 높이 평가한다. 또한 나뿐만 아니라 상대도 내 가치를 알아보고 인정해주는 사람을 선택했다. '오래 함께 갈 수 있는' 인연인지를 중시한 것이다.

그리고 직원을 뽑을 때 이력서를 본 적이 없다. 한 사람의 자질을 파악하는 데 이력서에 적힌 학력이나 경력 사항은 큰 도움이 안 된다고 생각하기 때문이다. 나 역시 이력서가 필요 없는 삶을 살았기 때문이기도 하다. 스무 살에 처음으로 이력서를 들고 찾아갔던 한 사무실에서 이력서 한 장 때문에 '쓸모없는 청년' 취급을 받았을 때 이런 결심을 했다.

'나중에 내가 사장이 되면 이력서는 절대 안 보겠다.'

세월이 흘러 내 회사를 차려 직원들을 직접 뽑게 되자 정말로 나는 이력서를 받지 않았다. 어느 학교 출신인지 묻지도 않았다. 최근 회사 규모가 커지면서 어쩔 수 없이 이력서도 받고 다른 직원들이 그 이력서들을 살피기는 하지만, 사장인 나는 여전히 이력서를 보지 않는다. 면접을 볼 때도 그 사람의 이력서를 펼쳐놓지 않는다.

그렇다면 이력서를 안 보고 무엇을 봤을까? 나는 무조건 지원자와 마주 앉아 이야기를 나눈다. 예전에는 면접을 서너 시간 동안 보기도 했다. 하우콤을 운영할 당시 편집 디자이너를 뽑기 위해 오전 10시에 만나 오후 2시까지, 회사 근처 레스토랑에서 함께 점심을 먹으며 그동안 내가 어느 출판사에서 어떤 책을 냈으며 어떤 일을 해왔는지 등등 살아온 이야기를 들려줬다. 그때 그렇게 정성을 들여 뽑은 직원들이 회사의 핵심 멤버로 남아 현재 세이펜전자의 충실한 일꾼으로 재직하고 있다.

사실 사람을 선택할 때 이력서만 보고 어떻게 그 사람이 내 회사에 맞는 사람인지 알 수 있을까. 직접 대면하여 여러 시간에 걸쳐 이야기를 나누면서 내가 살펴보는 것은 그 사람의 학력과 경력이 아니라 자질과 열정이다. 대화를 통해 서로 공존할 수 있을 것 같고 성향이 맞는지 확인해보는 것이다.

지원자에게 주로 이런 질문을 던졌다.

"우리 회사는 창업한 지 얼마 안 되어 체계가 잡혀 있지 않습니다. 그래서 급여도 이 자리에서 얼마를 주겠다고 말하지 못합니다. 일을 해보면서 급여를 정해도 되나요? 더구나 근무 시간도 정해져 있지 않습니다. 출판사가 원하는 일정에 따라 일하기 때문에 밤낮없이 일할 수도 있고, 휴일이나 휴가가 없을 수도 있습니다. 어떻게 생각하세요?"

이런 이야기를 나눠보는 동안 그 사람의 눈빛, 태도, 반응에서 열정이 느껴지면 합격이다. 우연인지 몰라도 그런 식으로 뽑은 직원들은 오랜 시간을 나와 함께했다.

지금은 이런 식으로 뽑으면 지원자들이 뒤도 안 돌아보고 자리를 박차고 나갈지도 모른다. 이제는 회사가 직원을 뽑는 게 아니고 직원이 회사를 선택하는 시대다. 이게 열악한 중소기업의 현실이다. 회사 규모가 점점 커지면서 내 밑의 직원들이 자신들을 도와줄 직원들을 뽑게 되었는데, 이들은 대화보다는 이력서를 보고 뽑는다. 이렇게 입사한 직원들 중에는 오래 다니지 못하고 그만둔 사람들이 꽤 있다.

긍정적인 사람이 나를 먹여살린다

요즘 들어 취직을 원하는 젊은이들을 보며 느끼는 것은, 예전에는 직장에 자기 인생을 걸었지만 요즘에는 '시간'을 건다는 점이다. 지원자들의 대부분이 급여가 얼마인지, 몇 시간 동안 일하는지, 토요일에 쉬는지를 궁금해한다. 그에 비해 자기가 입사해서 어떤 일을 하는지는 별로 궁금해하지 않는다. 그리고 자기 능력과 상관없이 통상급여를 원한다.

중소기업 취업박람회를 하면 오너들은 쓸 만한 인재가 없다고 하소연하고, 구직자들은 들어갈 만한 회사가 없다고 하소연한다. 이런 사회적 풍토 속에서는 나와 오랜 세월 함께 고생해 굳은 신뢰로 맺어진 지금의 세이펜 핵심 멤버 같은 인재들을 찾기란 거의 불가능해 보인다.

경영주 입장에서 보면 취직을 원하는 지원자의 형태에는 두 가지가 있다. 하나는 월급만 받으려는 사람이고, 다른 하나는 회사를 발전시키려는 마인드를 가진 사람이다. 월급만 받으려는 사람이라 할지라도 스스로 조직과 융화를 잘하려는 의지가 있는 사람이 있고, 전혀 그렇지 않은 사람이 있다.

나는 매사에 무조건 반대하고 부정적인 기질을 가진 사람은 절대 뽑지 않는다. 긍정적인 기운을 가진 사람, 긍정의 마인드를 스스로 만들어낼 줄 아는 사람, 현재보다 미래를 바라보는 성향을 가진 사람을 뽑는다. 구성원 한 사람 한 사람의 긍정적인 힘이 경영주를 편안하게 해주고 회사를 발전시킨다. 이런 사람을 뽑으면 내가 그들을 먹여살리는 게 아니라 결국 그들이 나를 먹여살린다. 그래서 '내 복이 없으면 네 복으로 살아보자'는 마음으로 면접을 보기도 한다. 사장 혼자 잘나고 사장 혼자 복이 많아서 회사가 잘되는 것이 아니라, '복덩이'일 것 같은 사람들을 뽑아 다 같이 발전해보자는 의도다.

긍정적인 기질의 소유자는 불행이나 고통 속에서도 행운을 기대하고 기회를 찾아내지만, 부정적인 기질의 소유자는 늘 문제점을 만들고 자신에게 엄청난 기회나 행운이 찾아와도 제대로 누려보지도 못하고 실패하고 만다. 같은 물을 마셔도 독을 만드는 뱀이 있는 반면에 우유를 만드는 소가 있다. 긍정은 우유고 부정은 독이다. 마치 부정의 칼은 사람을 죽이는 데 쓰이고 긍정의 칼은 사람을 살리는 데 쓰이는 것처럼, 긍정과 부정은 사람을 죽이고 살리는 힘을 가지고 있다.

매사에 부정적인 기운을 가진 사람은 경영주는 물론이고 다른 구성원 모두를 불안하게 만들고, 잘될 수 있는 일도 안 되게 만든다. 학력이 아무리 높고 스펙이 훌륭해도 말 한 마디 한 마디마다 삐딱선을 타는 사람이라면 회사를 발전시킬 좋은 인성을 가진 사람이라 보기는 어렵다. 경영주들이 사람을 뽑을 때 관상을 본다고 하는 건 얼굴 생김새를 보는 게 아니라 긍정적인지 부정적인지 그 사람이 가진 기질을 보는 것이다.

기질은 그 사람의 눈빛에서, 태도에서, 언어에서 금세 드러난다. 그래서 '긍정적 호응도'라는 게 매우 중요하다. 대화를 나누었을 때 호응도가 높은 사람이 있고 아닌 사람이 있다. 긍정적 호응도가 좋다는 것은 상사가 하는 말에 무턱대고 찬성해야 된다는 얘기가 아니다. 찬성을 하건 반대를 하건 자기 표현을 긍정적으로 적절하게 할 줄 알고, 긍금한 것은 제때 질문할 줄 알고, 눈동자만 굴리고 있지 않고 자기 의견을 자신 있게 이야기할 줄 아는 것을 의미한다.

내가 직원을 뽑을 때 이력서와 학력을 보지 않는 이유 역시 학력이 중요하지 않기 때문이 아니라 학력보다 이런 기질이 더 중요하다고 생각하기 때문이다. 그래서 나는 직원들에게 다음과 같은 이야기를 자주 한다.

"학력은 상관없다. 그런데 학력이 높건 낮건 노력을 안 하는 사람은 망하게 되어 있다. 학력 높은 사람들이 성공하는 비율이 높은 이유는 그 사람들은 긍정적 기질로 '노력하는 방법'을 터득했기 때문이다. 어떠한 목표가 있을 때 목표에 도달하기 위해 노력하는 방법을 알기 때문에 성공하는 것이다. 그런데 학력이 낮은데 긍정적이지도 않고 자기계발도 하지 않는다면 그 사람의 실패 요인이 어떻게 학력에 있다고 할 수 있겠는가. 공부 말고도 개발할 게 많다. 학력이 낮아도 피나는 노력을 통해 스스로를 발전시키는 사람에게 '학력이 상관없다'라고 말하는 것이다."

나는 긍정적 기질은 자기가 가진 최고의 자산이고 부정적 기질은 자기가 가진 가장 무거운 채무라고 생각한다. 자산은 더 모으고 채무는 빨리 갚아버려야 한다. 긍정적 기질과 낙관적 마인드로 죽어가고 병들어가는 자신의 인생을 변화시키고 사회도 살리고 국가도 살릴 수 있는 진취적인 사람이 절실히 필요한 때다.

🎁 뿌리 기질을 가진 사람이 필요하다

나무는 뿌리와 줄기, 이파리로 성장한다. 비록 땅 위의 이파리가 무성하지 않아도 튼튼한 뿌리를 가진 나무는 쉬 쓰러지지 않는다. 뿌리는 흙 속의 물길을 찾아 뻗어나가다가 돌부리에 막혀 물길을 못 찾으면 이리저리 헤매다가 또다시 물길을 찾아 뻗어나간다. 그러다 물길을 만난 뿌리는 줄기에서부터 이파리까지 모두 살리고 달콤한 열매를 만들지만, 끝내 물길을 만나지 못한 뿌리는 모두를 죽이는 결과를 낳는다. 이처럼 나무의 뿌리는 보이지는 않지만 나무에 존재하는 모든 걸 살린다. 나무에 수분과 양분이 안정적으로 공급되면 그 나무의 생장은 안정기에 접어들 수 있다.

이파리가 무성한 나무는 겉보기에는 좋아 보이지만 수분이 공급되지 않으면 이파리를 유지할 수 없다. 이파리는 그럴듯한데 수분을 공급해주는 뿌리가 빈약하면 나무는 쓰러지게 돼 있다. 그러므로 이파리가 생기기 전에 뿌리가 자리를 잡아야 한다. 이파리는 언제든 교체될 수 있다. 가을이 되면 이파리가 다 죽어 떨어지고 봄이 되면 새로운 이파리가 나오는데, 땅 위에 올라와 있는 새순의 크기가 비슷해 보여도 그 밑에 박힌 뿌리가 깊고 튼튼한 새순만 살아남는다.

기업도 마찬가지다. 작은 기업일수록, 성장 초기에 있는 조직일수록 뿌리가 중요하다. 뿌리를 안정적으로 내려야 기업이 오랫동안 살아남을 수 있다. 그리고 지속적인 발전을 이루어내기 위해서는 여러 뿌리들이 탄탄해야 한다.

기업의 뿌리로는 재무, 회계, 영업, 마케팅, 물류와 배송, AS와 CS,

미디어, 인사관리, 생산과 제조, 리스크 관리 등 여러 시스템이 있다. 기업이 잘 성장하기 위해서는 이파리가 올라오기 전에 이러한 시스템들이 단단하게 자리를 잡아야 한다. 그렇지 않으면 뿌리가 제대로 내리지 않은 식물이 싹을 채 틔우기도 전에 비바람에 쓰러지거나 말라죽고 마는 것처럼 기업도 백전백패하고 만다. 겉으로 보이는 이파리를 먼저 키운 다음에 뿌리를 내리는 실수를 범해 허우대만 멀쩡한 식물을 만드는 사업가들이 있는데, 이파리만 화려하고 뿌리가 약하면 진정 자기를 이겨낼 수 있는 힘을 갖추지 못한다.

뿌리가 튼튼해지면 줄기를 길게 뻗고 열매를 많이 맺어도 끄떡없다. 다만 열매를 맺기까지는 기다림과 인내의 시간이 필요하다. 기업도 체계가 잡힐 때까지 시간이 걸린다는 점을 인식해야 한다. 그리고 어떠한 사업을 하건 균형적 발전을 위해서는 성장 속도와 순서를 이해해야 한다.

기업의 초년기에는 뿌리가 가장 중요하지만 중년기에 접어들면 이파리도 중요해진다. 따라서 겉으로 보이는 회사의 얼굴, 즉 기업 이미지, 마케팅 등의 분야를 강화시켜야 한다. 노년기에는 강인한 뿌리와 아름다운 이파리가 조화를 이뤄야 한다. 크기는 중요하지 않다. 큰 나무라면 온 동네에 장대한 뿌리가 뻗어 있어 감히 캐낼 수 없는 위풍당당한 고목나무가 되어야 할 것이고, 작은 나무라면 뿌리가 탄탄하고 자태가 아름다운 소나무 분재처럼 여유와 품위를 갖춰야 할 것이다.

기업이 이처럼 튼튼한 뿌리를 갖추려면 무엇보다 뿌리 기질이 강한 사람들이 필요하다. 특히나 기업이 성장기 때 강한 생의 기운을 갖추려면 더욱 그러하다.

　뿌리 기질이 있는 사람과 이파리 기질이 있는 사람은 제각각 역할이 다르다. 이파리 기질을 가진 사람은 존재감이 화려해서 제일 먼저 눈에 띤다. 뿌리 기질을 가진 사람은 보이지 않는 곳에서 말없이 자기 역할을 한다. 그래서 나는 뿌리 기질이 있는 사람을 먼저 뽑고 이파리 기질이 강한 사람은 나중에 뽑는다.

　나 스스로도, 계절이 바뀌면 금세 떨어져버릴 이파리들과는 상대가 되지 않는, 강한 뿌리로 생존하는 존재가 되고자 했다. 그동안 내게 닥친 온갖 시련과 고통은 뿌리를 내리기 위한 하나의 과정이었고 투자였던 셈이다. 비바람을 견디며 작은 물길을 성실히 따라가 이제야 겨우 자리를 잡아가는 작은 뿌리로 새순을 틔우기 시작한 것일지도 모른다.

김철회의 99%의 결핍을 이기는 1%의 마음가짐

인재가 필요하다

세상에 완벽한 인재는 없다. 하지만 한 시대의 국가나 기업이 부흥하고 성장하는 것은 능력 있는 인재들이 있기 때문이다. 나 역시 회사에 필요한 인재를 얻기 위해 늘 고심한다.

나는 《삼국지》에서 기업 경영에 필요한 지혜와 교훈을 얻곤 하는데, 오호장군(五虎將軍)과 오대장(五大將)의 눈부신 활약상을 통해 기업에 필요한 인재상에 대한 기준을 마련했다. 오호장군은 촉나라 유비 휘하의 관우, 장비, 조자룡, 마초, 황충을 말하고, 오대장은 위나라 조조 휘하의 장료, 악진, 우금, 장합, 서황을 말한다.

기업을 운영하는 것도 전쟁을 치르는 것과 매한가지다. 구성원들이 어떤 능력을 가지고 있느냐에 따라 전쟁의 승패가 결정 난다. 출중한 능력을 가진 인재가 많은 기업은 창의적인 신제품을 수시로 개발하고 추진력이 강하지만, 망하는 기업은 제자리걸음만 한다.

그리고 경영자가 구성원들의 수많은 생각과 다양한 의견을 수용해야 하는 게 옳은지 아니면 독단적으로 의사결정을 내리는 게 옳은지 고민스러울 때 경영자에게 지혜를 나누어줄 인재가 절실하다. 특히나 집중력이 높고 실천력과 리더십이 강한 인재라면 경영자에게 많은 힘이 된다.

결핍이 만든 성공
09

11개월 치는
아낌없이 투자하라

나는 오래전부터 이런 생각을 하고 살았다.

'나 자신은 내 목숨만 지키고 있으면 되고 밥 세끼만 먹을 수 있으면 그걸로 족하다. 그 외에는 모두 투자하자.'

여기서 말하는 투자란 '사람'에 대한 투자를 뜻한다. 내 사람들, 즉 인재 육성을 위해 아낌없이 사용하는 것이다. 내가 가진 시간, 정성, 돈, 젊음을 아낌없이 투자해서 지극정성을 다했더니 그들 역시 내 사업과 인생의 든든한 조력자가 되어 나의 어려움을 함께해주었다.

그런 식으로 나를 돕는 사람들이 늘어나기 시작했고, 이것이 곧 나의 발전이고 회사의 성장이었고, 업그레이드되는 과정이었다. 그러면 나는 내가 번 것을 그들에게 또다시 나눠주고 다시 투자하는 순환구조를 만들어나갔다. 결과적으로 나는 항상 제로인 셈이지만, 그렇게 함으로써 보이지 않는 미래를 보장받고 사람도 얻고 돈도 벌 수 있었다.

직원들에게 나는 "1년 벌어 평생 먹고산다"는 말을 자주 한다. 현재 벌어들이는 돈은 직원들의 생활과 행복을 위해 다 쓰더라도 내가 개인적으로 쓸 돈은 나중에 딱 1년만 벌어도 충분히 벌 자신이 있다고 생각하기 때문이다.

내가 열심히 일했던 건 개인적인 영달을 위해서가 아니라 회사를 위한 것이자 회사를 키워줄 사람들에게 투자하기 위한 것이다. 그리고 정성을 투자하고 시간을 투자해 내 사람들의 삶을 윤택하게 하고 행복하게 만들면 그들이 반드시 회사를 더 크게 성장시킬 것이라고 믿었기 때문이다.

아무런 자본도 기반도 없이 맨주먹으로 회사를 차려 성공을 거두려면 리더십을 잘 발휘하는 뛰어난 리더도 필요하지만 리더를 믿고 따르는 팔로워가 있어야 한다. 그래서 나는 섬김의 지혜가 있는 서번트 리더십Servant Leadership과 따르는 지혜로 리더를 잘 보좌하고 리더가 성공할 수 있도록 최대치의 역량을 발휘하는 팔로우십Followship을 회사에 정착시키기 위해 최선을 다했다. 이를 위해 나만의 방식으로 팔로우십이 강한 직원들을 찾아냈고, 나 나름의 철학에 따라 내 사람들을 키워냈다.

능력을 극대화하려면 내가 가진 모든 것을 줘라

스물두 살 때 컴퓨터 프로그램 만드는 방법을 배우기 위해 세운상가에서 프로그래머를 수소문해 내가 가진 전 재산이었던 30만 원을 아낌없이 수업료로 다 썼다. 그 당시 30만 원이면 보통 사람들 두 달 급여에 해당하는 꽤 큰 금액이었지만 나는 내 자신의 능력을 극대화하는 데 주저하지 않았다. 지금도 나는 어떤 목표를 달성하고자 할 때 어떤 사람의 도움이 내게 득이 된다고 판단되면 돈이건 시간이건 내 모든 것을 아낌없이 투자한다.

영진미디어에서 프로그램 개발과장으로 일하고 있었을 때의 일이다. LG소프트웨어에서 중학교 과정 국어, 영어, 수학 과목에 대한 교육용 CD를 교재로 만드는 프로젝트를 영진출판사에 의뢰해왔는데, 기간이 한 달밖에 주어지지 않았다.

300쪽짜리 교재 세 권을 한 달 만에 만들어내라고 하니 출판사에서는 난감해했다. 편집하는 데도 시간이 걸리고 필름 출력도 해야 하는데, 그 당시에는 출력기 속도가 느려 300쪽짜리 책 필름을 출력하는 데 최소 일주일은 걸렸다. 그러니 책을 한 번도 만들어본 적이 없는 내가 보기에도 한 달 안에 교재 세 권을 만드는 작업은 불가능에 가까운 것이었다.

사실 출판사 입장에서는 일만 고생스럽고 돈도 안 되는 일인데, LG소프트웨어와의 관계를 유지해야 한다는 명분 때문에 어쩔 수 없이 프로젝트를 수락한 것이었다. 영진출판사 내부에서는 다른 업무 일정 때문에 프로젝트를 진행할 수가 없어 다들 난색을 표했다. 그래서 내가 해보겠다고 나섰다. 나도 책을 만들어보고 싶었기 때문이다.

프로젝트 진행비 900만 원을 들고 외부 편집 기획사를 찾아갔다. 한 달 안에 끝내면 전액을 다 주고 늦어질수록 돈을 할인하는 식으로 일을 의뢰했다. 그 기획사는 대형 출판사인 영진출판사와 일할 목적과 목돈을 받을 생각에 내 제안을 받아들였다. 그리고 담당 직원 세 명을 내가 직접 진두지휘하여 작업할 수 있게 해주었다.

작업 기간을 최대한 줄이기 위해선 기존의 방식을 버려야 했다. 우선 담당 직원 세 명에게 내가 시키는 대로만 일해달라고 부탁했다. 내가 원하는 대로 일해주면 내 한 달 치 월급을 보너스로 나누어주겠다고 약속하고 매일 야근을 독려했고, 일분일초라도 시간을 줄이기 위해 차로 퇴근까지 책임져가면서 24시간 붙어 있다시피 하며 기적처럼 편집 업무를 마무리했다. 하지만 시간이 너무 많이 소요되어 출간일을 맞추지 못할 상황이 되었다.

하지만 낙담하거나 포기하지 않았다. 나는 마지막 남은 제작 과정에 드는 시간을 줄이기 위해 이번에는 출력실로 달려갔다. 출력 담당자에게 "한 권당 일주일이 걸리는 출력 시간을 줄여주면 내 한 달 치 월급을 주겠다"며 이번에도 내 월급을 걸고 일을 부탁했다. 그러자 담당자는 물리적으로 안 되는데 돈을 더 준다고 일이 되겠냐며 딱 잘라서 거절했다. 그래도 일단 일을 시작하면서 방법을 찾아보자며 출력 담당자를 설득했다.

하루 종일 꼼짝도 않고 출력실에서 일하는 모습을 지켜보며 앉아 있었다. 그런데 밤 12시 무렵이 되자 담당자가 주섬주섬 퇴근 준비를 했다. 출력실이 있는 건물에 보안 경비 시스템이 설치되어 있어 밤 12시부터 아침 8시까지는 나가지도 들어올 수도 없으니 이제 퇴근을 해야 한다는 것이었다. 밤새워 출력을 해도 시간이 부족할 상황인데 퇴근을 한다니 가슴이 철렁 내려앉았다. 다시 한 번 그를 붙잡고 사정했다.

"정말 사정이 급합니다. 내 한 달 치 월급을 드릴 테니 제발 밤새워 출력해주세요."

두 팔을 벌려 문을 가로막고 무릎까지 꿇을 기세로 부탁하고 또 부탁했다. 간절한 내 행동에 그도 마음이 움직였는지 다시 필름 출력기를 돌려주었다. 그날 밤 배고픔을 참으며 뜬눈으로 밤을 새우며 출력을 했다. 그는 그다음 날도 피곤에 찌든 초췌한 얼굴로 친구까지 불러서 밤새 출력을 해주었다. 그것도 부족해서 다른 출력소에 연락을 취해 동시에 출력기를 돌려줬다. 그러자 한 권당 일주일씩 걸린다는 출력 기간을 3일로 단축시킬 수 있었다.

편집과 출력 기간을 줄이기 위해 인력을 풀가동한 대가로 용역비를 포함한 내 월급 두 달 치를 모두 투자한 것이다. 한 달 만에 책 세 권이 차질 없이 출간되자 출판사 내부 관계자들도 깜짝 놀랐다. **책 한 권 만들어본 적도 없던 내가 불가능에 가까운 일을 해낸 비결은 알고 보면 단순했다. 내가 쓸 수 있는 모든 방법과 가진 것을 총동원한 것이다.**

컴퓨터 프로그램 개발을 하던 내게 이때의 경험은 출판 편집 기획 사인 하우컴을 차리게 된 징검다리 역할을 해주었다. **내가 가진 모든 것을 쏟아 붓고 전문 인력을 최대한 활용하면 부가가치를 창출할 수 있다는 사실을 알게 된 것이다.**

📦 직원들 업그레이드하기

하우컴은 절대 실수하지 않는 정확성, 다른 업체보다 월등히 빠른 시간 내에 만들어내는 고도의 편집 기술 덕분에 단기간에 급성장했다. 성장의 가장 큰 원동력은 전문성이었다.

전문성은 철저한 직원 교육에서 비롯됐다. 미국의 경영학자 테일러가 '과학적 관리론'을 내세우며 기업의 능률을 극대화하기 위한 전문화·분업화를 주장했던 것처럼, 나는 우리 직원들에게도 분업화 및 표준화 훈련을 시켰다. 레이아웃 교육과 편집 훈련을 계속 시켜 오차 없는 편집 디자인이 나오게 하고, 섹션을 나눠서 각 담당자가 그림만, 캡처만, 원고 편집만 하게 했다. 또한 전 직원의 기술 표준화를 만들었다. 그 결과 다른 곳에선 10개월 이상 걸릴 두꺼운 책도 우리는 한 달이면 만들어냈다.

또한 전 직원을 저자로 만들었다. 편집 디자이너에서 업그레이드하기 위해 직접 원고를 써보게 하고 원고 기획도 해보게 했다. 나 역시 컴퓨터 그래픽이며 편집 디자인을 처음부터 잘 알고 시작한 건 아니었다. 열심히 발품을 팔아 어깨너머로 배우고 독학으로 익혀 편집 디자인도 하고 원고도 기획하는 편집 디자이너이자 기획자로 나 자신을 업그레이드했다.

처음에는 다들 한 번도 책을 써본 적이 없어 한 줄을 써내려가기가 힘들었다. 우선은 한 꼭지만 완벽하게 써보는 연습을 반복적으로 시켰다. 툴바면 툴바, 레이어면 레이어 등 포토샵에 있는 한 부분만 집중해서 공부하게 하고, 다른 출판사에서 나온 비슷한 내용의 책들을 찾아 해당 부분을 전부 섭렵하게 했다. 그렇게 하다 보니 마침내 자기가 공부한 부분에서만큼은 직접 책을 쓸 수 있을 정도로 전문가 수준에 이르렀다.

그리고 이것을 혼자 하는 것이 아니라 숙련자 한 명과 초보자 한 명이 한 팀을 이뤄 공동으로 작업했다. "제가 과연 저자가 될 수 있을까요?"라며 반신반의하던 직원들은 "대학을 나오지도, 아무런 기술도 없던 나도 스물다섯 살 때 책을 썼습니다. 여러분은 나보다 더 좋은 조건을 가지고 있습니다. 용기를 내세요"라는 내 말에 '모두가 저자가 될 수 있다'라는 자신감을 갖게 되었다. 전체 원고 중 한 꼭지만 써도 공동 저자로 이름을 넣어준 동기부여 때문인지 어느새 직원들은 멋진 저자로 탈바꿈했다. 직원들의 자신감은 시간이 지날수록 더욱 강해졌다.

그리고 한 가지 업무만 할 줄 아는 것이 아니라 필요에 따라 여러 가지 새로운 업무를 소화할 수 있는 역량을 갖추게 했다. 하우콤에서 포도어린이집으로, 어린이집에서 다시 세이펜전자로 업종이 바뀔 때마다 사장인 나뿐만 아니라 직원들도 변신해야 했다. 편집 디자인을 하던 직원이 그동안 전문적으로 일하던 모든 걸 내려놓고 어느 날부터 보육교사 공부를 하고, 보육교사였던 직원이 이번에는 세이펜 개발에 참여하고, 물류창고에서 제품 포장이며 창고 정리하는 일을 수행했다.

변신의 시점에서 못하겠다고 그만두는 직원들도 있었다. 그러나 내 뜻을 이해하고 긍정적으로 받아들이는 직원들은 끝까지 남았다. 남은 직원들은 자신에게 새롭게 할당된 업무들을 열심히 해냈고, 그 가운데 조화로운 팀워크가 만들어져갔다. 그 과정에서 정말 나와 함께할 인재들이 솎아지기 시작했다. '내 입맛에 안 맞는 일은 안 하겠다'는 직원들이 걸러지는 대신, '회사를 위하는 일이라면 새로운 업무라도 배워보겠다'는 긍정적인 마인드를 가진 직원들은 끝까지 내 곁에 남아 리더인 나를 뒷받침해주었다.

이와 같은 업그레이드와 변신 과정을 견딘 직원들은 내게 "처음에는 내가 이 일을 왜 배워야 되는지 의심도 했지만 나중에는 내게 필요한 과정이었음을 알겠더라"고 털어놓았다. 그리고 "시간이 지나고 나서 돌아보니 나 자신이 분기점마다 계단을 올라오듯 한 단계씩 올라와 있더라"며 고마움을 표했다.

바람이 불어야 바람개비가 계속 돌고 바람이 멈추면 바람개비도 멈추는 것처럼, 나 역시 직원들이 끊임없이 변화의 바람을 맞도록 하고 싶었다. 부모가 아이를 낳아 키울 때처럼, 직원들에게도 처음에는 손이 많이 가고 양육과 교육의 과정이 반드시 필요하다는 것이 리더로서의 내 신념이다. 그 교육을 리더가 해주느냐 못해주느냐에 회사의 성장 여부가 달렸다.

📦 매 맞을 땐 아프게, 그러나 뒤끝은 없게

나는 직원 교육에서 만큼은 친절하거나 부드러운 사장이 아니었다. 전쟁터에 내보낼 전사를 양성하듯 직원들을 철저하게 훈련시켰다. 전문가로 업그레이드하는 과정이 마냥 편하고 희희낙락할 수는 없었다. 마치 어미 호랑이가 새끼 호랑이를 벼랑에서 떨어뜨려 살아남는 놈만 데리고 가듯 때로는 혹독하기 짝이 없었다.

최근에는 되도록 한발 물러나서 다소 방관자적인 입장에서 바라보고 기다려주려 하지만, 예전에 회사가 한창 커나갈 때는 야단도 많이 치고 호랑이처럼 엄한 아버지 역할을 많이 했던 것 같다. 시간과 돈이 늘 빠듯하고 작은 실수조차 용납되지 않는 상황이었기 때문이다.

윗사람이든 아랫사람이든 나는 돌려 말하거나 우회적으로 표현하지 않는다. 눈물을 쏙 빼는 말과 행동을 오히려 더 과장해서 하기도 했다. 거기에는 다음과 같은 의도가 담겨 있었다.

'잘해줘서 안 있을 사람이 어디 있겠나. 나갈 사람은 나가고, 있을 사람은 가라고 등을 떠밀어도 있더라. 등을 돌릴 거면 나중에 결정적인 순간에 돌리지 말고 차라리 지금 돌려라. 떠날 거면 지금 떠나라.'

그래서 직원들을 다그칠 필요가 있을 때는 동생이나 자식 대하는 심정으로 야단쳤다. '할 거면 제대로 하자'는 주의였다. 내 입장에서 보면 일종의 테스트였을 것이다. 나와 끝까지 갈 핵심인재를 키우고, 나와 오래 함께 갈 내 사람들을 만드는 나만의 방편이었다. 겉치레가 아닌 의리로 함께 가고 싶었다. 그리고 그들로 하여금 '나를 진심으로 도와주고 위해줄 사람은 그래도 김철회밖에 없다'는 깊은 신뢰를 심어주고 싶었다.

하우콤에서 편집 디자이너로 일했던 직원들은 나한테 혼나가며 일을 배웠던 날들을 15년이 지난 지금도 생생하게 기억할 것이다. 직원 중 한 명이 자꾸만 실수를 되풀이해 주의를 몇 번이나 줬는데도 결국 그 직원이 사고를 저지른 적이 있었다. 잘못된 부분을 재인쇄하는 데 무려 200만 원이나 들어 거래처에 처음으로 피해 보상금을 지불했다. 당시 200만 원은 무척 큰 금액이었다.

그런데 그 직원은 인쇄 사고에 대해 "실수한 부분이 두 군데뿐인걸요" 하면서 대수롭지 않게 말했다. 순간 화가 치밀어올라 책상 옆에 있던 빈 종이상자를 들어올려 그 직원의 머리에 확 뒤집어 씌우곤 이렇게 말했다.

"지금 상자 때문에 사방이 가로막혀 아무것도 안 보이고 어둡지? 그게 지금의 네 눈이다. '이 정도 실수는 괜찮겠지' 하는 안이한 생각은 눈은 있으나 보지 못하고 귀는 있으나 듣지 못하는 불구자로 만든다. 어떤 이유에서든 자기 합리화를 해서는 안 된다. 네 행동에 대해 충분히 반성한 뒤 두 번 다시 실수 안 할 자신이 있다면 네 손으로 이 상자를 벗어라."

그날 눈물을 쏙 뺀 그 직원은 몇 년 후 최고 수준의 편집자로 성장했고 세월이 지나 세이펜전자 주식회사의 핵심 참모(현재 세이펜 재무이사이자 계열사인 모아에듀(주)의 대표이사인 김동미)가 되었다.

나는 직장 생활을 할 때 상사가 직설적으로 말하지 않고 빙빙 돌려서 말하는 게 야단맞는 것보다 더 싫었다. 그래서 직원을 야단칠 때는 아주 직설적으로 표현했다. 지금도 직원들에게 돌려 말하거나 흐지부지 말꼬리를 흐리는 표현은 쓰지 않는다. 열심히 하려는 의욕이 없는 직원이 보이면 대뜸 "지금 일이 '기회'라고 생각되지 않는다면 돈 받은 만큼이라도 최선을 다하든가! 일한 만큼은 돈 줄 테니까! 이것도 저것도 아니라면 일을 그만두고 나가든가!"라고 말한다.

부지런하고 성실하게 움직이는 사람에겐 많은 기회가 생기지만, 가만히 앉아 있는 사람을 누가 거저 먹여주겠는가? 기회가 올 멍청하게 눈만 뜨고 기다리고 있으면 어떤 기회가 오겠는가? 사실 야단맞는 걸 누가 좋아하겠는가? 하지만 야단치고 야단맞으면서 함께 성장하는 가운데 회사가 남의 것이 아니라 '내 것'이라는 마음을 갖게 하는 것이 내 목표다. 궁극적으로는 주인정신을 갖게 해 '전 직원의 CEO화'를 시키기 위함이다.

작은 조직이 성장하기 위해서는 구성원 개개인이 동반자 의식을 갖고 있는지가 상당히 중요하다. 한 사람의 마인드로 조직에 균열이 가고 언제든 피사의 사탑처럼 기울어질 수 있기 때문이다. 리더인 나 혼자만 의욕이 넘치면 되는 것이 아니라 함께 일하는 직원들도 리더와 똑같은 의욕을 가져야 한다. 줄다리기를 할 때 팀원이 모두 함께 동시에 힘을 주어 줄을 당기는 것처럼, 운명을 함께하는 동반자들이라는 느낌으로 같이 가야 성장할 수 있고 내일이 있다. 작은 조직일수록 더욱 그렇다.

그래서 직원들을 뽑을 때도, 뽑아서 교육을 시킬 때도 '좋게 대충'이란 있을 수 없었다. 중간이라는 게 없었다. 부족한 점이 있으면 확실히 배우고, 반복되는 실수는 호되게 혼쭐을 내서라도 반드시 고치고, 할 때는 제대로 최선을 다하자는 분위기를 만들었다.

만일 공동체 운명을 짊어질 의지도 없고 그럴 만한 그릇도 안 되는 직원이 나가겠다면 말리지 않았다. 하지만 운명을 함께할 내 사람이라 판단되면 끝까지 진심을 다해 붙잡기를 주저하지 않았다.

한 번은 호된 편집 교육과 훈련에 지쳐 슬럼프에 빠진 직원이 무작정 밤기차를 타고 고향으로 내려갔다는 이야기를 들었다. 그 직원을 붙들기 위해 다른 직원들과 함께 당장 차에 올랐다. 평소 거의 타본 적 없는 고속도로에서, 그것도 안개 낀 밤길에 액셀러레이터를 어찌나 밟아

댔던지 서울에서 대전을 40분 만에 통과했다. 과속 단속을 위해 쫓아오던 경찰차가 나중에는 더 이상 우리를 따라잡지 못하고 포기할 정도였다. 무궁화호를 탔다는 그 직원이 고향 기차역에 도착하기도 전에 우리가 먼저 역 앞에 도착해 있었다.

개찰구에서 그 직원은 우리를 보고 깜짝 놀랐다. 그런 그에게 다른 말은 하지 않았다. 집에 가더라도 낮에 들어가라고, 서울에서 직장 생활 멀쩡히 한다던 자식이 갑자기 새벽에 들이닥치면 네 부모님이 얼마나 놀라고 맘이 안 좋으시겠냐고 말했다. 내 얼굴을 보자마자 눈물을 흘리던 그 직원은 결국 그 길로 우리와 함께 다시 서울로 올라왔다. 그는 그날 이후 슬럼프를 극복하고 심기일전했다.

나는 야단을 치건 칭찬을 하건 당사자 앞에서 직설적으로 직접적으로 했다. 그 대신 뒤끝은 만들지 않았다. 그리고 누구도 다른 직원에 대해 뒷담화를 하지 않는 조직문화를 만들었다. 다른 사람 험담을 할 거면 그 사람 앞에서 하라고 했고, 칭찬이든 험담이든 제삼자를 거쳐 말이 돌고 도는 일은 절대 용납하지 않았다.

그리고 직원들이 나와 똑같은 마음을 가질 수 있도록 했다. 배수의 진을 쳐도 같이 치고, 죽어도 같이 죽고, 살아도 같이 산다는 느낌으로 지내왔다. 남들은 쉽게 이해하지 못할지 몰라도 그렇게 해서 우리 회사만의 독특한 분위기와 똘똘 뭉치는 문화를 만들어갔다. 간혹 남들이 세이펜을 '세이교(세이펜 교육의 약자)'라고 부르면서 나를 '세이교 교주'라고 장난삼아 부르는 이유가 여기에 있는 것 같다.

손수 밥을 지어 먹이다

그런가 하면 나는 한때 직원들과 거래처에 '밥해주는 사장'으로도 유명했다. 회사 규모가 지금보다 작았을 때는 매일 저녁 밥을 해먹였다. 지금은 혼자서 감당이 안 돼 영양사가 집에서 정성껏 조리해온 음식을 직원들에게 제공한다. 웬만하면 '집밥'을 먹이자는 이유에서다.

맨 처음 손수 밥을 해먹이게 된 계기는 직원들의 건강 상태 때문이었다. 하우콤을 운영하던 시절엔 업무 특성상 야근이 잦고 업무량도 많았다. 요즘도 그렇지만 출판 편집이라는 업종은 3D업종이라 불릴 만큼 육체노동과 정신노동 강도가 높았다. 이러한 업무 환경에서 화학조미료가 많이 들어간 일반 식당 밥을 사먹으니 직원들의 체력이 저하되고 몸이 상할 수밖에 없었다. 그래서 가족을 돌보는 엄마의 마음으로 결단을 내렸다. 내 손으로 좋은 재료를 이용해 밥을 지어 먹이자고.

저녁 무렵이 되면 매일 시장에 가서 식재료를 사와 음식을 준비했다. 양념이나 육수도 천연 재료로 직접 만들었다. 그리고 갖은 채소를 칼로 잘게 다지고 거기에 여러 가지 과일을 믹서에 갈거나 으깨 넣고 요구르트나 요플레를 섞어 즙처럼 생긴 특별식을 만들기도 했다. 그 즙을 매일 직원들에게 약 먹이듯 먹였다. 인공 조미료가 안 들어가고 지극정성이 들어간 영양가 높은 집밥을 매일 해먹이자 푸석푸석하던 직원들의 얼굴에 언제부턴가 생기가 돌고 기초체력이 강해졌다.

또한 직원들이 야근을 할 때는 일이 끝나면 한 명 한 명 차에 태워 집에까지 데려다줬다. 직원 숫자가 많지 않았기에 가능한 일이기도 했지만, 여직원이 많은 회사에서 야근을 시켜놓고 늦은 밤길에 택시나 버스를 타고 귀가시키면 혹시 사고가 나지 않을까 불안해서 도착할 때까지 잠을 잘 수 없었다. '이럴 바에는 직접 데려다주고 좀 늦게 자더라도 편히 자자'라는 마음으로 직원들 운전기사 노릇을 자처했다.

사장이 직원들을 집에 데려다준다는 것을 다들 처음에는 어색하고 낯설게 생각했지만, 시간이 지나자 직원들도 부모님들도 심지어 여직원의 남자 친구도 저녁에 전화해서 "늦게 택시 타지 말고 사장님한테 태워달라고 해"라고 말할 정도로 자연스러워졌다. '직원들 집에 데려다주기'는 20년 이상 된 우리 회사만의 독특한 문화다.

손수 밥을 해먹이고 집에 데려다주다 보니 마치 부모처럼 정성을 다하는 내 진심을 직원들도 서서히 알아주기 시작했다. 업무상 호되게 야단을 쳐도 직원들이 내 마음을 알아주고 엄한 아빠처럼 때로는 부드러운 엄마처럼 받아들였던 것은 이 같은 노력이 있었기 때문이다. 내 몸의 일부 같은 직원들에게 정성을 다하는 것이 내게는 너무도 당연한, 섬김의 리더로서의 몫이었다.

김철회의 99%의 결핍을 이기는 1%의 마음가짐

허풍이라도
목표를 높게 정해보자

다른 사람 앞에서 호언장담한 뒤 말한 것을 지키지 않는 사람을 '허풍쟁이'라고 한다. 내 말이 허풍이 아님을 인정받기 위해서는 몇 년이 걸리더라도 그 약속을 실행에 옮기기 위해 목숨 걸다시피 노력하지 않으면 안 된다.

아무리 실현하기 어려울 것 같은 약속을 했더라도 그 약속을 끝끝내 지켜낸 사람은 허풍쟁이가 아니라 믿을 만한 '플래너'로 인정받는다. 플래너는 항상 남보다 앞서 계획을 짜고 그에 따른 비전을 제시할 뿐만 아니라 자기가 한 약속을 반드시 지켜낸다.

나는 일부러 남들 앞에서 공언함으로써 나 자신이 그 말을 반드시 실천하게 만든다. 내 입으로 그런 말들을 함으로써 스스로 마인드 컨트롤을 하려는 의도다. 예를 들어 직원들에게 "내가 네 집 꼭 장만해줄게"라고 일부러 먼저 장담한 다음 실행에 옮긴다. 그러면 내 입으로 내뱉은 말을 지키기 위해서라도 노력을 하지 않을 수가 없다.

때로는 힘들 걸 알면서도 일부러 입 밖으로 내뱉고 공언하기도 한다. '자성예언(自成例言)'처럼 만들기 위해서. 그리고 내가 이야기한 것을 실행에 옮겨 증명해보였을 때의 쾌감을 어느 때부터 스스로 즐기기 시작하면서 그 쾌감을 좇아 더 큰 모험을 감행하고 있다.

사실 다른 사람 앞에서 공언해놓고 약속을 지키지 못하면 심할 경우 '사기꾼'이라는 소리를 들을 수도 있다. 하지만 절대로 그런 소리를 듣지 않겠다는 각오로, 자신이 내뱉은 말에 대한 책임을 지기 위해 최선을 다하면 남다른 성공을 맛보게 될 것이다.

결핍이 만든 성공 10

혼자 놀지 말고
같이 놀아라

    나와 오랜 세월 함께 일한 직원들은 우리끼리만 통하는 구호가 있다. 내가 "뭐들!" 하고 외치면 직원들이 "못할까!" 하고 받아치는 것이다.
    실제로 그동안 함께해온 장기근속 직원들과 나 사이에는 남들은 선뜻 이해하지 못할 끈끈한 유대감 같은 게 있다. 우리가 함께하기만 한다면 어떤 상황에서든, 업종이나 아이템이 어떻게 바뀌든, 어떤 난관이 닥치든 '뭐든 할 수 있다'는 자신감이 있다. 때로는 우리 사이에 텔레파시 같은 게 있어 굳이 말을 안 해도 눈빛으로 느낌으로 통하는 게 아닌가 싶다.
    이러한 유대감은 15년쯤 전 하우콤 시절 작은 공간에서 거의 24시간 얼굴을 맞대고 같이 먹고 같이 야근하며 동고동락하는 가운데 싹트기 시작했다. 직원들이 밤새워 야근하면 절대 나 먼저 퇴근하지 않았다. 나도 그 옆에서 밤을 새워가며 함께 일했고 서로 간식도 챙겨주고 어깨도 두드려줘 가며 의지하고 격려하면서 힘을 보탰다.

그런 시간들이 쌓이자 서로가 서로에게 가족이자 형제이자 죽마고우와도 같은 관계가 되어갔다. 흔히 '가족 같은 회사'라는 표현을 하지만, 우리는 오히려 '가족보다 더 끈끈한 회사' 혹은 '가족이 못해주는 것도 해줄 수 있는 회사'에 가까웠다. 그것이 우리만의 추억이자 회사의 역사로 만들어졌다.

우리의 온몸이 신경조직으로 연결되어 있듯, 조직에서도 무형의 네트워크가 중요한 역할을 한다. 인간적인 관계가 돈독하고 강한 회사일수록 발전 가능성이 높다. 그래서 대기업에서 가족경영을 선호하는 경향이 있지만, 나는 가족이 아닌 남들을 '내 사람들'로 가족보다 오히려 더 강한 유대감을 지닌, 작지만 강한 조직을 만들었다. 강한 네트워크로 연결된 조직이기에 직원들이 아프면 나도 그 아픔을 바로 느끼고, 내가 아플 때 직원들도 그 아픔을 고스란히 느낀다. 마치 내 몸의 일부처럼 서로를 느끼는 것이다.

이렇게 강한 네트워크 속에서 운명 공동체의 일원이 된 직원들은 회사가 변화하고 발전하는 과정에서 온갖 궂은일, 하찮은 일도 마다하지 않았다. 변신해야 할 때는 변신하고, 자기가 해본 적 없던 업무를 해야 할 때도 거부하지 않는다. 불평하면서 '내가 왜 이 일을 해야 되나?'가 아니라 '이 일이 얼마나 중요했으면 나한테 시킬까?'라는 긍정적 마인드를 잃지 않았다. 그래서 리더인 나도 '이 사람들과 함께라면 뭐든 할 수 있겠다'라는 믿음이 생겼다. 그다음부터는 업종이 바뀌고 아이템이 바뀌어도 두렵지 않았다.

🎲 로또보다 나은 행운, 내가 만들어주마

오래전에 직원들에게 이런 말을 했다.

"너희는 로또 사지 마라. 내가 열심히 일해서 로또와 다름없는 행운을 만들어주마."

그 후 세월이 흐른 지금, 로또에 당첨된 사람보다 내가 더 돈을 많이 번다고 자신 있게 말할 수 있게 됐다. "로또가 별건가? 난 매달 로또 당첨금보다 많이 버는데?"라는 농담도 가끔 한다.

하루아침에 거액을 벌게 돼서가 아니다. 피땀 흘린 노력을 통해 로또의 행운을 능가하는 값진 결실을 얻었기 때문이다. 일확천금보다 가치 있는 노력으로 스스로 획득해낸 것이다. 그래서 지금까지 로또 한 번 안 사봤지만 나는 로또와 같은 일을 한 거라고 생각한다.

그런데 기간은 좀 걸렸다. 로또는 지난주에 사면 이번 주에 당첨되지만 나는 30년간 일하고 이제야 당첨금을 탄 것이다. 당첨금을 타기까지는 여러 가지 요소가 필요했다. 끈기, 성실성, 판단력, 땀, 사람들과의 인연, 신의, 자기관리……. 이 모든 것이 융합된 종합예술이었다. 이런 종합예술을 나뿐만 아니라 누구나 다 할 수 있다. 그런데 대부분의 사람이 '난 안 돼' 하면서 포기하거나 아예 시도조차 안 하려 든다. 왜? 힘들고 귀찮으니까.

하루아침에 벼락부자가 된 사람들은 돈을 무조건 자기를 위해 쓴다. 행운의 여신이 자기편에 있다며 거만하기까지 하다. 반면 꾸준히 노력해서 부를 축적한 사람들은 돈을 직원들의 복지와 사회봉사, 그리고 국가를 위해 가치 있게 쓸 줄 안다. 로또에 당첨돼 하루아침에 30억 원을 탄 사람과 평생 열심히 일해서 30억 원을 번 사람 중 누가 돈을 제대로 이해하고 가치 있게 쓸까? 누가 더 성취감을 느끼고 자신을 가치 있게 여길까?

내가 이룬 것이 로또 당첨금보다 더 값어치 있다고 자신 있게 말할 수 있는 건, 단 하루도 노력하지 않은 날이 없었고 함께 고생한 동료와 거래처가 있었기 때문이다.

오늘날 우리는 '100세 시대'를 맞았다. 나는 아직 인생의 절반도 살지 않은 셈이다. 50세 이후의 건강한 삶을 위해서는 육체 건강뿐만 아니라 정신 건강도 잘 관리해야 한다. 머릿속의 생각이 낡지 않도록 수시로 업그레이드하고, 내면에 에너지도 불어넣어야 한다. 세상 어떤 권력자도 부자도 세월만큼은 빗겨가지 못한다. 권력으로도 돈으로도 여유분의 생명을 살 순 없다. 그러므로 돈을 버는 것보다 더 중요한 것은 우리에게 주어진 유한한 시간을 어떻게 살아가느냐 하는 것이다.

지금의 결과를 위해 30년 전부터 열심히 준비해왔듯이, 나는 앞으로 살아갈 50년간 로또보다 더 나은 행운을 맞이하기 위해 또 새롭게 준비하고자 한다. 사람들과 더불어 나누고 열심히 일하면 일확천금보다 가치 있는 새로운 행운이 또다시 나를 찾아올 것이라 굳게 믿기 때문이다.

주어진 외부 환경에 관계없이, 긍정을 선택하면 긍정의 결과가 부정을 선택하면 부정의 결과가 나오는 것이 자연의 이치다. 지금은 그 어느 때보다 창조적인 도전 정신과 긍정적인 마음가짐이 필요한 시기다.

직원들에게 내 집 장만해주기

나는 오래전부터 성공의 가장 중요한 가치 기준을 동고동락한 직원들의 복지에 뒀다. 매출이 오르고 사업의 규모가 확장되고 회사가 발전하는 것은 나 혼자의 힘이 아니라 직원들이 다 함께 노력하고 땀 흘리고 상생해온 결과라고 생각하기 때문이다. 따라서 회사가 번 돈은 나 개인의 돈이 아니라 회사의 돈이고 직원들의 재산이라고 생각한다.

물론 나 역시 사람인 이상 나 하고 싶은 것들에 돈을 쓰고 싶은 마음이 없진 않다. 하지만 아직은 나 개인의 욕구를 충족시키기보다는 직원들의 욕구를 충족시켜야 하는 과정에 있다고 생각한다. 자식들이 배고프다고 울어대는데 엄마가 아이들 밥은 안 해주고 친구들과 놀러 다닐 순 없는 것처럼, 나는 아직 '우는 아이들 밥 먹여주기 바쁜' 단계다.

직원들의 복지에서 내가 가장 중요시하는 것은 업무 환경이다. 2013년 새로운 사옥을 단장할 때도 사무실 환경이 직원들 일하기에 쾌적한지에 가장 신경을 썼다.

첫 번째로 바닥에 보일러를 설치했다. 겨울철이나 비오는 날에 온풍기를 틀면 건조하고 감기도 쉽게 걸리고 두통이 생기는 것을 막기 위해서다.

두 번째는 한 시간을 앉아도 편히 앉으라고 의자만큼은 내가 직접 앉아보고 구입했다. 거래처 손님이, 의자가 너무 좋아 직원 책상을 사장 책상으로 착각한 일도 있었다. 직원 의자와 사장 의자를 동일한 것으로 구입하는, 전통 아닌 전통으로 이어져오고 있다.

세 번째는 건강한 식사 제공이다. 웬만하면 먹는 건 직접 해주고 시간이 안 되면 요리사를 쓰고, 그것도 안 되면 가격을 떠나서 조미료를 많이 사용하지 않는 음식점에서 식사를 제공한다.

아직 완벽하게 실행하진 못했지만 복지 중에 최고의 궁극적인 복지는 '전 직원 집 장만해주기'라고 생각한다. 집 장만은 나의 로망이자 직원들의 로망일 것이다. 한번은 직원들과 일을 마치고 식사를 하기 위해 길을 걷다 부동산이 눈에 띄기에 한 직원의 생일 선물로 조그만 오피스텔을 사준 적이 있다. 남들은 내가 엄청 돈이 많아서 오피스텔을 사줬다고 생각할 수도 있지만, 객지 생활하는 직원들의 기숙사 같은 것이라 생각하고 사준 것일 뿐이다. 게다가 그 직원은 내가 힘들었던 시절부터 나와 함께 일해오면서 내게 많은 힘을 보태줬다.

이런 식으로 몇몇 장기근속한 핵심 멤버들에게는 이미 집과 차를 마련해주었다. 지방 출신 직원들이 무료로 먹고살 수 있는 기숙사도 확충해나갈 계획이다. 그리고 근속연수가 오래된 사람들에겐 단순히 현금 보너스만 지급하는 것이 아니라 휴대전화 사용료, 의류비, 화장품 및 생필품비, 차량유지비 등을 지급해 기본적인 복지 문제를 해결해주고 있는데, 장차 더 많은 직원이 혜택을 받을 수 있도록 폭을 넓혀가야겠다는 바람을 가지고 있다.

성공은 내가 주변 사람들을 무시하고 그들을 밟고 올라섰느냐에 좌우되는 것이 아니다. 오히려 주변 사람들을 얼마나 끌어 올려주느냐에 달려 있다.

내 곁에 있는 사람들이 행복해하지 않고 힘들게 산다면 나도 행복한 부자가 될 수 없다. 다시 말해 남을 행복하게 만들고 성공시켜주는 사람만이 자기도 행복하고 성공을 얻을 수 있다. 회사의 CEO는 직원들이 고객들에게 고개를 숙인 만큼 자신이 멋져진다는 고마운 사실을 잊으면 안 된다. 먼저 직원들의 노력에 감사하고 그들의 묵묵한 고개 숙임이 나의 영광이 되는 것이므로 그들의 행복과 성공을 도우면 자연스럽게 나의 행복과 성공이 따라온다는 사실을 명심하자.

투명한 리더

나는 기업인으로서 돈에 대한 투명성을 지키자는 원칙을 가지고 있다. 대기업이든 구멍가게든 세상에서 가장 힘든 게 돈과의 싸움이다. 그러니 돈에 대해 한 점 부끄러움 없는 기업 문화를 만드는 게 쉽지 않다는 사실을 잘 알고 있다. 하지만 돈에 대한 투명성에 금이 가는 순간 리더에 대한 직원들의 신뢰는 무너지게 마련이다.

예전에 한 직원이 사람들한테 "우리 회사 사장은 회사 돈에 손 안 댄다"라고 말했더니 그 자리에 있던 모든 이들이 코웃음을 치며 이렇게 대꾸했다고 한다.

"야, 네가 아직 사회생활을 몰라서 그래. 어떤 사장이든 회사 돈을 다 꼬불치게 돼 있어."

회사를 운영하는 사람이 금전적으로 투명하다는 '상식'을 믿는 사람은 아무도 없다는 얘기다. 거꾸로 생각하면 사장이 회사 돈을 '꼬불치는' 것이 당연하다고 생각하는 것 자체가 문제인데 말이다.

그동안 사업을 해오면서 나는 회사의 금전적 상황을 항상 있는 그대로 공개했고, 회사 돈은 단돈 10원도 허투루 써본 적이 없다. 처음 사업을 시작할 때부터 지금까지 20년간 사용한 통장을 한 개도 안 버리고 고이 보관해둔 것도 내가 지켜온 금전적 투명성에 대해 자신이 있기 때문이다. 거래처와 결제를 할 때도 현금이 아니라 온라인으로 하기 때문에 기록이 다 남아 있다. 심지어 현금 접대를 해본 적도 없다. 무조건 카드를 사용하여 명세서를 직원들이 볼 수 있게 했다. 흔히 회사 대표는 현금을 갖고 다니는 데 반해 나는 신용카드 한 장만 달랑 들고 다닌다. 현금을 만지면 욕심이 생기고 그 욕심은 돌아오지 못할 강을 건너게 한다고 생각하기 때문이다.

나와 오래 함께 일한 직원들은 이 사실을 잘 알고 당연시한다. 사장이 금전적으로 투명하다는 것을 직원들은 철석같이 믿고 있다. 그렇기 때문에 금전적인 부분을 직원에게 맡겼을 때도 알아서 투명하게 관리할 줄 안다. 세상 사람들이 '설마'라고 생각하는 부분이 우리 회사에서는 당연한 상식으로 통한다.

사람들은 '이 세상에 정말로 투명한 기업, 투명한 사장은 없다'라고 말한다. 그러나 나는 '정말 투명한 기업, 투명한 사장도 있다'라는 것을 언젠가는 믿게 하고 싶다. 이미 우리 회사 직원들은 믿고 있으리라고 생각한다. 리더와 팔로워로서 '함께 가는 것'이 돈보다 중요하다는 것을.

🔷 최대의 성공을 이루려면 힘을 합쳐라

'독불장군'은 혼자서는 장군이 될 수 없다는 의미로, 무슨 일이든 자기 혼자서 멋대로 일을 처리하는 사람을 일컫는 말이다. 그리고 "백지장도 맞들면 낫다"라는 말은 쉬운 일이라도 함께하면 훨씬 쉽다는 말로, 세상에 주어진 일들을 혼자 하려 하지 말고 협력해서 하라는 뜻이다.

나는 어린 시절 독서를 좋아해 하루에도 제법 두꺼운 책을 서너 권씩 읽었다. 여러 책 가운데서도, 자신의 능력과 상대의 능력을 잘 활용하여 나라를 세우고, 수많은 인재와 재능 있는 사람들과 동고동락하며 역사를 만들어나가는 수많은 영웅들의 이야기를 담은 책에 빠져들었다.

책에 나오는 영웅들과 위인들의 어린 시절도 대부분 나처럼 불행하고 고난의 연속이었다. 하지만 그들이 힘겨운 자신의 삶을 개척하면서 멋진 인생을 만들어가는 장면들은 놀랍고도 감동적이었으며, 내게 용기를 주었다. 어린 시절 난 그들에겐 특별한 재능과 마법 같은 신비로운 능력이 있다고 생각했다.

하지만 어른이 되어 사회생활을 해보니, 그들은 어떤 특별한 재능이나 마법이 있었던 것이 아니라 자기 생각보다 상대방의 생각을 경청하면서 상대방 능력을 120퍼센트 활용하고, 그들의 마음을 사로잡고, 그들의 손과 발을 잘 활용하고, 그들이 가지고 있는 모든 재능과 목숨마저도 바치도록 할 만큼 뛰어난 리더십을 갖고 있다는 걸 알게 되었다. 무전기도 휴대전화도 인터넷도 없던 그 시절 리더들은 리더십이라는 능력으로 상대방을 리드하고 상대방을 자유자재로 움직여 세상의 지배자가 될 수 있었다.

특히《삼국지》에 등장하는 수많은 영웅을 보면서 영웅 뒤에는 또 다른 영웅들이 있음을 알게 되었다. 혼자 성공하려는 사람은 일을 시작하기도 전에 이미 실패한 거나 다름없었다. 뭔가 계획하고 큰 사업을 하기 위해서는 반드시 동지들이 필요했고 항상 그들과 함께해야만 성공을 이룰 수 있었다. "힘을 합치면 해결 못할 문제는 없다"라는 사실은《삼국지》의 시대적 배경이 된 2~3세기 중국의 삼국시대나 21세기를 살아가는 지금이나 동서고금을 막론하고 변함이 없다. 또한 원시시대부터 현대사회까지 변하지 않는 사실은 "세상에 혼자서 해결할 수 있는 일은 거의 없다"라는 것이다.

오늘날 세이펜이 가져다준 성공 역시 나 혼자 이룬 게 아니라 직원들과 함께 일궈낸 것이다. 최초도 혼자, 최고도 혼자, 최상도 혼자 할 수 있지만 최대는 결코 혼자 이룰 수 없다는 것을 늘 기억해야 한다. 같이 일하는 직원들과 힘을 합치지 않는다면 절대로 최대의 성공을 이룰 수 없다.

사장실은 네트워킹 공간이다

새로운 사옥의 사장실에 와본 사람들은 방 안을 둘러보다가 의아하다는 표정을 짓는다. 방 안에서 제일 자리를 많이 차지하고 있는 것이 책상이 아니라 주방시설이기 때문이다. 널찍한 아일랜드 식탁 주변에 삼

삼오오 모여 담소를 나눌 수 있는 구조다. 게다가 오디오에서는 잔잔한 클래식 음악이 흘러나오고 편안하게 휴식을 취할 수 있는 안락한 의자가 마련되어 있다. 보면 볼수록 사장의 집무실이라기보다는 여러 사람이 휴식을 취할 수 있는 공공휴게실 같은 느낌을 준다. 사장실이 아니라 접대 공간에 가깝다.

사장실이지만 휴게실로 활용할 수 있도록 할 것, 이것이 애초 내 의도였다. 그곳을 나 혼자만의 공간으로 만들고 싶지는 않았다. 예전의 청파동 사옥에서도, 확장 이전한 새로운 성수동 사옥에서도, 어느 한 곳에 틀어박혀 정착해 있는 사장이고 싶지는 않았다. 그래서 단 한 번도 번듯한 내 집무 책상을 두고 따로 일해본 적이 없다. 언젠가는 멋진 집무실에서 일하겠지라는 기대감도 없진 않지만, 아직은 나만의 사장실보다는 다른 사람들과 언제든지 소통할 수 있는 공간, 즉 네트워킹 장소가 더 필요하다고 생각했다.

회사 규모가 커지고 직원들의 숫자가 많아졌지만 나는 여전히 내 사람들과 끊임없이 소통하는 리더이고 싶다. 그래서 공연을 관람하더라도 나 혼자 보고 끝내지 않는다. 직원들에게도 뮤지컬 티켓이나 영화 티켓을 나눠준다. 회식하는 횟수를 예전보다 줄이는 대신 친구들이나 부서 팀원들과 퇴근 후 문화생활을 즐기게끔 하려는 의도다.

얼마 전에 한 부서 직원들에게 유명한 뮤지컬 티켓을 나눠주면서 티켓 외에 밥값과 찻값 명목으로 이만 원씩 넣어줬다. 그랬더니 직원이 회사 SNS에 이런 댓글을 달았다. "사장님이 우리를 생각해주는 것만으로도 피로가 풀립니다."

그걸 보며 소통에 대해, 사람과 사람 간의 네트워크의 중요성에 대해 다시 한 번 생각했다. 뮤지컬을 관람할 때 무대 위에 펼쳐지는 딴 세상을 보면서 '내가 저 무대 위의 주인공이라면 어떨까?' 하는 상상을 해보는 것처럼, 나도 인생이라는 무대 위에서 세상과 더 많이 소통하고 싶다는 꿈을 꾸곤 한다.

새로운 사장실을 설계하면서 내가 떠올린 건 칭기즈칸이라는 인물이다. 그는 드넓은 대륙에서 수많은 사람에게 꿈을 만들어주고 자신을 따르게 했다. 병사들과 동고동락하면서 갈증과 허기와 피곤을 함께 느끼고, 세상에서 가장 큰 적은 자기라고 생각하면서 적마저도 군사조직으로 만들어 네트워크를 형성했다. 나도 칭기즈칸처럼 자기 터전 없이 넓은 세상을 쉴 새 없이 유랑하면서 '위기 다음에는 성공이 오지만 성공 다음에는 위기가 온다'는 마인드로 더 많은 사람을 리드하고 소통하면서 꿈을 가슴에 품고 그 꿈을 현실로 만들어가면서 유목민들 간의 끈끈한 네트워크를 만드는 사람이 되고 싶다는 생각을 해본다.

🔲 말없이 내 생명을 지켜주는 사람들

어머니의 품 같은 넓은 바다를 보면 그 크기에 놀라고 시원한 파도소리에 누구나 한 번쯤 상념에 빠진다. 바다는 크고 깊이도 알 수 없다. 내게 바다는 세이펜을 판매해야 하는 거대한 국가요 시장이다. 바다를 정복할 순 없지만 내가 정복해야 하는 바다는 비즈니스 세계의 삶과 흡사한 장소 같다는 생각이 든다. 그래서 아는 형님의 도움으로 바다에 들어가보기 위해 스쿠버다이빙을 배웠다. 그리고 그것을 계기로 스쿠버다이빙 강사 자격증을 따기 위해 도전장을 던졌다.

수영과 스쿠버다이빙을 배우기 전에는 취미생활이랄 게 거의 없었다. 사업하는 사람이라면 으레 할 줄 알아야 한다는 골프도 치지 않았다. 골프를 즐기지 않았던 이유는 시간이 없고 특별한 관심이 가지 않아서이기도 했지만, 그보다 더 중요한 이유는 단체운동이 아니기 때문이었다. 골프장에 들어설 때는 여러 사람과 함께 갈지 모르지만, 골프는 자기 혼자 공을 치고 자기 혼자 즐기고 자기 혼자 잘해야 하는 운동이다. 다른 사람들과 함께 점수를 내는 것처럼 보이지만 결국은 자기 점수만을 계산한다. 겉으로는 많은 사람과 친해질지 모르지만 어디까지나 비즈니스일 뿐 진정한 한 명을 사귀기는 힘든 스포츠라는 생각이 들었다.

그런데 스쿠버다이빙은 다르다. 스쿠버다이빙은 물속에 혼자 들어가는 게 아니라 2인 이상이 1조를 이뤄 함께 들어간다. 상대방이 싫건 좋건 일단 물속에 들어간 순간부터는 두 사람의 팀워크가 관건이다. 내 공기통의 공기가 떨어지거나 레귤레이터의 노즐이 막히거나 뭔가 문제가 생기면 상대방이 도와줘야 살 수 있기 때문이다. 그래서 스쿠버다이빙에서는 같이 들어가는 옆 동료를 '버디(Buddy : 친구, 단짝)'라고 한다. 버디는 물속에서 말없이 나의 생명을 지켜주고, 위기 순간에 나를 도와준다.

스쿠버다이빙은 생명이 걸린 스포츠라 교육 시 무조건 안전을 최우선시한다. 제대로 된 교육을 받지 않으면 누구든 아주 위험한 상황에

노출된다. 잠실 수영장에서 장비를 착용하고 첫 다이빙 교육을 받은 날을 잊을 수 없다. 물속에서 숨이 차 나도 모르게 그만 산소 호흡기인 레귤레이터를 입에서 뺀 것이다. 순간 너무나 당황하고 물을 많이 마셔 물 밖으로 올라온 후, 겁이 나서 한참 동안 물속으로 못 들어갔다.

그래서 교육 중이든 실전이든 스쿠버다이빙을 할 때는 사고에 대비하기 위해 강사나 버디와 같이 들어가야 한다. 바다에는 깊은 수심과 수온 그리고 그날의 기상에 따른 높은 파도와 조류뿐만 아니라 예쁘지만 날카로운 산호초, 해파리 같은 독을 가진 생명체, 제한된 시야 등 너무나 많은 위험이 도사리고 있다. 바다의 수역은 얕은 수심과 깊은 수심으로 나누어지는데, 강사나 리더와 함께 가면 특별한 구분 없이 어느 곳이든 들어갈 수 있고 물속에서 일어나는 익사사고도 방지할 수 있다.

아무리 말이 많은 사람도 물속에 들어가면 말을 못한다. 말을 못하는 상황에서 서로의 메시지를 잘 전달하고 커뮤니케이션을 해야 한다. 공기가 얼마나 남았는지도 체크하고, 해초나 그물에 걸리지 않게 조심하면서 오로지 버디 곁에 붙어 있어야 하고, 상대방이 내 옆에 잘 있는지 끊임없이 살펴야 한다. 물속에 들어가는 순간 죽음의 위협을 느끼기 때문에 상대방에게 절대적으로 의지하게 된다. 상대방이 없으면 내가 죽는다. 그러므로 다이빙에서는 버디가 매우 중요하다. 다이빙 목적이 맞아야 하고, 서로를 신뢰할 수 있는 사이여야 한다. 따라서 진정한 한 명을 사귈 수 있는 스포츠가 바로 스쿠버다이빙이 아닐까 생각한다.

나는 버디와 함께 필리핀 모알보알 바다에서 첫 잠수를 했다. 배

위에서 바닷 속으로 들어가기 직전 한발 물러서 바다를 바라보니 광대한 바다의 위용 앞에서 순간 나 자신이 보잘것없는 존재로 느껴졌다. 하지만 세이펜을 판매할 미지의 시장에 도전하는 마음으로 입수 준비를 했다.

수면 위에서는 항상 중성부력을 확보해 체력을 보존하고, 심리적 안정을 유지해야 하며, 불필요한 움직임을 최소화해 공기와 에너지를 보존해야 한다. 그런데 첫 잠수다 보니 불안한 마음에 가라앉지 않으려 공기도 빼지 못하고 계속적인 핀킥만 하고 있었다. 잠시 뒤 용기를 내어 바닷 속으로 들어간 나는 말없이 손짓과 눈빛으로 나를 도와주는 버디의 중요성을 새삼 깨달을 수 있었다. 버디 덕분에 나는 아름다운 바닷 속을 탐험하면서 앞으로 나아갈 수 있었다.

현재 우리 직원들에게도 스쿠버다이빙을 가르쳐주고 있다. 상대방의 존재가 나의 생존에 절대적으로 중요하고 네가 살아야 나도 산다는 그 느낌을 내 사람들과 공유하고 싶기 때문이다.

세이펜은 지금까지 많은 버디들과 성장해왔다. 이들의 말 없는 노력이 세이펜을 성장시켰고, 앞으로도 이들 없이는 세이펜은 존재할 수 없다. 바닷 속에서 서로 의지해야만 하는 버디처럼 함께 의지하면서 기업을 성장시켜나가고 싶다.

김철회의 99%의 결핍을 이기는 1%의 마음가짐

나눔으로써 행복해진다

회사를 영어로는 'company'라고 하고, 한자로는 '會社'라 한다. company에는 '회사'라는 뜻 외에도 '함께 일하거나 공연하는 단체', '함께 있음'이라는 뜻도 있다. 한자의 회(會) 자는 '모이다', 사(社) 자는 '제사 지내다'의 뜻이 있으니 직역하면 '모여서 제사 지내다', 즉 '잘되길 기원하다'라는 의미다.

company에는 또 다른 재미난 뜻이 담겨 있는데 'com'은 '함께', 'pany'는 '빵'이다. 즉 함께 빵을 동료들과 나눠 먹는다는 뜻이다. 이와 비슷한 의미를 지닌 말로 '식구(食口)'가 있다. 식구는 '밥을 같이 먹는다'라고 풀이할 수 있다.

어떻게 보면 회사는 이윤을 나눠 갖고 뜻을 공유하는 사람들이 모인 이익 공동체라 할 수 있다. 그런데 다 같이 잘살기 위해서는 빵을 나눠 먹듯이 회사의 이윤은 물론 가치관이나 목적, 목표를 나누고 공유해야 한다. 그 뿐만 아니라 시련과 어려움도 공유하고 나눠가지는 팀워크가 중요하다 할 수 있다.

남남끼리 만난 데다 특정 이해관계가 얽혀서 쉽진 않겠지만, 이해관계를 넘어선 또 다른 가치관으로 식구와 함께 같은 꿈을 공유하고 목적을 이루기 위해 노력한다면 그 에너지는 엄청나게 커질 것이다. 따라서 회사라는 뜻과 의미를 이해하고 가치를 공유하는 데 더 많은 시간과 노력을 투자해야 한다.

결핍이
만든 성공
11

이윤을 포기하더라도
상도를 지켜라

살얼음판과도 같은 비즈니스 세계에서 살아남기 위해서는 전략과 전술도 중요하지만 '상도'를 지키는 것이 대단히 중요하다. 스포츠 세계에 스포츠맨십이 있는 것처럼 비즈니스 세계에는 '비즈니스맨십'이 있어야 한다. 쉽게 말해 '치사한 짓' 안 하는 것이다.

대기업들이 동네 빵집이나 동네 슈퍼를 장악하면서 골목상권을 위기에 몰아넣고 있는 것도 상도를 무시한 행위다. 그 결과 골목상권이 깨지면서 전체적으로 비합리적인 시장이 만들어지고 있다. 대기업은 중소기업이 손대기 힘든 분야, 예를 들어 에너지, 국토 개발, 생명공학 같은 분야에서 차별화 전략을 취해야 한다. 이런 분야는 중소기업이 하고 싶어도 못하는 분야이기 때문이다. 그런데 대기업은 왜 상도를 무시하면서까지 먹거리 시장과 골목상권에 진입하고 있을까? 답은 간단하다. 돈 벌기 쉬우니까.

　돈 자체는 목적이 아니라 도구에 불과하다. 돈을 도구로 잘 활용하기 위해서는 돈 욕심이 아니라 올바른 정신세계와 철학, 도덕성을 갖춰야 한다. 돈이 나쁜 도구로 활용되는 순간 엄청난 파괴력이 나타난다. 돈에 의해 정신이 파괴되고 돈 때문에 배신하고 영혼을 팔고 생명을 팔고 사람을 죽이기까지 한다. 그래서 돈의 파괴력을 이길 수 있는 철학을 갖는 게 무엇보다 중요하다. 그게 바로 도덕성이다.

　기업 세계에 국한해서 말하자면 상도다. 기업인이 상도에 바탕한 철학을 가지고 있으면 돈에 지배받지 않고 돈을 장악할 수 있으므로 어떠한 난관이 오더라도 꿋꿋하게 견뎌낼 수 있다. 반면 상도를 지키지 않고 돈에 휘둘리면 물건이 안 팔리고 매출이 떨어지기 시작하는 순간 난관을 극복할 수 있는 힘을 잃어버려 기업의 운명은 파국으로 치닫는다. 예전에는 돈만 있으면 기업인들은 두려울 게 없었다. 하지만 이제는 상도가 우선이다. 상도가 무너지면 그 회사는 한순간에 무너진다.

　기업인뿐만 아니라 직원들도 이러한 철학을 가지고 있어야 한다. 기업인이 아무리 상도를 지키고 올바른 길을 가려고 해도 직원 한 명 한 명의 사고방식이 올바르지 않다면 회사 한구석이 곪기 시작하다 서서히 온몸에 병균이 번지듯 회사 전체로 퍼져 회사는 무너지게 마련이다. 그러므로 회사가 지속성을 유지하려면 직원들이 도덕성과 사회적 책임감을 잃어버리지 않도록 늘 점검해야 한다.

📦 양심을 지키려면 똥고집이 필요하다

사업을 하다 보면 양심에 어긋나는 행동을 유발하는 외부의 유혹이 끊이지 않는다. 또 아무리 내가 양심과 원칙을 지키려고 해도 다른 사람들이 나를 모함하거나 내가 하지 않은 일에 대해 루머를 만드는 일들도 허다하다. 그런 일들도 알고 보면 상도가 무너졌기 때문에 벌어진 것이다.

도덕성과 윤리의식 없이 오직 돈만 바라보며 사업하는 사람들을 보면 불쌍하기도 하고 안타깝기도 하다. 욕심이 화를 불러일으킨다는 그 단순명쾌한 진리를 왜 모를까 하는 생각이 들기 때문이다.

그동안 어떤 분야의 일을 하건 양심에 어긋나는 일, 도덕성을 저버리는 행동은 절대 하지 말자는 것이 내 원칙이었다. 어린이집을 운영할 때는 학부모들로부터 촌지나 선물을 일절 받지 않는다는 원칙을 지키는 것에 사활을 걸었다. 한 번 어기기 시작하는 순간 원칙은 깨지게 되어 있으니까.

'스타킹 정도는 받겠지' 하면서 찔러주기도 하고, 립스틱을 사와서 일부러 교사 입술에 발라주면서 이미 사용했으니 어쩔 수 없다며 쥐어주고 가는 학부모도 있었다. 그걸 굳이 다시 돌려보내자 "이미 사용한 건데 어떡하느냐"라고 하기에 "그럼 차라리 버리세요"라고 말했다. 아이들 원비 받는 것으로 충분하다고, 그 돈 외에는 아무것도 필요 없다고 누누이 말했다. 원칙을 지킨다는 것을 고집스럽게 보여주고 나서야 '그래도 이 정도는 선물해야 되지 않을까?' 하던 학부모들의 고민이 점차 사라졌다. 그 결과 어린이집 문턱이 낮아져 학부모들에게 오고 싶을 때 언제든지 오라고 자신 있게 말할 수 있었다.

양심의 원칙을 끝까지 지키기 위해서는 똥고집 같은 고집과 칼 같은 결단력이 있어야 한다. 예전에는 "세이펜을 우리 회사에서만 쓰게 해달라"며 독점을 요구하는 업체들도 있었다. 하지만 아무리 그 회사가 출판 시장을 장악하고 있고 세이펜을 더 많이 팔아줄 수 있는 업체라 하더라도 그런 제안은 단호히 거절했다. 세이펜은 대한민국의 모든 아이와 엄마들을 염두에 두고 만든 제품이므로 어느 한 업체만 쓸 수 있게 해달라는 요구를 받아들일 수는 없었다. 당장의 이익보다는 상도를 지키고 싶었고 이윤이라는 유혹 앞에 그 원칙을 깨뜨리고 싶지 않았다.

많은 중국산 펜들이 현재 유통되고 있지만 유일무이하게 세이펜은 한국에서 만들어진다. 부품들 역시 몇 개를 제외하고는 전부 한국산이다. 그러다 보니 다른 제품들보다 제작 단가가 비싸다. 이윤을 생각하면 당연히 중국에서 제작해야 마땅하지만, 중국산은 품질이 떨어지니 세이펜으로 공부하는 아이들을 생각하면 어쩔 수 없다. 아이들로 하여금 불편을 겪게 할 수는 없기 때문이다.

상도를 지키기 위해서는 때로는 이윤을 버릴 줄도 알아야 한다. 당장은 매출이 떨어지는 것 같아도 상도를 지키면 나중에는 매출이 다시 올라간다. 시간이 좀 걸릴 뿐이다. 물건을 도덕적으로 정직하게 판다는 자부심, 우수한 제품을 정성껏 만들어서 소비자에게 공급한다는 자신감, 이 두 가지만 있으면 당장 매출이 안 오르더라도 경영주는 두 다리 뻗고 편히 잘 수 있다. 마음 졸이고 불편하게 사는 1년보다 양심에 거리낄 것 없이 마음 편히 사는 1년이 훨씬 낫다. 그리고 시간이 지나면 언젠가 고객은 나의 진심을 알아주게 마련이다.

정직한 발걸음은 언젠가 인정받는다

나 자신은 물론이고 직원들에게 늘 귀에 못이 박히도록 강조하는 것 중 하나는 같은 실수를 두 번 이상 저지르지 말자는 것이다. 실수를 했으면 뼈저리게 반성해서 다음에 똑같은 실수를 반복하지 않기 위해서다. 그런데 아무리 실수를 안 하려 조심해도 어쩔 수 없는 경우가 있는데, 누군가에게 배신을 당할 때다. 사업의 승패는 어쩌면 사람에게 배신당하고 뒤통수 맞는 더러운 싸움에서 얼마나 자기 철학을 잃지 않고 살아남느냐에 달려 있는 것인지도 모르겠다.

세이펜의 발전 과정도 배신과 음해를 이겨낸 과정이나 다름없었다. 여러 사람에게 배신당하면서 사람에 대한 원망과 증오로 치를 떨곤 했다.

맨 처음 세이펜을 론칭할 때 나는 중국의 펜 개발자인 앨런에게 투자금을 지불하고 직접 기술을 전수받은 후 독점계약 우선권을 따왔다. 하지만 나보다 한 달 뒤에 나와 모델을 다르게 개발한다는 조건으로 새롭게 계약을 맺은 업체가 자기가 최초로 계약한 업체라고 주장하면서, 내가 이미 펜을 납품한 출판사에 전화를 걸어 내가 자기네 회사 물건을 훔쳐가 납품한 거라며 말도 안 되는 날조를 해댔다. 결국 그 출판사와의 신뢰에 금이 갔지만, 그렇게 말한 업체가 출판사에 전화를 걸어 사과하는 걸로 사건은 마무리되었다. 하지만 시장에서의 해프닝은 계속 생겨났다.

한번은 세이펜 사장이 수십 명이나 되는 해프닝이 벌어진 적이 있었다. 나는 단순히 세이펜의 인기가 좋아 그러려니 생각하고 별 신경을 안 썼다. 게다가 너도나도 저렴한 중국 펜들을 들여와 자기가 펜을 만들었다고 주장하는 통에 어떤 게 진짜인지 판별하기조차 힘들었다. 상황이 그러다 보니 명함을 내밀며 "내가 세이펜 대표 김철회요"라고 말하는데도 나를 미심쩍은 눈으로 쳐다보는 일까지 벌어졌다.

심지어 "회사가 부도가 나서 세이펜 사장이 도피 중이다. 거래처에 줄 거액의 돈도 떼먹은 반사기꾼이다"라는 근거 없는 소문이 돌고, 소문의 출처를 찾아내 따져 물으면 자기는 그런 얘기를 한 적이 없노라며 잡아떼기 일쑤였다.

심지어 아웃소싱을 한 제조업체에 뒤통수를 맞기도 했다. 세이펜을 설립한 대표이자 합법적으로 기술 전수를 받아 제품 개발을 한 개발자가 엄연히 나인데, 펜 제조를 나에게 의뢰받은 공장에서 '이 펜은 우리가 만든 제품'이라며 여기저기 다 세이펜을 내 허락 없이 판매하거나 납품하는 상식 이하의 일들이 벌어졌다. 판매 독점계약을 하고 우리 회사 로고를 인쇄했음에도 제조공장 측에서 계약을 일방적으로 깨고 다른 업체에 물건을 납품하는 어처구니없는 일도 발생했다. 마치 출판사에서 책을 기획·편집해 인쇄소에 인쇄를 맡겼는데 인쇄소에서 '우리가 만든 책'이라며 직접 책 판매를 한 격이었다.

그 결과 나는 죽도록 고생해서 기술 전수받고 내 손으로 직접 제품을 개발하고 영업도 했는데 '물건 떼다 파는' 도매상으로 오해를 받았다. 내가 직접 세이펜이라는 이름도 만들고 몇날 며칠을 고민해 로고 디자인까지 한 브랜드를 인정받기는커녕, 다른 회사가 만든 제품을 훔쳐다가 중간유통만 해놓고는 자기가 만들었다고 사기 친 놈으로 낙인이 찍혔다. 이런 일이 벌어질 때마다 그동안의 노력은 매번 물거품이 되기 일쑤였다. 무려 3년이 넘게 이런 일이 계속되었다.

비즈니스의 기본적인 룰조차 무시하는 상식 이하의 일들이 반복되자 사람에 대한 원망과 불신을 주체하기 어려웠다. 처음에는 왜 이런 일이 생기는 것인지 억울하기만 했다. 내가 고졸이라 사람들이 무시해서 그런 것인가 하고 자책도 했다. 만약 내가 든든한 배경을 가졌거나 명문대 출신이었다면 이런 교육용 어학기기를 개발했다고 했을 때 나를 그리 쉽게 무시했을까 싶었다.

한때는 분노 때문에 눈에 뵈는 게 없었다. 세이펜을 개발하느라 피땀 흘린 나의 노력을 아무렇지 않게 가져가버리고 근거 없는 루머를 퍼뜨리며 뒤통수를 치는 사람들을 보며 '과연 양심이란 게 있는 사람들인가' 싶었다. 가끔은 배신감을 억누를 수 없어 말로든 주먹으로든 지지 않으려는 파이터 기질이 발산되기도 했다.

그러다 더 시간이 흐르자 분노가 잦아들면서 독기가 오기로 변했다. '내가 펜 사업의 핵심이 뭔지 알려주마. 왜 제품만 가지고는 펜 사업이 안 되는지를 보여주겠다!'라고 생각하니 한결 마음이 편해지면서 오히려 회심의 미소를 지을 수 있었다. 내가 지금 내딛는 발걸음이 얼마나 무겁고 강하고 정직한 발걸음인지 다들 머지않아 알게 될 거라는 생각이 들었다.

나의 이런 발걸음을 우리 회사 직원들은 그동안 고스란히 지켜봤다. 세상 누가 뭐라 해도 직원들은 나의 발걸음을 믿었고, 나 역시 직원들의 그 눈빛을 믿었다. 한 명의 눈은 속일 수 있어도 두 명, 세 명의 눈은 속일 수 없는 법이다. 내가 걸어온 발자국과 내가 이뤄놓은 자취를 세상도 분명히 인정하게 될 거라고, 그리고 사업을 통해 나의 진실함을 보여주는 것이 결국 그들을 이기는 길이라고 생각했다.

그 후 새로운 제조업체와 계약할 때는 법률 시스템을 최대한 강화했다. 다시는 같은 일이 반복되지 않도록 가능한 모든 법적 조치를 취했다. 그런데 새로운 제조업체조차 내가 정말로 세이펜 대표가 맞는지 의심의 눈길을 보냈다. 그 뿐만 아니라 심지어 나를 알던 사람들조차도 김철회가 정말 세이펜 대표가 맞는지 의심할 지경에 이르렀다.

하지만 나는 분노의 에너지를 성장의 에너지로 전환시켰다. 독기로 가득한 에너지를 일에 대한 에너지로 썼다. 개발 과정에서 문제가 생기면 모두 내 탓으로 돌리면서 반성했다. 그리고 나 자신이 먼저 대인배가 되자고 마음먹었다. 이런 우여곡절 끝에 세이펜은 품질 자체의 독자적인 우수성과 브랜드 가치를 차츰 인정받게 되었다. 그리고 대한민국 말하는 펜의 대명사가 되었다.

이런 과정을 통해 나는 돈보다 사람이 더 중요하다는 사실을 뼈저리게 경험했다. 또한 '내 사람이 내 옆에 있어야 한다'는 것도 배웠다. 그 결과 사람에 대한 신뢰를 무엇보다도 중요시하게 되었다. 대가는 혹독했지만 결과적으로 보면 실패와 배신의 경험이 나를 가르친 셈이다.

사업을 하다 보면 온갖 문제가 생기게 마련이다. 문제들은 계획하고 목표로 삼은 성공 주기를 늦추거나 회사를 엄청난 고통에 빠뜨리기도 한다. 대부분의 문제는 어느 날 갑자기 발생하는 것이 아니라 과거 어느 시점부터 현재까지 쭉 이어져온 것들이라서 단기간에 해결하기 힘들다.

끝까지 포기하지 않고 문제와 싸운 결과, 문제를 해결하기 위해 고민하고 노력하는 과정에서 오히려 사업 진행 속도가 더 빠르게 가속화되고 안정화될 수도 있다는 사실을 터득했다. 그리고 고통을 이겨내자 내게 성공이란 선물이 주어졌다. 그뿐만 아니라 내게 닥친 수많은 문제를 해결해나가면서 숨겨진 나의 사업적 잠재력을 알게 되었고, 지금까지 경험했던 것보다 더 위협적인 문제가 주어지더라도 당황하지 않고 잘 해결할 수 있으리라는 자신감도 강해졌다. 또한 회사를 이끌어가는 가장으로서 기업가는 어떤 문제에 직면하더라도 이를 해결해야 할 책임과 의무가 있다는 것도 배웠다.

지나침은 아니함만 못하다

배고프다고 음식을 급하게 먹으면 과식을 하거나 체하는 경우가 생긴다. 또한 차를 타고 좀 더 빨리 가려고 달리다 보면 교통사고가 날 확률이 높아진다. 번갯불에 콩을 볶아 먹다가 번개를 맞을 수 있다. 뭐든 빨리빨리 하려는 습관과 욕심이 무리를 하게 만들고 더 큰 걸 놓치게 하는 경우가 많다. 급하게 하다 보면 보지 못하고 생각하지 못한 부분이 많아지고, 결국 리스크를 가져온다. 그 리스크는 성공의 장애물이 되어 목표를 이루는 데 걸림돌이 되거나 아예 목표에 도달하지 못하게 만들기도 한다.

살다 보면 작은 이익을 위해 소탐대실小貪大失하는 경우가 많다. 오늘 당장 먹고살아야 된다는 이유로 마음이 조급해지기 때문에 이런 문제가 생긴다. 다시 말해 너무 작은 이윤에 연연해하면 멀리 못 보므로 근본적인 문제를 해결하지 못한다.

비가 많이 오면 물이 범람하여 홍수가 난다. 사람을 살리는 물도 적당히 오지 않고 많이 오면 사람을 죽이는 재앙이 된다. 적당한 선과 재앙의 선은 한 끗 차이다. 이 한 끗 차이로 목숨이 좌지우지된다. 영화에서 총알이 한 끗만 빗나갔어도 칼이 옆으로 조금만 비껴가도 죽을 뻔했다는 대사가 바로 죽느냐 사느냐의 한 끗 차이다.

마음이 조급해지면 처음에 생각했던 것들, 목표로 정한 것들이 하나둘 무너지면서 기본 원칙을 깡그리 무시하고 먹고사는 데만 급급해져 실패를 거듭하거나 불안한 인생을 살 가능성이 높아진다. 어쩌다 운이 좋아서 자신이 목표한 것을 달성했다 하더라도 모래 위에 만든 성처럼 한 번의 실수로 와르르 무너지기 쉽다. 기초 없이 빨리 이뤄야 한다는 생각에 모든 것이 부실해진 탓이다.

과유불급過猶不及, 뭐든지 과하거나 도가 지나치면 부러지거나 넘치듯, 안 좋은 결과를 초래하는 것은 아주 단순한 진리다. 무리한 운동으로 몸을 다치고, 실패를 하고 나서야 땅을 치고, 뭐든 직접 경험하고 나서야 과유불급을 자각하게 되는 것이 우리의 삶이다. 참 미련하다. 이미 후회해도 소용없다는 걸 시간이 지나봐야 깨닫는다.

무슨 일이든 적당한 선에 그만둬야지 욕심을 더 내다 보면 부족함만 못한 경우가 되고 만다. 세상의 이치는 태어나면 반드시 죽고, 물이 차면 넘치듯 만물 또한 한참 성공하다 보면 반드시 실패하고 망하게 마련이다. 영원한 제국은 없다.

자기 능력이 하늘을 찌르고 성공의 최정상에 있을 때 정상에서 내려옴의 진리를 알고 무대에서 박수칠 때 내려와야 하고, 배부를 때 수저 내려놓으라고 하는 것처럼 더 욕심나기 전에 끝내고 내려와야 한다. 자신의 능력을 과장하지도 없는 척도 허풍도 허세도 떨지 말고, 자신이 불행하다고 원망하지도 두려워하지도 말고 있는 그대로 삶을 인정하고 욕심내지 말고 노력하면서 살다가 잘 정리해 물려주고 내려와야 한다. 조금만 더 조금만 더 하다 정리할 시기를 놓친다.

사업도 마찬가지다. 성공도 하기 전에 욕심이 커져 욕구를 통제하지 못한다면 그 일을 아니함만 못한 경우가 생긴다. 하늘은 오만하고 겸손하지 않는 자를 응징하고 벌한다. 항상 한결같은 마음으로 초심을 유지하면서 과유불급하지 말고, 상대방을 배려하면서 여유 있게 살아야 하늘도 돕는다.

김철회의 99%의 결핍을 이기는 1%의 마음가짐

자만과 교만을 조심하라

동물이나 사람이나 먹을 게 많아지고 풍요로워지면 눈에 보일 정도로 나태해지고 게을러지면서 거만해진다. 특히 졸부 성향을 가진 사람들은 돈이 많아지고 좀 잘나가면 회사를 창조적으로 더 성장시킬 생각은 하지 않고 같이 고생한 직원들조차 돌볼 생각을 안 한다. 자기가 세상에서 제일 잘나서 다른 사람들을 먹여 살린다고 착각하고 산다.

개인의 성향에 따라 잘될수록 생존본능이 더 강해지고, 더욱 의지를 불태우며, 번뜩이는 아이디어를 쏟아내면서 열심히 노력하는 사람이 있는 반면, 긴장의 끈이 풀리고, 정신이 해이해지고, 창의성이 사라지고, 자기 가족과 자신만 챙기고, 자기가 만든 작은 울타리 안에서 만족하는 사람도 있다. 그래서 자신의 성향이 어느 쪽인지 잘 생각해보고 항상 마음가짐을 조심해야 한다.

개인이 성공하든 기업이 성공하든 그 결과는 올챙이 시절부터 꾸준히 노력해 얻은 결과이므로 성공한 모습이나 단편적인 모습만 보고서 섣불리 판단하거나 색안경을 끼고 볼 필요는 없다. 그들의 성공은 고생의 대가이자 노력해서 얻은 결과물이기 때문이다.

하지만 조금 성공했다고 나태해지고 거만해진다면 그 행동은 더 큰 성공을 가로막는 장애물이자 걸림돌이 될 것이다. 자신의 부족한 부분을 채우기 위해 항상 열심히 노력하면서 자만과 교만을 조심하고 주위 사람들에게 덕을 베풀고 겸손해야 무탈하게 살 수 있다.

결핍이
만든 성공

12

늘 감사하고 정성을 다하면
뭘 해도 먹고산다

　예전에 야근을 끝낸 직원들을 사장인 내가 일일이 집까지 차로 데려다줬을 때, 어떤 이들은 나더러 너무 '오버'하는 것 아니냐고 했다. 직원들 운전기사 노릇을 하고, 아프다고 하면 가족보다 더 챙기고, 매일 밥도 해먹이는 등 극진한 정성을 쏟는 모습이 남들 보기에는 다소 이해가 안 가는 면도 있었을 것이다. 그러나 우리 회사 일을 열심히 해준 직원들에게 진심으로 감사하는 마음이 있었기에 그 정도의 정성을 쏟는 것은 내겐 너무도 당연한 일이었다.

　늘 사람에게 감사하고 지극정성을 다해야 한다는 걸 몸소 가르쳐주신 이는 내 어머니다. 어린 시절 수많은 이웃 사람들이 '언니, 언니' 하면서 어머니를 찾아와 힘든 일을 하소연할 때면 나는 어머니 옆에 앉아 있거나 어머니 무릎을 베고 누운 채 그 모습을 보고 들었다. 지금 생각해보면 어머니는 그 사람들을 위한 일종의 카운슬러 역할을 했던 것 같다.

누가 "언니, 우리 남편 사업이 쫄딱 망했어요"라고 하면 어머니가 상담 겸 조언도 해주고 기도를 해주었다. 그러고 나면 나중에 그 사람이 다시 찾아와 "기도해주신 덕분에 사업이 잘 풀렸어요. 감사합니다"라며 두 손을 모으고 허리를 깊이 숙였다. 어머니는 온 정성을 다해 기도를 올렸고, 사람들은 그런 어머니에게 감사하다며 몇 번이고 또 찾아왔다.

어렸을 때는 이런 모습들이 이해가 되지 않았다. 왜 우리 집에 이렇게 많은 사람이 찾아와서 어머니에게 도움을 받을까 궁금했다. 나중에는 어머니를 '언니'에서 '스님'이라 부르며 쌀과 음식을 갖다 놓고 가는 이웃 사람들의 모습이 더더욱 이해가 안 갔다.

내가 좀 더 자라자 어머니는 내게 이런 말을 해주었다.

"사람에게 지극정성을 다하면 그것만으로도 먹고살 수 있다."

어머니의 그 말씀이 알게 모르게 뇌리에 깊이 박혀 나 역시 주변 사람에게 늘 감사하며 지극정성을 다하려는 자세를 갖게 된 듯하다.

🟩 밥 한 그릇에도 감사하는 마음을 가져라

감사하는 마음을 항상 잊지 않고 살면 결국 그 마음이 나에게 선물로 되돌아온다. 20대 때 여기저기 영업을 뛰고 다니던 시절, 거래처 사장님이 밥을 사주면 나는 정말 한 톨도 안 남기고 맛있게 먹었다. 내게 밥을 사준 상대방에게 정말로 고맙다는 생각이 들었기 때문이다. 지금도 음식을 잘 안 남기는 습관이 있는데 예전에는 더했다. 뭘 먹더라도 맛있게 먹고 남김없이 깨끗하게 먹었다. 심지어 먹고 남은 음식을 싸가지고 가기도 했다.

어렸을 적 배고픈 기억을 잊지 않고 있기 때문에 밥을 사주는 사람에게 늘 감사한 마음이었고, 밥 한 끼 사준 사람은 그런 내 모습을 보고 의아하게 생각하면서도 좀 더 호의를 갖고 베풀어주려 했다. 젊은 사람이 밥 한 끼에도 감사해하는 모습이 보기 좋다며 일을 하나라도 더 주려고 했고, 계약을 망설이다가도 금세 도장을 찍어주었다.

내 삶을 통틀어 잊을 수 없는 밥 한 공기의 추억이 하나 있다. 1994년 봄, 구치소에서 나오자마자 어머니에게 인사를 드리러 간 날의 일이다. 어머니 방 창틀에 김이 모락모락 나는 흰 쌀밥이 담긴 밥그릇이 놓여 있는 게 아닌가. 웬 밥그릇인가 의아해했는데 나중에 식구들이 하는 말이, 내가 구치소에 들어가 있는 동안 어머니가 매일 끼니때마다 밥을 새로 지어 창틀에 밥그릇을 올려놓고 기도를 했다는 것이었다.

그 이야기를 듣자마자 울컥하며 눈물이 앞을 가렸다. 목이 메어 밥이 잘 넘어가질 않았다. 그때 어머니가 창틀에 올려둔 밥 한 공기가 내 인생을 완전히 탈바꿈시켰다 해도 과언이 아니다. 앞으로 무슨 일이 있어도 다시는 어머니의 가슴을 아프게 하지 말자는 다짐을 했다.

'어머니의 눈물로 만든 저 밥 한 공기를 잊어버리지 말자. 밥 한 공기만도 못한 인생을 살아서는 안 되겠다.'

어머니는 고등학교를 졸업하고 돈 벌어보겠다고 대학도 포기한 채

사회생활을 하던 내 모습을 항상 가슴 아파했다. 더구나 사기를 당해 구치소까지 갔으니 얼마나 가슴 아파하면서 눈물로 밤을 지새웠을지……. 돌이켜 생각해보니 정말 철없던 시절이 있었구나 하는 생각이 든다.

어머니가 지금은 예전만큼 건강하지도 않고 건망증도 심해졌다. 아직도 어머니는 내가 어려 보이는지 차 조심하라고 당부하고, 밥은 먹고 다니는지 걱정한다.

몇 년 전까지만 해도 "우리 아들이 대학만 나왔어도 지금 이렇게 고생을 안 할 텐데……"라며 늘 대학을 못 간 내 처지를 안타까워했다. 아무리 돈을 많이 벌고 사회에서 잘나가도 우리 어머니에겐 그저 대학을 못 간, 고생만 하는 우리 아들이다. 2014년 드디어 나는 어머니에게 아들의 대학 졸업장과 학사 학위증을 보여줄 수 있게 되었다. 그것이 어머니에게 조금이라도 위안이 되지 않을까 싶다.

지금도 나는 매일 먹는 밥 한 공기에 감사한 마음을 잊지 않는다. 그리고 철없던 시절 어머니 가슴을 아프게 한 죄를 죽을 때까지 잊지 않고 가져가야겠다고 매일 다짐한다.

완벽한 일처리는 가장 좋은 감사의 표현이다

상대방에게 감사한 마음을 효과적으로 표현하는 것도 사회생활의 중요한 전략 중 하나다. 그리고 상대방으로 하여금 내게 고마워하는 마음을 저절로 갖게 하고 나를 인정하게 하는 것도 하나의 테크닉이다.

감사하는 마음을 표현하는 좋은 전략 중 빼놓을 수 없는 것이 웃음이다. 웃음 이상의 좋은 투자가 없다. 늘 인상을 쓰고 불성실한 태도를 보이며 마지못해 일하는 모습을 보이면 결코 좋은 결과를 거둘 수 없다. <u>상대방이 마음에 들지 않더라도 일단은 미소를 띠고 매사에 정성을 다하고 늘 성실한 모습을 보여야 한다.</u>

내가 상대방에게 최선을 다하고 정성을 다했는데도 내 진심을 알아주지 않는다면 그때 그 사람을 떠나도 늦지 않다. 그 사람은 나를 인정할 그릇이 안 되는 사람일 수도 있다. 중요한 건 내가 먼저 상대방에게 감동을 줄 수 있어야 한다는 점이다. 정성과 최선을 다하고 감사의 마음을 표현하면 언젠가는 나를 지켜보고 신임하고 인정해주는 사람이 나타난다.

그리고 고객에게 돈을 받았을 때 소중히 받는 것도 감사한 마음을 표현하는 좋은 전략이다. 나는 제품 납품 계약이 끝난 후 상대 업체가 계약금을 결제해주면 업체에 전화를 해서 '보내주신 돈, 제품 만드는 데 잘 쓰겠습니다. 감사합니다'라는 감사의 말을 반드시 전한다.

사실 돈에는 이름이 없다. 그 돈이 어디에 쓰이든 무슨 상관이겠는가. 그래도 나는 돈을 구분해서 사용했다. 이 돈은 이 일에 대한 계약금, 저 돈은 저 일에 대한 계약금으로 구분해두고 돈이 아무리 부족하고 힘들어도 이 일 때문에 저 돈을 쓰지 않고, 저 일 때문에 이 돈을 쓰지 않았다.

돈을 이렇게 사용하면 거래처 프로젝트가 잘못될 일이 없다. 그런데 사업하는 많은 사람이 거래처에서 돈이 들어오면 급한 곳부터 사용하고 정작 해당 프로젝트를 할 때는 돈이 없어 허덕이거나 걱정을 한다. 그러다 보면 악순환이 거듭되고 온갖 핑계를 대면서 막아보려 해도 끝내 신용을 잃고 만다.

나는 거래처에 방문할 때 그 흔한 음료수 한 병도 안 사가지고 간다. 거래처에 대한 감사한 마음이 없어서가 아니다. 거래처에 미소와 인사로 감사의 마음을 표현하는 것도 중요하지만, 거래처가 나를 믿고 맡긴 프로젝트를 120퍼센트 수행하겠다는 마음으로 열심히 일하고 시장에서의 성공으로 거래처에 이익을 가져다주는 것이 더욱 중요하다고 생각하기 때문이다. 그래서 음료수 값마저도 그 프로젝트를 담당하는 사람에게 투자한다. 또한 내가 맡은 프로젝트를 완벽하게 해내기 위해 내 능력을 총동원해 최선을 다한다.

그 결과, 지난 10년간 세이펜은 많은 출판사와 엄청난 책을 만들고 시장을 개척해오는 과정에서 큰 금액이 오갔지만 단 한 번도 금전적 문제와 납품 사고가 없었다. 물론 앞으로도 없을 것이다.

때론 결핍에 감사하라

스무 살 때의 간절함이나 열정이 조금이라도 사그라지는 기분이 들면 나는 일부러 결핍을 체험해본다. 이를테면 하루 날을 정해서 두 눈을 안대로 가리고 내가 정말 시각장애인이 된 것처럼 그날 하루를 살아보는 것이다.

두 손으로 사방을 더듬거리다 물건도 떨어뜨리고 벽에 부딪히기도 하고, 그저 누가 주는 대로 받아먹어야 하니 내게 건네는 음식에 대해서도 의심이 생겨난다. 처음에는 힘들고 짜증이 나지만 얼마 지나지 않아 같이 일하는 직원들이 얼마나 소중한지 깨닫게 된다. 그들이 잡아주는 손을, 그들이 주는 물을, 그들이 먹여주는 음식을 모두 믿고 먹어야 하고, 그들이 있기에 내가 존재한다는 걸 배울 수 있다.

눈을 가리면 평소 보이지 않는 것들이 보인다. 평범하게 다니던 계단의 개수, 사물들의 높이, 표면의 돌기와 감촉들이 전부 예민하게 손끝과 발끝에 느껴진다. 그중 청각과 촉각이 최고점에 이르게 되는 걸 체험하면서 눈보다 더 중요한 게 마음이란 걸 알게 된다. 눈은 마음을 어지럽게 하지만 마음은 눈을 편하게 만든다.

그날 하루가 저물어갈 무렵이면 나를 둘러싼 모든 것에 감사하는 마음과 긍정적인 마인드로 충만해진다. 안대를 벗고 드디어 세상을 내 눈으로 다시 보는 순간 행복감이 극에 달한다. 사지가 멀쩡하고 오감이 다 살아서 세상을 마음껏 볼 수 있고, 내 일을 열심히 하며 살 수 있는 것이야말로 인간이 누릴 수 있는 최고의 행복이라는 사실을 깨닫는다.

배고플 때 먹는 밥 한 그릇, 목마를 때 마시는 물 한 잔, 돈 없을 때 너무 반가운 주머니 속 잔돈처럼 어느 정도의 결핍은 오히려 인간을 행복하게 만든다. 그리고 모든 것에 감사하는 마음을 가져다준다.

김철회의 99%의 결핍을 이기는 1%의 마음가짐

성공의 기준은 자기만족이다

얼마를 벌어야 성공한 삶일까? 그 기준은 얼마일까? 누군가는 1000억 원이 있었으면 좋겠다고 하고, 또 누군가는 1000만 원만 있어도 좋겠다고 말한다. 이는 "난 100만 원밖에 없어"라는 표현과 "난 100만 원이나 있어"라는 표현의 차이와 마찬가지다. 얼마를 가지고 있든 '~밖에 없다'라고 하면 돈이 없는 것이고, '~이나 있어'라고 하면 돈이 많은 것이다. 자기가 만족하지 못하면 성공하지 못한 것이다. 기준은 결국 자기만족에 있다.

자신의 삶에 대한 불만은 사람의 수명도 단축시킬 수 있다. 소형차에 만족하고 살던 사람이 있었다. 그런데 어느 날 고급차를 타보니 승차감이 하늘과 땅 차이임을 몸으로 느꼈다. 미국의 한 연구기관에서는 이런 통계를 냈다고 한다. 소형차를 타고 다니는 사람들보다 비싼 차를 타고 다니는 사람들이 더 오래 살더라는 것이다. 사회적인 만족감이 정신 건강에도 영향을 끼쳤기 때문이다. 자기만족이라는 게 그만큼 무섭다.

그래서 현재가 힘들고 괴로울수록 자기 기준에 맞는 행복을 찾아야 한다. 그리고 긍정적인 마인드를 스스로 만들고 내일을 꿈꿀 수 있어야 한다. 1000만 원이 있어도 자기가 만족하면 그게 곧 행복이자 성공이고, 1000억 원이 있어도 불평불만만 가득하다면 그만한 불행이 또 없다. 성공의 기준이라는 건 그만큼 상대적이다.

결핍이
만든 성공

13

초심을 잃으면
모든 게 무너진다

　20년 전 명동 롯데백화점 지하주차장에서 웃지 못할 접촉사고가 있었다. 그때 벌어진 일을 평생 잊지 못할 것이다. 난 운전면허증이 없어 항상 누군가와 같이 다녀야 했다. 그 당시 친구가 내 일도 도와주고 운전을 해주었는데, 롯데백화점 지하주차장에서 후진을 하다 뒤에 정차해 있던 외교관의 벤츠 승용차를 들이박았다. 순식간에 벌어진 일이라 너무 놀라 정신이 없었다. 그렇게 심하게 부딪치진 않았으나 그 차의 번호판이 완전히 찌그러져 있었다. 외교관은 볼일이 급한지 차에서 내리자마자 아무 말도 없이 어디론가 사라졌다.

　난 너무 미안한 나머지 사과도 제대로 못하고 고개만 숙이고 있었다. 그 차의 운전기사 역시 얼마나 놀랐는지 얼굴이 벌겋게 상기되어 있었다. 잠시 뒤 나는 입고 있던 양복 윗도리를 주차장 바닥에 깔고 자동차 번호판을 떼내어 그 위에 올려놓았다. 그러곤 1시간 동안 무릎을 꿇고 앉아 주먹으로 두들겨 번호판을 펴기 시작했다. 엄청난 수리비가 나올 텐데 도저히 감당할 수 없을 듯하여 한 푼이라도 줄여보자는 심산이었다.

운전기사는 그런 내 모습을 어이없다는 표정으로 쳐다보고 있었다. 그사이 볼일을 마친 외교관이 주차장으로 돌아왔다. 그는 양복을 깔고 번호판을 펴고 있는 나를 보더니 감동했는지 측은했는지 그만하라고 하면서 "젊은이, 아무리 당황스럽고 실수했다 할지라도 다음부턴 벤츠 앞에 무릎 꿇지 말게나" 하면서 나를 용서해주고 갔다.

🎁 자존심을 지키는 자만이 명품을 만든다

그 일이 있고 몇 년 뒤, 있는 돈 없는 돈을 다 긁어모아 나는 중고 벤츠를 샀다. 벤츠 열쇠를 손에 쥔 순간 그보다 더 기쁠 순 없었다. 내 인생 최고의 순간 같았다. 그때부터 나는 아무리 형편이 어려워도 무조건 벤츠를 탔다. 벤츠를 타는 나를 바라보는 주변의 시선이 따가워도 아랑곳하지 않았다. 하지만 20년 동안 중고 벤츠를 10대 정도 타고 다녔어도 벤츠 앞에 1시간 동안 무릎 꿇고 앉아 있었던 그날의 기억은 사라지지 않았다.

하루하루 먹고살기에 급급했던 내게 외교관의 벤츠 자동차는 너무나 크게 보였고, "벤츠 앞에 무릎 꿇지 말라"던 외교관의 그 말 한마디에 순식간에 무너진 내 자존심은 20년 동안 회복되지 않았다.

2013년 1월 4일, 외교관의 벤츠 자동차와 접촉사고가 난 지 20년 만에 나는 회사 법인명으로 벤츠 신차를 구입했다. 당시 상처받은 내 자존심과 그 외교관의 용서와 배려를 이 책에 옮기면서 20년간 마음속에 너무나 크게 자리 잡고 있었던 굴욕의 벤츠 접촉사고를 이젠 잊을까 한다.

지금에서야 깨달은 진리지만, 내가 그동안 아무리 벤츠를 타고 다녔어도 외형만 벤츠였지 마음속은 속 빈 강정이었단 사실이다. 벤츠보다 중요한 마음속 벤츠가 없었던 것이다.

과거는 과거일 뿐, 이제는 어엿한 기업가로 성장하기 위해 나의 마음을 새롭게 정립해야 할 때라 생각하고 마음의 짐을 벗고 싶다. 지금까지 사업을 해오면서 힘들 때도 많았고, 때로는 마음에 없는 말도 해야 했고, 타협도 해야 했다. 하지만 단 한 번도 자존심을 버리진 않았다. 그 자존심은 나로 하여금 세이펜이라는 명품 어학기기를 만들어 대한민국 교육 시장에서 최고가 되겠다는 마음을 늘 잊지 않게 해주었다.

일하는 즐거움을 떠올려라

요즘 내게 "세이펜이 성공한 이유가 뭐냐"라고 묻는 사람들이 많다. 딱히 뭐라 대답하기 모호해서 "성공한 것처럼 보이세요?"라고 반문하면서 나는 답을 회피한다. 사실 내겐 성공의 기준이 특별히 없어 대답을 못했을 뿐인데, 사람들은 뭔가 명확한 대답을 듣고 싶어한다. 세이펜이 성공하게 된 것은 앞만 보고 꾸준히 일하다 보니 생긴 결과라고 생각한다. 그래서 단지 세이펜이 좋아서 재미나게 즐기면서 일하다 보니 성공했다고 말하면 남들은 내가 비법을 가르쳐주기 싫어서 그런 말을 한다고 생각할 것이다.

나는 돈 버는 즐거움보다 세이펜을 기획하고 연구하고 만들 때가 제일 행복하고 신이 나서 정신없이 일했다. 전 재산을 투자해가면서 모든 걸 던졌는데도 여러 차례 실패를 거듭했다. 그러면서도 항상 즐거워했던 것은 지금 내가 하는 일을 정말로 좋아했기 때문이다. 그래서 I ♡ SAYPEN이다.

세이펜은 내가 그전에 해왔던 일과는 달리 시작과 끝도 없고 결과도 알 수 없는 너무나 생소한 일이었다. 그 누구도 성공을 장담할 수 없었다. 특히 벤치마킹할 곳이 없어 온갖 고생을 하며 새로운 길을 개척해나가야 했다. 그래도 난 행복했다. 수차례 나를 좌절하게 만든 실패마저 즐거웠고 고통마저 너무나 좋았다.

물론 항상 즐거웠던 것은 아니다. 힘들고 귀찮은 일도 많았지만, 평생을 걸고 일할 만큼 좋은 일을 찾았다고 생각하니 그 정도 어려움은 어려움도 아니라서 앞만 보고 열심히 달릴 수 있었다. 수익도 없이 개발만 하던 시절에 이미 세이펜은 내게 엄청난 행복과 기쁨을 안겨주었다. 돈과 조직의 성장은 모두 보너스다 생각하고 일했더니 가난한 그 시절이 풍성해지기 시작했다. 그동안 즐거운 마음으로 일한 대가로 금전적인 풍요로움까지 얻었으니 이제는 세이펜을 사랑하고 인정해주는 모든 사람에게 더 큰 기술로 보답해야 한다는 사명감으로 일한다.

성공한 사람들을 자세히 살펴보면 다들 자신의 일을 즐기고, 일에 대한 성과를 돈보다 더 중요하게 여겼다는 공통점을 가지고 있다. 삶이 힘들고 괴로워도 모든 일의 근원은 즐거움에 있다 생각하고 잘 견디면서 살아오다 보니 어느새 성공이 주어진 것이다.

나는 직원들에게 가끔 '5쾌 이론'을 들려준다. 사람이 쾌면, 쾌식, 쾌청, 쾌활, 쾌변할 수 있다면 뭐든 가능하다는 이론이다. 즉 잘 자고 잘 먹고 기분 좋고 활발하고 잘 싸면 건강한 신체로 뭐든 못할 게 없다는 얘기다. 분위기가 우울하거나 뭔가 안 풀려 답답할 때면 쾌청한 하늘처럼 늘 쾌활하게 지내는 긍정적인 마인드를 잃지 말자며 직원들을 독려한다.

입보다 눈과 귀를 항상 활짝 열어 많이 보고 많이 듣고 세상을 긍정의 마인드로 받아들이고 긍정의 눈빛으로 소통하다 보면 분명 자신을 위한 성공의 길을 찾을 수 있다.

대부분의 사람이 생존을 위해서 일한다. 그러다 보니 즐거움보다는 괴로움을 더 많이 느끼고 늘 스트레스를 받는다. 그래서 일이 주는 기쁨도 금세 사라지고 만다. 하지만 이왕지사 하는 일 5쾌 이론처럼 신나고 즐겁게 일해보는 것은 어떨까.

어려웠던 시절의 간절함을 기억하라

나는 세이펜이라는 아이템을 통해 최초가 되고 최고가 되기 위해 노력했다. 2005년, 책에 펜을 갖다 대면 소리가 나오는 펜을 처음 보고 중국으로 가서 기술을 전수받아 세이펜이라는 독자적인 브랜드를 탄생시키기까지 엄청난 역경이 있었지만 결코 포기하지 않았다. 한 번 물면 절대 놓지 않는 근성을 잃지 않으려 노력했다.

어느덧 10년이라는 적지 않은 햇수가 쌓이자 그동안 고생하고 실패했던 모든 과정이 내 삶의 수업료였다는 생각이 든다. 사람은 누구나 인생의 수업료를 치른다. 처음에는 판단력이 미숙해 자신의 선택에 대해 불안감이 더 크다. 이런 얘길 들으면 이걸 해야 할 것 같고 저런 얘길 들으면 저걸 해야 할 것 같아 판단을 내리기가 쉽지 않고, 안 하면 자기만 손해일 것 같기도 해서 다른 경험자들에게 시간과 비용을 저당 잡히기도 한다. 그럼에도 그 모든 과정이 성공의 발자취가 된다. 고통과 시행착오가 따르지만 그런 수업료를 내야 하는 단계가 누구에게나 있다. 부딪치고 깨지고 다치기도 하겠지만 이 단계를 잘 극복해서 그다음 단계로 나아가는 사람이 성공한다.

예전에 회사 사옥을 마련하기 위해 기존 건물을 담보로 은행에서 대출을 받은 적이 있다. 그런데 그 대출금을 15년이 지난 지금까지 갚고 있다. 갚을 능력이 없어서가 아니다. 갚아도 진작 갚을 수 있었는데 일부러 놔둔 채 매달 꼬박꼬박 이자를 낸다. 매달 이자를 낼 때마다 그 돈을 대출받았던 그 당시 내 심정이 어땠는지, 그때의 간절함을 잊어버리지 않기 위해서다.

부와 명성은 이루고 만들어내기는 어려워도 사라지는 것은 한순간이다. 일장춘몽, 즉 봄날에 꾸는 한낱 꿈처럼 부귀영화가 덧없이 쉽게 사라진다. 차에 기름이 가득 차 있어도 언젠가는 밑바닥이 보이는 것처럼 인생은 빈손으로 왔다 빈손으로 가는 '공수래공수거'다. 부와 명성은 새벽안개처럼 잠시 생겼다 사라지는 안개 같은 것이다. 지금 성공했다고 돈을 많이 벌었다고 나태해지면 안 된다. 성공의 고지에 도착했다고 생각하는 순간 더 가치 있고 명분 있는 목적의식을 가져야 한다.

20대에 허튼 돈을 벌려다 큰 곤혹을 치른 이후 나는 처음 가졌던 마음, 즉 초심을 잃지 않았는지 수시로 나를 돌아다본다. 더 높은 곳을 향해 하루하루 열심히 살았고 앞으로도 그렇게 살고 싶다. 살아 있는 동안 열심히 움직이고, 새로운 일에 흥분하고, 고민한 것을 행동으로 옮기며 살고자 한다.

오늘 점점 늙어가는 사람이 아니라 내일 더 멋지게 성장하는 사람이 되고 싶다. '돈 많이 번 사람'이 아니라 '멋진 인생을 즐기는 사람'이란 소리를 듣고 싶다. 교육 분야에서 왕성한 사업가로서 내 생명이 다하는 날까지 끊임없이 움직이며 활동하고 싶다.

김철회의 99%의 결핍을 이기는 1%의 마음가짐

생각한 대로 말하고
말한 대로 이루어진다

나는 매일 꿈을 꾸고, 그 꿈을 이루기 위해 현실적인 노력을 하고, 그 노력을 말로 표현하고, 그 말로 내 생각을 직원들에게 전달하고, 그것을 전달하는 과정에서 전체의 꿈이 실현될 수 있도록 모두의 생각에 말로 각인시키면 꿈을 이룰 수 있다고 믿는다.

많은 사람은 뇌에다 자기가 경험한 내용들을 저장한다. 하지만 저장된 경험을 밖으로 표현하기는 쉽지 않다. 아는 만큼 자기의 생각을 표현할 수 있는 건 글보다 말이 제일 빠르다. 그래서 뇌가 말을 지배하는 게 아니고 말이 뇌를 지배할 수 있다고 한다.

말로 "나는 성공할 수 있다", "나는 꿈을 이룰 수 있다"라고 매일 외쳐보기 바란다. 생각을 말로 표현하다 보면 꿈이 현실에서 이루어지는 신기한 경험을 하게 된다. 그래서 나는 매일 글이나 말로 내 꿈을 이루기 위해 나 자신에게 최면을 거는 노력을 한다.

말은 생각을 밖으로 끄집어내는 마인드 컨트롤이라는 견인 역할을 한다. 말 속에는 자존심이 있으며, 내뱉은 말을 책임지기 위한 실천 강령이 있고, 약속이 있고, 말을 지키고 실천하려는 힘이 있다. 생각을 말로 내뱉으면 그 말은 머릿속에 각인되고, 각인된 말은 뇌에 전달되어 행동을 이끌어내고, 행동은 성공을 만들어내는 중요한 역할을 한다.

Epilogue

| 에필로그 |

- 결핍의 씨앗이 간절한 성공의 열매로

나는 돈도 권력도 없는 집안에서 태어났다. 그래서 남들보다 열심히 살아야겠다는 생각이 누구보다 절실했다. 나에게 주어진 어려움을 극복하려는 행동을 하게 되었고, 풍요로운 삶을 살고 싶다는 생각이 깊어질 수밖에 없었다.

결핍 속에서는 모든 것이 절실했다. 그 절실함은 절실함이 없는 사람보다 더 열심히 살게 했고, 성공을 만들어가는 엄청난 힘이 되었다. 결핍이 남보다 몇 배 더 고민하고 몇 배 더 노력하게 만든 것이다.

지금까지 배고픔을 시작으로 가장 큰 고통을 주었던 스물다섯 살 감옥살이까지 수없는 어려움을 겪었다. 그때는 매일 삶을 저주하고 눈물로 밤을 지새웠다. 하지만 그때 그 절실함이 나를 크게 성장시키고 뛰어난 일꾼으로 만들었다.

운동선수들은 어릴 때부터 같은 동작을 수천수만 번 연습해야 좋은 결과가 나온다고 한다. 훈련 이상 좋은 결과는 없다는 말이다. 나처럼 기술직종에 있는 사람들은 훈련과 연습이 중요하다. 난 30년여 동안 하루도 쉬지 않고 온몸으로 기술을 습득하고 훈련했다. 쉬고 싶었지만 금메달을 갖고 싶어 하루쯤이야 하는 생각을 버린 지 오래다.

- **결핍을 채우고 두려움을 극복해 드넓은 바다로 나아가자**

끝없이 노력한 결과 '세이펜'이라는 작품을 만들었고, 끊임없이 연습한 결과 최고라는 말을 들었고, 지루할 정도로 반복적인 연습과 노력으로 최상을 만들었다. 난 능력이 없다고, 돈이 없다고, 학벌이 없다고 스스로를 탓하거나 원망하지 않는다. 그 대신 꾸준히 노력하고 연습하고 일한다. 그러면 결핍이 채워질 것이라고 믿는다.

스쿠버다이빙을 배우려고 물속에 들어갔을 때 엄청난 두려움에 숨 쉬기조차 힘들었다. 마음을 편히 하고 호흡을 편하게 하라는 말은 귀에 들어오지 않았다. 물속에서 숨 쉰다는 것이 이렇게 힘들고 답답하게 느껴질지 몰랐다. 두려움은 점점 더 커지고 숨은 목까지 차오르고 호흡이 좋아질 기미가 보이지 않았다. 하지만 빠져 죽기 일보직전이라고 생각하니 두려움이 사라졌다.

두려움이 있으면 아무것도 못한다. 해야 할지 말아야 할지 갈등이 커져 인생을 좀 먹는다. 두려움을 극복하지 않으면 자신감이 생기지 않는다. 하지만 두려움이 없으면 조심성이 없어진다. 노력도 안 하게 된다. 두려움은 버리는 게 아니라 이겨내고 극복하는 것이다.

나는 바다를 바라보면서 이 드넓은 바다는 세이펜 영업시장과도 같다고 생각했다. 하지만 바다는 내가 영업하러 들어가는 걸 호락호락 받아주지 않았다. 바다로 들어가려면 꾸준한 연습과 노력이 필요했다. 거래처와 일을 계속하는 것도 바다 앞에 겸손하듯 겸손하고 성실하게 열심히 노력해야 가능하다.

사업을 함께하는 직원은 내가 책임져야 하는 무거운 존재이자 바닷속을 자유자재로 다니게 해주는 산소통 같은 존재, 없어서는 안 될 존재다. 나는 이들과 함께 바다와 같은 거대한 교육시장을 헤쳐 나갈 것이다.

대한민국 교육시장과 세계 교육시장이라는 바다는 내 삶의 터전이자 보금자리다. 나는 교육시장에서 뼈를 묻으려고 한다. 초심을 버리고 겸손을 버리고 거만하고 건방져지는 것을 두려워하며 고객만족 서비스와 사회적 책임을 다하는 기업으로 성장하여 기술보국, 교육보국, 인재보국으로 새 시대의 교육 패러다임을 열어나갈 것이다.

지금 어떤 고통이나 비극을 겪고 있다면 그것은 다른 좋은 것을 얻을 기회이기도 하다. 그것은 우리가 원하던 것일 수도 있고 다른 것일 수도 있지만 위기를 이겨내면 우리는 더 강하고 현명한 사람이 되어 있고, 본모습을 찾게 될 것이다.

제가 성공할 수 있었던 계기는 결핍이었습니다.
결핍이 있었기에 누구보다도 더 노력을 했고, 지금의 결과는 "결핍이 만든 성공"이라고 생각합니다.
하지만 성공을 함께 나누고 기부하는 Shared value가 있어야 진정한 기업가 정신이 아닐까 생각합니다.

당신이 별처럼 빛날 수 있도록!

스타리치북스 출간도서

대한민국 CEO를 위한 법인 컨설팅 1, 2

CEO가 꼭 알아야 할 법인 컨설팅의 모든 것!

10년 가까이 현장에서 배우고 쌓은 저자의 노하우를 더 많은 고객들과 공유함으로써 그들의 고민을 해결하기 위해 출간되었다. 2권으로 나누어진 이 책의 1권에는 기본 이론과 내용들이, 그리고 2권에는 구체적인 실행전략과 아이디어들이 담겨 있다. 증여, 지분 이전, 부동산 및 금융자산의 운용, 명의신탁, 가업승계, 인사노무관리 등 풍부한 현장 경험 사례를 통해 구체적인 전략을 제시함으로써 이제는 CEO들이 제대로 평가받고, 제대로 된 기업으로 성장시켜 지속기업으로 발전할 수 있도록 지원하고자 한다. 기업이 성장함에 따라 겪게 될 문제들을 미리 알고 철저히 대비한다면 세금 폭탄 같은 날벼락은 피해 갈 수 있을 것이다.

김종완 지음 | 1권 288쪽·2권 376쪽 | 신국판 | 각 권 20,000원

잡job아라 미래직업 100

변화 속 거대한 미래직업의 흐름을 주시하라!

미래에는 로봇 혁명을 통해 전혀 새로운 일자리와 노동 시장이 만들어질 전망이다. 인간을 채용하는 대신 새로 개발된 기계를 활용하고 3D 프린팅, 무인차, 무인기, 사물인터넷, 빅데이터 등 시대의 패러다임을 바꿀 기술들이 노동 시장을 뒤흔들 것이다. 이 책은 이러한 문제점에 접근하기 위해 미래 노동 시장과 일자리를 끊임없이 추적한 성과물인 100가지의 미래 유망직업에 대해 서술하고 있다. 건강하고 안전한 미래, 편리하고 스마트한 미래, 상상이 현실이 되는 미래, 지속성이 보장되는 미래 이렇게 총 4챕터로 이루어져 있고 짧은 글들로 짜였지만 미래 노동 시장과 산업 전반에 대한 내용과 통찰력이 압축돼 있다.

곽동훈·김지현·박승호·박희애·배진영 지음 | 444쪽 | 신국판 | 값 25,000원

기업가치를 높이는 재무관리

기업의 가치와 신용평가는 재무관리에서 비롯된다!

정보화 사회로 변화해가면서 신용사회라고 할 만큼 신용평가에 관한 관심이 점차 커지고 있다. 국가 신용등급의 등락이 그 나라의 채권가격뿐만 아니라 경제에도 많은 영향을 미치고, 기업에 대한 신용평가는 기업의 여신 규모와 금리에 영향을 주기 때문이다. 이 책은 산업현장에서 CEO와 자금담당 임원, 직원들이 경영활동을 하면서 겪게 되는 재무관리와 관련된 애로사항이나 궁금한 점을 다양한 사례를 바탕으로 쉽게 풀어놓았다. 또한 기업경영에 실질적으로 접목할 수 있도록 기업의 가치를 극대화하고 안정적인 성장기반을 갖춘 강한 기업으로 거듭날 수 있도록 스토리를 전개하였다.

이진욱 지음 | 416쪽 | 4×6배판 | 값 25,000원

백인천의 노력자애

한국 프로야구의 전설, 백인천의 리더십

한국 프로야구 불멸의 타율 4할, 백인천의 인생철학과 그가 새겨놓은 프로야구의 역사를 책 한 권에 담았다. 반평생을 오직 야구 인생으로 살아온 백인천의 발자취를 돌아보면서 야구와 건강 두 마리 토끼를 쟁취하기 위해 혹독한 훈련을 견뎌 불멸의 4할 타자, 백인천의 이름이 프로야구의 전설로 남아있게 된 것이다. 이 책은 총 10장으로 구성되었으며 백인천 감독이 야구와 같은 인생을 살았듯 이 책의 콘셉트 역시 야구 경기처럼 1회 초부터 9회 말과 연장전 그리고 하이라이트 순으로 이어진다. 야구 프로에서 건강 프로가 되기까지 백인천 감독의 인생을 통해 독자 여러분도 인생의 진정한 프로로 거듭나기를 희망한다.

백인천 지음 | 388쪽 | 신국판 | 값 20,000원

스타리치북스 출간도서

당신이 별처럼 빛날 수 있도록!

성과를 지배하는
스토리 마케팅의 힘

마케팅의 성공 비결은 스토리와 공감이다!

세상이 하루가 다르게 변하고 있고 고객의 마음도 초단위로 바뀌고 있다. 누가 한 분야에서 성공했다 하면 모방하는 이들이 빠르게 나타나 순식간에 시장을 나눠가진다. 우리가 사는 21세기의 현실이 이렇다. 기술이 좋고 제품이 훌륭한데도 매출로 연결하지 못하는 기업들의 결정적인 맹점은 '스토리'가 부족하다는 것이다. 이제는 기술과 제품을 뽐내기만 할 것이 아니라 고객의 마음부터 들여다보아야 한다. 수시로 변하는 고객의 마음을 휘어잡는 열쇠, 마케팅! 그 근간에는 자신만의, 자사만의 스토리가 있어야 한다. 이 책이 전하는 스토리 마케팅을 활용한다면 두꺼운 충성고객층과 함께 꾸준한 성과를 창출할 수 있을 것이다.

조세현 지음 | 360쪽 | 신국판 | 값 20,000원

부의 얼굴, 신용

역사에서 통찰하는 선인들의 성공 비결, 신용 처세술!

무형의 재산으로 유형의 재산을 넘나드는 파급력을 지닌 '신용'. 대대손손 부를 부르는 사람들에게는 남과 다른 신용이 있었다. 역사소설의 대가 이수광 작가가 오랫동안 축적해온 방대한 역사적 지식에 신용을 접목한 이 책은 눈앞의 이익에 눈이 멀어 속임수를 쓰지 말라는 메시지와 함께 책임 있는 언행이 인격의 뿌리가 되어야 한다고 강조하고 있다. 현대를 사는 독자들이 구한말 조선 최고의 부자이자 무역왕으로 군림했던 '최봉준', 한나라의 전주 '무염' 등 역사 속 실존인물들이 신용을 발판으로 성공한 이야기를 가슴에 담고 신용을 생활화함으로써 '인복人福'과 '부富'를 부르는 귀인貴人이 되기를 기원한다.

이수광 지음 | 352쪽 | 신국판 | 값 16,500원

성과를 지배하는
유통 마케팅의 힘

한 권으로 배우는 대한민국 유통 마케팅의 모든 것!

상품이 만들어져 소비자에게 오기까지는 많은 사람의 수고가 필요하다. 그러나 중간에서 징검다리 역할을 해주는 유통업자가 없다면 이 사회는 제대로 돌아가지 못한다. 소비문화가 제대로 정착되려면 유통 시장을 전체적으로 확실하게 이해하는 사람이 있어야 한다. 이 책에는 저자가 20여 년간 유통업계 현장에서 발로 뛰며 얻은 소중한 경험을 담았다. 다방면에 걸친 유통 영업의 노하우, 유통 마케팅 비법뿐 아니라 유통시장의 전체적인 틀을 제시하였다. 공공기관 입찰에 필요한 나라장터 사용법은 물론 직접 거래해보지 않으면 알 수 없는 유통사별 상품 제안서 사용법까지 다양하게 소개하고 있다.

양승식 지음 | 344쪽 | 4×6배판 | 값 20,000원

거대한 기회

창조 지능 리더십을 선사할 '거대한 기회'를 잡아라!

세상이 짧은 시간에 급격하게 변하고 있다. 난공불락의 요새도 없고 절대적 강자도 없다. 이러한 시대에 살아남으려면 유연하게 변화하고 창조해야 한다. 현대의 리더는 변화의 큰 흐름을 읽고 거기서 기회를 포착해야 한다. 불꽃이 아니라 불길을 보아야 하고, 물결이 아니라 물살을 보아야 한다. 이 책은 리더들에게 시대의 흐름을 한눈에 보여주고자 불확실한 미래에 접근하는 방법을 다양하게 제시하고 있다. 남보다 더 넓게 보는 안목을 키우고 패러다임을 자기만의 방식으로 삶과 비즈니스에 접목함으로써 더욱 큰 사회공동체와 인류공동체를 위해 공헌하는 창조의 마스터가 되어보자.

김종춘 지음 | 316쪽 | 신국판 | 값 18,500원

www.facebook.com/starrichbooks

굿바이, 스트레스

만성피로 전문클리닉 이동환 원장의 속 시원한 처방전!

대부분의 사람들은 흔히 스트레스라고 하면 부정적인 인식이 앞서 '나쁜 스트레스'만 떠올린다. 많은 현대들이 과도한 스트레스 때문에 힘들어하고 심한 경우 신체 질병까지 얻게 된다. 하지만 우리가 보편적으로 인식하고 있는 스트레스의 부정적인 이미지와는 달리 적절한 스트레스는 오히려 삶에 동기부여를 해줄 뿐 아니라 자극제가 되기도 한다. 저자는 스트레스를 무조건 줄이라고 하지 않는다. 오히려 스트레스를 적절히 관리해서 성과와 연결하는 방법을 소개한다. 계속되는 스트레스에 매몰되어 헤매는 것이 아니라 긍정적인 마음의 근육을 키워 스트레스를 통해 새로운 에너지를 얻음으로써 성과까지 창출하는 비법을 배워보자.

이동환 지음 | 260쪽 | 4×6배판 | 값 18,000원

황태옥의 행복 콘서트
웃어라!

웃음 컨설턴트 황태옥의 행복 메시지, 세상을 향해 웃어라!

웃음 전도사로 유명한 저자가 지난 10년간 웃음으로 어떻게 인생을 다시 살게 되었는지 진솔하게 풀어낸 책이다. 암을 극복하고 웃음과 긍정 에너지로 달라진 그녀의 삶을 보면서 함께 변화를 추구한 주변 사람들의 사례는 물론 10년간의 삶의 흔적이 고스란히 담겨 있다. 독자들이 이 책을 읽고 삶을 업그레이드해 생활 속에서 행복 콘서트의 주인공이 될 수 있는 힘을 얻기를 희망한다. 또한 웃음을 통해 저자를 능가하는 변화된 삶을 살기를 바란다. "한 번 웃으면 한 번 젊어지고 한 번 화내면 한 번 늙는다(一笑一少 一怒一老)"는 말이 있듯이 행복지수를 높여 삶을 춤추게 하고 싶다면 바로 지금 세상을 향해 웃어라!

황태옥 지음 | 260쪽 | 신국판 | 값 17,500원

논어로 리드하라

여성 리더로 성공을 꿈꾼다면 지금 당장 《논어》를 펼쳐라!

현대는 강하고 수직적인 남성적 리더십보다 감성적이고 관계지향적인 여성적 리더십을 요구하는 사회로 변화하고 있다. 이러한 변화를 입증하기라도 하듯 한국에서는 사상 최초로 여성 대통령이 탄생했다. 국제적으로는 미국 국무부장관 힐러리 클린턴, 세계적으로 영향력 있는 여성 방송인 오프라 윈프리, 독일의 메르켈 총리 등 수많은 여성 리더들이 있다. 따뜻한 리더십으로 무장한 여성 지도자들의 공통점은 인생에서 중요한 가치를 깨닫고 더 나은 자신이 되기 위해 철학책과 고전을 많이 읽으면서 내면을 수양했다는 것이다. 쉽게 풀어 쓴 논어를 가까이하여 더 많은 여성이 우리나라뿐 아니라 세계를 리드하기 바란다.

저우광위 지음 | 송은진 옮김 | 344쪽 | 신국판 | 값 18,000원

송경학 세무사에게
길을 묻다

생생한 현장 사례를 바탕으로 현명한 세무 전략을 세워라!

중소·중견기업 CEO와 자산가들은 '세금'만 생각하면 머리가 지끈거린다. CEO의 필수 덕목이라는 재무구조 개선과 인력 관리, 기업 문화 창출, 재충전이라는 말은 중소·중견기업을 경영하는 CEO에게는 딴 세상 이야기다. 이 책은 CEO와 자산가들의 가장 큰 고민거리인 세금에 대한 이해를 높여주고 다양한 절세 노하우를 알려준다. 또한 저자 송경학 세무사가 경험한 생생한 현장 사례와 상황에 따른 세무 전략을 제시하고 있다. 회사운영, 자산 취득, 가업승계 등과 관련된 다양한 문제와 이에 대한 해결책을 통해 기업 CEO와 자산가들이 현재 자신의 상황에서 가장 적절한 자산관리, 가업승계 노하우를 찾도록 도와준다.

송경학 지음 | 274쪽 | 신국판 | 값 20,000원

스타리치북스 출간도서

당신이 별처럼 빛날 수 있도록!

어둠의 딸, 태양 앞에 서다

초라한 들러리였던 삶을 행복한 주인공의 삶으로!

세계적인 베스트셀러 《시크릿》의 주인공 밥 프록터의 유일한 한국인 제자인 조성희의 첫 번째 에세이집. 스스로 어둠의 딸이었다고 할 정도로 어려운 환경에서 마인드 교육을 통해 변화한 저자의 진솔한 이야기가 담겨 있다. '어둠'을 '얻음'으로 역전시키는 그녀만의 마인드 파워는 고뇌에 찬 결단과 과감한 도전정신으로 만들어낸 선물이다. 누구나 생각하는 대로 인생을 멋지게 살 수 있다. 어떻게 목표를 세우고, 어떤 생각을 하고, 무슨 꿈을 꾸느냐에 따라 인생은 달라진다. 꿈이 없어 짙은 어둠의 터널 속에서 절망을 먹고사는 사람들뿐만 아니라 심장이 뛰는 새로운 돌파구를 찾으려는 모든 사람에게 중독될 수밖에 없는 필독서다.

조성희 지음 | 404쪽 | 신국판 | 값 18,900원

니들이 결혼을 알아?

결혼이라는 바다엔 수영을 배운 후 뛰어들어라!

결혼은 액션이다! 아무런 행동도 하지 않고 막연히 앉아서 행복하길 기다리는 사람들의 결혼은 그 자체로 불행한 일이다. 이 책은 이병준 심리상담학 박사와 그의 아내이자 참행복교육원에서 활동하고 있는 공동 저자 박희진 실장이 상담현장에서 접한 생생한 사례를 토대로 하고 있다. 기혼자들과 결혼 판타지에 빠진 청춘에게 '꼭 해주고 싶은 말'을 읽기 쉬운 스토리 형식으로 담았다. 대부분 경고 수준의 문구지만 결혼식 준비는 철저하게 하면서 결혼준비는 소홀히 하는 이들에게 결혼의 중요성을 일깨워준다. 늘 머리에 '살아? 말아?'를 넣어두고 살아가는 이들에게 '까짓 살아보지 뭐!'라며 툴툴 털고 일어서게 하는 힘을 줄 것이다.

이병준 · 박희진 지음 | 380쪽 | 신국판 | 값 18,000원

화웨이의 위대한 늑대문화

화웨이의 놀라운 성공신화! 그 중심에 늑대문화가 있다!

지난 20여 년간 화웨이가 성공할 수 있었던 비결은 도대체 무엇일까? 어떻게 해서 계속 성공을 복제할 수 있었을까? 화웨이의 다음 행보는 무엇일까? 화웨이의 68세 상업사상가, 마흔을 넘긴 기업 전략가 10여 명, 2040세대 중심의 중간 관리자, 10여만 명에 달하는 2030세대 고급 엘리트와 지식인이 주축이 된 지식형 대군이 전 세계를 누빈다. 전통적인 기업 관리 이론과 경험은 대부분 비지식형 노동자 관리에서 비롯했다. 이제 인터넷 문화 확산이라는 심각한 도전 앞에서 지식형 노동자의 관리 이론과 방법이 필요하다. 이를 꿰뚫은 런정페이의 기업 관리 철학은 당대 관리학의 발전에 크게 이바지했다.

텐타오, 우춘보 지음 | 이지은 옮김 | 452쪽 | 4×6배판 | 값 20,000원

잘못된 치아관리가 내 몸을 망친다

치과의사가 알려주는 치아 상식과 치과 치료의 오해와 진실!

치아는 잠자리에서 일어나는 아침부터 잠자리에 드는 저녁까지 모든 음식을 맛보는 즐거움을 우리에게 선사한다. 오복의 한 가지라 할만큼 치아건강은 인간의 행복에 큰 영향을 미친다. 이 책에서 치과의사인 저자는 일상생활에서 지켜야 할 치아 건강 관리법은 물론 상세한 치과 진료 과정, 치과 진료에서 궁금했던 점을 들려준다. 또한 잘못된 치아관리가 내 몸을 망칠 수 있으므로 제대로 알고 제대로 치료해야 건강한 치아를 간직할 수 있다고 강조한다. 이 책에는 치아전문 일러스트레이터들이 그린 생생한 일러스트를 실어 치료 과정을 쉽게 이해할 수 있도록 했다. 다양한 증상에 어떻게 대처해야 하는지 알려주는 유용한 책이다.

윤종일 지음 | 312쪽 | 4×6배판 | 값 20,000원

www.facebook.com/starrichbooks

성과를 지배하는 바인더의 힘

남과 다른 성공을 꿈꾼다면 삶을 기록하라!

프로가 되려면 성과가 있어야 하고, 성과를 내려면 프로세스를 강화해야 한다. '시스템'과 '훈련'을 동시에 만족하게 해주는 탁월한 자기관리 시스템 다이어리 3P 바인더의 비밀을 전격 공개한다. 바인더는 훌륭한 개인 시스템이자 조직 시스템이다. 모든 조직원이 바인더를 사용한다면 정보와 노하우를 손쉽게 공유할 수 있다. 바인더와 책, 세미나를 통해 기적 같은 변화를 체험한 많은 사람의 실제 사례를 소개하여 바인더를 좀 더 활용하기 쉽게 만들었다. 저자는 20여 년간 500여 권의 서브바인더를 만들면서 기록관리, 목표관리, 시간관리, 업무관리, 지식관리, 독서경영 등을 실천함으로써 성과를 지배해온 스페셜리스트다.

강규형 지음 | 신국판 | 342쪽 | 값 20,000원

위대한 개츠비

20세기 영미문학 최고의 걸작!

1974년에 이어 2013년 또다시 영화화되어 화제를 불러일으켰던 《위대한 개츠비》는 미국인이 가장 좋아하는 대표적 소설이다. 작품 배경이 되는 시기는 제1차 세계대전 직후, 이른바 '재즈 시대'라 불리는 1920년대다. 급격한 산업화와 전쟁의 승리로 풍요로워진 시대에 전쟁의 참화를 직간접적으로 경험한 젊은이들의 다양한 삶의 모습을 매우 섬세한 필치로 풀어낸 작품이다. 소설 속 주인공 개츠비는 젊은 시절의 순수한 사랑을 이루려고 자신을 내던진다. 아메리칸 드림을 이룬 그의 머릿속에는 부의 유혹에 넘어간 사랑하는 여인 데이지를 되찾으려는 생각밖에 없다. 그러나 현실은 그의 꿈을 용납하지 않는데….

F. 스콧 피츠제럴드 지음 | 표상우 옮김 | 4×6판 | 316쪽 | 값 12,000원

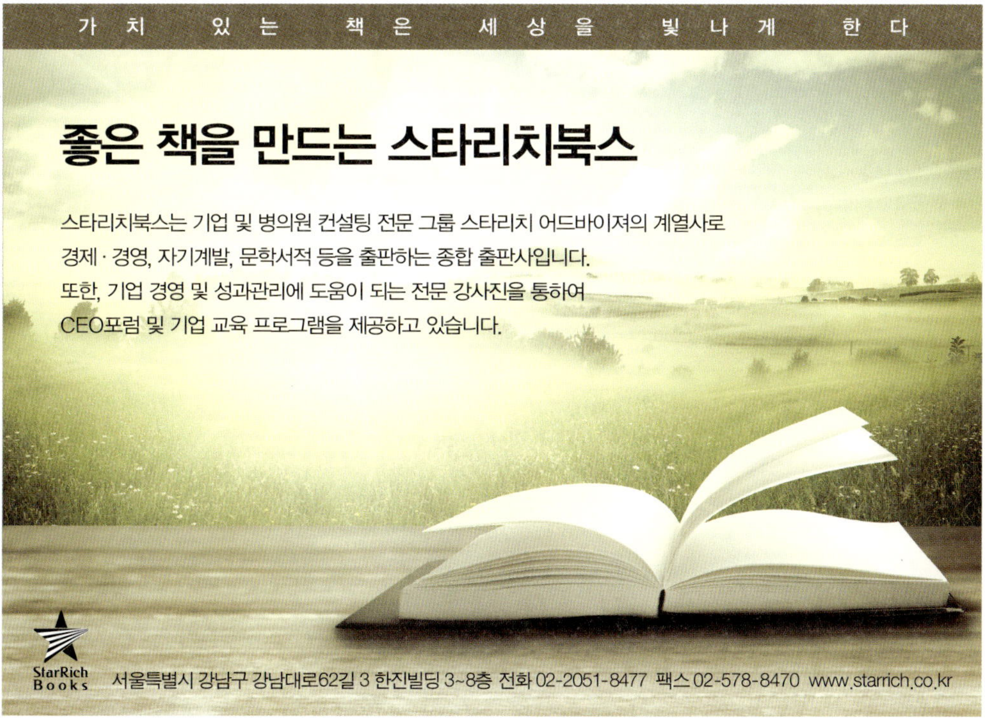

가 치 있 는 책 은 세 상 을 빛 나 게 한 다

좋은 책을 만드는 스타리치북스

스타리치북스는 기업 및 병의원 컨설팅 전문 그룹 스타리치 어드바이져의 계열사로
경제·경영, 자기계발, 문학서적 등을 출판하는 종합 출판사입니다.
또한, 기업 경영 및 성과관리에 도움이 되는 전문 강사진을 통하여
CEO포럼 및 기업 교육 프로그램을 제공하고 있습니다.

StarRich Books 서울특별시 강남구 강남대로62길 3 한진빌딩 3~8층 전화 02-2051-8477 팩스 02-578-8470 www.starrich.co.kr

스타리치 어드바이져는
기업을 위한 최상의 플랫폼을 제공합니다!

1️⃣ **전문가 자문 그룹 지원**
　　세무사 / 회계사 / 변호사 / 노무사 / 법인 현장 실무 전문가 / 교육 전문가

2️⃣ **조세일보 기업지원센터 운영**
　　기업의 성장과 연속성을 위한 컨설팅 전문 조세일보 기업지원센터 설립

3️⃣ **CEO 포럼 개최**
　　기업의 성장과 연속성을 위한 CEO 포럼 개최

4️⃣ **좋은 책을 만드는 스타리치북스 출판사**
　　스타리치 어드바이져의 계열사로, 경제·경영, 자기계발, 문학서적 등을 출판하는 종합 출판사

5️⃣ **100년 기업을 위한 CEO의 경영 철학 계승 전략, CEO 기업가 정신 플랜**
　　기업의 DNA와 핵심가치를 유지하는 질적 성장의 힘! 세상을 움직이는 리더십, 자서전은 또 다른 이름의 리더십!

StarRich Advisor / StarRich Books　서울 강남구 강남대로62길 3 한진빌딩 3~8층 전화 02-2051-8477 팩스 02-578-8470　www.starrich.co.kr

기업 컨설팅 전문 그룹 스타리치 어드바이져

CEO FORUM

기업 컨설팅 전문 그룹 스타리치 어드바이져 & 스타리치북스가
CEO 포럼을 운영합니다.
기업에 도움이 되는 실질적인 강의를 마련하여 초대하고자 하오니
꼭 참석하시어 새로운 도약의 기회를 잡으시길 바랍니다.

기업의 성장과 연속성을 위한
〈스타리치 CEO 포럼〉이 찾아갑니다

 StarRich Advisor / StarRich Books

문의 | 스타리치 어드바이져 경영 지원실 대표전화 : 02-2051-8477 / 서울특별시 강남구 강남대로62길 3 한진빌딩 3~8층

100년 기업을 위한 CEO의 경영 철학 계승 전략
CEO 기업가 정신 플랜

– 자서전 · 전문서적 · 자기계발서 · 사사 등 –

 문의) 스타리치 어드바이져 & 북스 02) 6969-8903 / starrichbooks@starrich.co.kr

스타리치 잉글리시는 셀프스터디를 추구합니다!
전세계적으로 사랑받는 영어학습 교재와 세이펜이 만나 영어학습효과를 극대화합니다!

스타리치 잉글리시

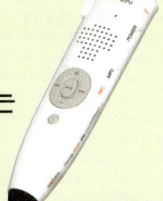

세이펜으로 시간, 장소, 횟수의 제약 없이 혼자서도 학습할 수 있는
최고의 셀프스터디 잉글리시 강의교재!

STARRICH ENGLISH

 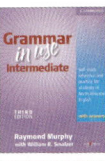  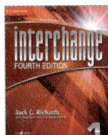 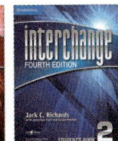

 StarRich Books 서울시 강남구 강남대로62길 3 한진빌딩 3층~8층 전화 02-6969-8903 www.starrichmall.co.kr

청소년부터 성인까지 자기주도학습이 가능한 셀프스터디의 최강자

SES
Self-study English with SAYPEN

한 달 학원비로 평생 강의 소장!
한 달 학원 수강료로 평생 무한 반복, 인원 제한 없이
온 가족 함께 학습 가능!

어학 연수 프로그램, SES!
SES와 함께라면 누구나, 언제 어디서나 캠브리지 어학 연수 중!

문법, 회화, 발음, 프리토킹!
SES 하나로 문법부터 프리토킹까지, 영어 스트레스에서 탈출!

SES 강의 기획만 6년!
캠브리지 대학 출판사의 800년 전통에 6년간의
세이펜 강의 기획으로 탄생!

캠브리지가 인정한 강의! 발음! 해석까지! 대한민국 첫 출시 작품!

   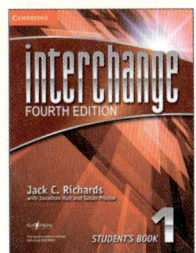 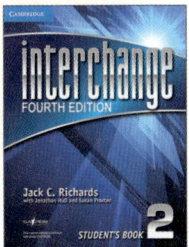

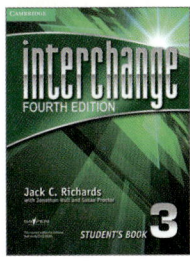   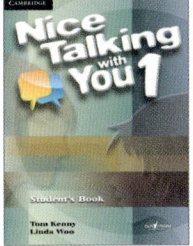 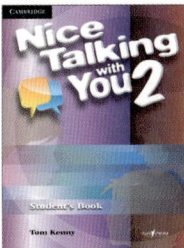

SES에 대한 자세한 정보 및 구매는 **스타리치몰(www.starrichmall.co.kr)** 에서 도움을 받을 수 있습니다.

StarRich Books 서울시 강남구 강남대로62길 3 한진빌딩 3층~8층 전화 02-6969-8903 www.starrichmall.co.kr

더 다양하고 풍성해진
English Monster 시즌 3

오감만족 놀이형 영어교육
쉽게! 재미있게! 영어를 배우는 내 아이 맞춤형 영어 전집

탄탄한 커리큘럼
말하기, 듣기, 읽기, 쓰기! 네 가지 영역을 고루 갖춘 커리큘럼

친절한 엄마표 홈스쿨링
영어 전집 사상 첫 홈스쿨링 동영상 및 교육자료 모두 무료 제공

Set1 Alphabet Storybook

- 알파벳 스토리북 26권
- 동영상 DVD 1장
- 영단어 양면 플래시 카드 100장
- 알파벳 노래 목걸이 1개

Set2 Picture Book

- 주제별 그림놀이책 12권
- 액티비티북 12권
- 스티커북 1권
- 멀티미디어 하이브리드 CD 3장

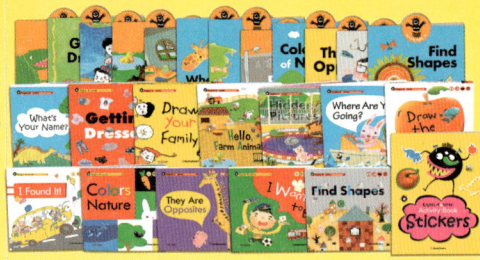

Set3 Mother Goose

- 노래책 12권
- 동영상 DVD 1장
- 마더구스 노래 목걸이 1개

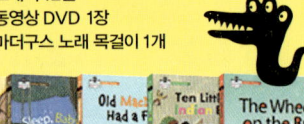

Set4 Talking Book

- 토킹북 30권
- 멀티미디어 하이브리드 CD 3장

스타리치 잉글리시(www.starrichenglish.co.kr) 회원으로 가입하시면 잉글리시몬스터에 대한 정보와 다양한 혜택을 이용하실 수 있습니다.

 StarRich Books 서울시 강남구 강남대로62길 3 한진빌딩 3층~8층 전화 02-6969-8903 www.starrichmall.co.kr

스타리치 잉글리시가 추천하는
옥스퍼드 시리즈

500년 전통 옥스퍼드 대학 출판부의 영어 학습책!

송버드 파닉스
영어 학습 교재 부문 최우수 선정 (캠브리지 대학 프라이머리 국제평가)

스냅드래곤
세계적인 일러스트 작가들의 아름다운 삽화가 실린 리얼 픽쳐 리더스 북!

Parent's Guide Book이 포함되어 있어 부모의 영어 교육 부담과 걱정이 줄어듭니다!

3세부터 11세까지 단계별 언어성장이 가능한 옥스퍼드 리딩 시리즈!

파닉스로 시작하고 리더스로 끝내는
읽기 프로그램으로
우리아이 첫 영어 시작하세요!

스타리치몰(www.starrichmall.co.kr)에서 스타리치 패밀리 회원으로 가입하시면 송버드 피닉스·스냅드래곤에 대한 정보와 다양한 혜택을 이용하실 수 있습니다.

 StarRich Books 서울시 강남구 강남대로62길 3 한진빌딩 3층~8층 전화 02-6969-8800 www.starrichmall.co.kr

전자신문
기업성장 지원센터

기업과 병·의원의 체계적인 성장을 위한 전문 컨설팅 지원센터

창업주의 경영 노하우와 철학을 제대로 계승하고 기업의 DNA와 핵심가치를 유지하는 질적 성장의 힘!
전자신문 기업성장 지원센터는 100년 기업을 위한 CEO 경영 철학 계승 전략을 지원하겠습니다.

기업의 규모를 키우기만 해서는
장수기업의 대열에 합류하기 어렵습니다!

전자신문 | 기업성장지원센터 서울시 강남구 역삼동 837-9 한진빌딩 5층 전화 02-6969-8925 / www.ceospirit.etnews.com

받는 곳

StarRich Advisor / StarRich Books

135-937
(주) 스타리치 어드바이저 & 북스 담당자 앞
서울시 강남구 강남대로62길 3 한진빌딩 5층

보내는 사람

간절함으로 결핍을 성공으로 채우다!

못 배운 덕분에… 무일푼 덕분에…
결핍은 오히려 성공의 밑거름이 되었다.

성공을 위해 영혼을 건 사나이가
영혼을 건 기업가로
결핍을 극복하고 실패와 좌절을 이겨낸
세이펜 김철회의 기업가정신!

김철회 지음 | 292쪽 | 신국판 | 값 18,000원

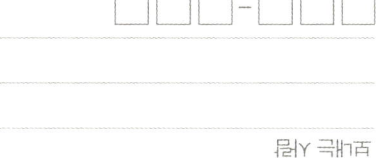

스타리치 패밀리 회원이란?

하나의 아이디로 스타리치에서 운영하는 사이트(스타리치 어드바이져, 스타리치북스, 스타리치몰, 스타리치 잉글리시 등)와의 모든 거래 및 서비스 이용을 편리하고 안전하게 사용할 수 있는 스타리치 통합 회원제 서비스입니다.

스타리치 패밀리 회원 혜택

- 스타리치몰에서 사용 가능한 적립 포인트(도서 정가의 5%) 제공
- 스타리치북스에서 주최하는 북콘서트 사전 초대
- 스타리치북스 신간 도서 메일 서비스 제공
- 스타리치 어드바이져/북스에서 주최하는 포럼 및 세미나 정보 제공
- 스타리치 어드바이져에서 제공하는 재무 관련 정보 제공

스타리치 패밀리 회원 등록 기존 스타리치 패밀리 회원일 경우 등록된 ID를 기재 부탁드립니다.

이름	연락처
주소	생년월일
이메일 주소	구매 도서명 결핍이 만든 성공
패밀리 회원 ID	소속(회사/학교)

사용하실 패밀리 회원 ID를 적어주시면 임시 비밀번호를 문자로 발송해드립니다.

접는 선

개인정보 사용 동의서

스타리치 패밀리 홈페이지는 수집한 개인정보를 다음의 목적을 위해 활용합니다. 이용자가 제공한 모든 정보는 하기 목적에 필요한 용도 이외로는 사용되지 않으며, 이용 목적이 변경될 시에는 사전동의를 구할 것입니다.

1) 회원관리
① 회원제 서비스 이용 및 제한적 본인 확인제에 따른 본인확인, 개인 식별
② 불량회원의 부정 이용방지와 비인가 사용방지
③ 가입의사 확인, 가입 및 가입횟수 제한
④ 분쟁 조정을 위한 기록보존, 불만처리 등 민원처리, 고지사항 전달

2) 신규 서비스 개발 및 마케팅·광고에의 활용
① 신규 서비스 개발 및 맞춤 서비스 제공
② 통계학적 특성에 따른 서비스 제공 및 광고 게재, 서비스의 유효성 확인
③ 이벤트 및 광고성 정보 제공 및 참여기회 제공
④ 접속빈도 파악 등에 대한 통계

상위 내용에 동의합니다.

년   월   일   서명_____(인)

스타리치 패밀리 회원 비밀번호 변경은 www.starrichmall.co.kr에서 하실 수 있습니다.
엽서를 보내주시는 분들에 한하여 스타리치몰에서 사용 가능한 포인트(도서 정가의 5%)를 지급해 드립니다.
앞으로 더욱 다양한 혜택을 드리고자 노력하는 스타리치가 되겠습니다. **문의** 02-6969-8903 starrichbooks@starrich.co.kr